KB154981

시민권의 이론

A Theory of Citizenship : Organizing Plurality In Contemporary Democracies

by Herman R. Van Gunsteren

Copyright © 1998 by Herman R. Van Gunsteren

First published in the United States by Westview Press, a member of the Perseus Books Group

Korean translation copyright © 2020 by Greenbee Publishing Co.

Korean edition is published by arrangement with Westview Press, a member of the Perseus Books Group through Duran Kim Agency, Seoul.

프리즘총서 036

시민권의 이론 : 동시대 민주정들에서 다원성을 조직하기

발행일 초판1쇄 2020년 2월 25일 | **지은이** 헤르만 R. 판 휜스테런 | **옮긴이** 장진범 | **프리즘총서 기획위원** 진태원
펴낸곳 (주)그린비출판사 | **펴낸이** 유재건 | **주소** 서울시 마포구 와우산로 180, 4층
주간 임유진 | **편집·마케팅** 방원경, 신효섭, 이지훈, 홍민기 | **디자인** 권희원
경영관리 유하나 | **물류유통** 유재영, 이다윗
전화 02-702-2717 | **팩스** 02-703-0272 | **이메일** editor@greenbee.co.kr | **신고번호** 제2017-000094호

ISBN 978-89-7682-159-1 93300
이 도서의 국립중앙도서관 출판예정도서목록(CIP)은 서지정보유통지원시스템(http://seoji.nl.go.kr)과 국가자료종합목록구축시스템(http://kolis-net.nl.go.kr)에서 이용하실 수 있습니다. (CIP제어번호: CIP2020004710)

이 책의 한국어판 저작권은 듀란킴 에이전시를 통해 저작권자와 독점 계약한 (주)그린비출판사에 있습니다. 저작권법에 의하여 한국 내에서 보호를 받는 저작물이므로 무단 전재와 무단 복제를 금합니다.
책값은 뒤표지에 있습니다. 잘못 만들어진 책은 구입처에서 바꿔 드립니다.

철학과 예술이 있는 삶 **그린비출판사**

시민권의 이론

동시대 민주정들에서 다원성을 조직하기

헤르만 R. 판 휜스테런 지음 | 장진범 옮김

프리즘총서 036

| 일러두기 |

1 이 책은 Herman R. van Gunsteren, *A Theory of Citizenship : Organizing Plurality in Contemporary Democracies*, Wesview Press, 1998을 완역한 것이다.

2 주석은 모두 옮긴이의 것이며 각주로 되어 있다.

3 인용하거나 참조한 문헌의 서지정보는 해당하는 곳에 필자명과 문헌의 출간연도, 쪽수만 간략하게 표기했다. 국역본이 있는 경우, 국역본의 페이지도 원서의 페이지와 빗금으로 구분하여 함께 표기했으며, 원서를 참조하지 않고 국역본만 참조한 경우 국역본의 저자명과 연도, 쪽수만 간략히 표기했다(예시. Arendt, 1965 : 124/220~221쪽). 인용 및 참조한 문헌의 자세한 서지정보는 권말의 참고문헌에 정리되어 있다.

4 굵은 글씨로 표기된 것은 원문에서 이탤릭체로 표기된 것이다.

5 본문과 인용문의 대괄호([ ]) 안의 내용은 맥락적 이해를 돕기 위해 지은이와 옮긴이가 삽입한 것으로, 옮긴이가 삽입한 내용에는 '──옮긴이'라고 명기하여 지은이의 것과 구분했다.

서문

헤르만 R. 판 휜스테런

1989년 혁명[1]은 오늘날까지 계속되는 입헌/헌정constitutional 정치와 체제 전환의 시대를 개막하였다. 국민국가와 동서 진영을 축으로 삼은 정치 질서는 끝났지만, 안정된 모습의 새 질서는 아직 감지할 수 없다. 이 질서는 아직 진행형이다[2]. 그리고 이 질서의 최종 형태가 전반적

---

1) 1989년 혁명이란 1989년 폴란드인민공화국을 기점으로 동유럽 내외의 '현실사회주의' 국가들 전역으로 도미노처럼 확산된 일련의 혁명들을 말한다(원문에서는 'The revolutions of 1989'으로 즉 복수형으로 되어 있으나, 한국어로는 통상 복수형을 사용하지 않고 '1989년 혁명'또는 '1989년 동유럽 혁명'으로 옮기기 때문에 관례를 따랐다). 그 결과 정치적으로는 동유럽 국가들의 체제가 교체되었고 분단된 독일이 통일되었으며 특히 1991년 소비에트연방의 해체를 정점으로 냉전이 종식되었다. 또한 이론적으로는 폴란드연대노조운동 등 1989년 혁명을 주도한 행위자와 사회운동들을 준거 삼아 시민사회(civil society)와 시민권이 사회과학의 중심 개념으로 부상하였다(Somers, 2008:14~19). 1989년 혁명 전후의 정세에 관한 더 자세한 논의는 프랑스의 철학자 에티엔 발리바르(Étienne Balibar)의 「공산주의 이후의 유럽」(Balibar, 2001:133~162/166~203쪽)을 참고하라.
2) 여기서 '진행형'이라고 옮긴 'in the making'은 자구 그대로 하자면 '만드는 중'이라는 뜻이고, '미완성' 상태이거나 '불완전'하다는 뜻도 있다(이런 의미에서 관용구 'in the making'은 형용사 'imperfect'와 호환가능하다). 별다를 것 없어 보이는 이 표현은, 그러나 휜스테런의 시민권 이론을 집약하는 말로 부각되기도 한다. 일례로 발리바르는 이 책에 대한 서평을 쓰면서 제목을 '미완의/불완전한 시민권을 향하여'(Vers la citoyenneté imparfait / Toward the imperfect citizenship)라고 붙였고, 'citizenship in the making'이라는 표현도 종종 사용한다. 발리바르에 따르면 '미완의/불완전한 시민권' 개념의 요점 중 하나는, 시민권을 초월적 원리(principle)

추세들뿐만 아니라 우연성들과 시민들의 행위들에 좌우될 것임을 우리는 모두 알고 있다.

그런 까닭에 필자는 이 책의 독자들에게, 진행 중인 전환들에서 시민들이 점하는 자리를 필자와 함께 살펴보자고 청하는 바이다. 현 상황에 적절한 시민권[3] 관념은 무엇이고, 계속되는 헌정 교체들에 관해 시민들이 제시할 수 있는 지향은 무엇인가? 정치의 일상 세계를 수놓는 영욕을 낱낱이 늘어놓는 것이 이 검토의 목표는 아니다. 그 대신 우리는 저 세계에서 차이를 만들어 낼 수 있을 하나의 원칙과 태도를 정의해 보고 싶다. 시민권을 고무하는 조건들을 살펴보긴 하겠지만, 우리의 주된 초점은 (심지어 전혀 이상적이지 않은 조건들하에서라 하더라도) 시민권의 실천적 행사practical exercise of citizenship[4]가 시민권의 생

나 기초(foundation), 그리고 그에 근거한 "안정된 형태이기보다는 실천이고 과정"(Balibar, 2001: 211/262쪽)으로 보자는 것이다. 휜스테린은 동일한 문제의식을 책 곳곳에서 밝히고 있는데, 가장 명시적인 것은 이 책의 마지막 문장이다("시민권은 완전히 획득되고 영원히 보장될 수 있는 소유물이라기보다, 시민들에 의한 불완전한 행사imperfect exercise 안에서, 그 도중에서along the way 구성되는 것이다"). 이 같은 미완의/불완전한 시민권은, "완전한 … 또는 스스로 완전하다고 믿"기에 "개인들과 대중들의 상상을 필요로 하지 않는" 시민권과 달리, 정치적 상상력과 허구를 매개로 "새로운 영역들 및 새로운 상황들"(위의 책, 266쪽)에 맞게 끊임없이 '수정'되고 '증보'되며 '창안'되고 '땜질(bricoler)되어야 한다. 덕목 면에서도, 고전적 공화주의가 숭상한 완벽이나 수월성(秀越性/excellence) 대신, 미완의/불완전한 시민권은 "스스로의 연약함을 인정하면서 이 연약함과 함께 살아가는 법을 배우는 것, 또는 이 연약함을 극복하기 위해 도움을 청할 수 있는 용기를 갖추는 것"(이 책 90쪽)을 중시한다. 이 책을 읽다가 '진행형'이나 특히 '불완전' 같은 말을 만날 때, 이상의 새롭고 긍정적인 어감을 떠올린다면 뜻을 이해하는 데 도움이 될 것이다.

3) 이 책에서 'citizenship'은 기본적으로 '시민권'으로 옮기되, 경우에 따라서 '시민직(職)'이라는 표현을 병기한다. 그 이유에 관해서는 옮긴이 해제를 참고하라.

4) 영어에서 'exercise'는 (권한이나 권리를 실현한다는 뜻의) '행사'와 (재능이나 능력 등을 떨치어 나타낸다는 뜻의) '발휘', (기예 등을 반복해서 익힌다는 뜻의) '연습'을 공히 의미한다. 그런데 휜스테린에 있어 시민권이 권한/권리이자 덕목/능력이고 반복되는 (처리)과정 모두라는 점을 감안한다면, exercise of citizenship은 원칙적으로 '시민권의 행사/발휘/연습'이라고 옮겨야

명력을 유지하는 방식에 있다. 이 책 1부의 두 장에서 필자는 시기별로 시민권의 의미와 정치를 개괄하였다. 2부의 네 장에서는, 특히 격동하는 포스트1989 시대의 민주정들에서 동시대의 시민들이 차이들을 조직하기 위해 실지로 할 수 있는 일을 조사할 것이다. 이상 여섯 장에서는 본질적으로 자유의 실천[5]에 초점을 맞춘다. 3부의 다섯 장에서는 해방emancipation의 과정 곧 자유로운 시민이 되는 데 필요한 조건 중 일부에 집중할 것인데, 여기에는 교육, 이주, 사회화 관련 제도들이 포함된다.[6] 전체적으로는 시민을 다원주의 정체polity의 조직가로 보는 일

한다. 하지만 이렇게 하면 너무 복잡하기 때문에, 이 책에서는 (시민권과 관련하여 권한의 차원에 무게를 두어) exercise를 주로 '행사'라고 옮겼다. 하지만 '행사'라고 옮긴 경우에도 '발휘'와 '연습'이라는 의미를 함께 떠올리면 이해에 도움이 될 것이다.

5) 영어에서 practice는 '실천'이라는 뜻도 있지만 '(반복되는) 연습'이라는 뜻도 있다. 뒤의 뜻은 'Practice makes perfect'(반복해서 연습하면 완벽해진다)라는 속담에서 잘 나타난다. 이 책에서는 'practice'를 관례에 따라 주로 '실천'이라고 옮겼지만, '실천'의 한국어 용법은 'practice'의 영어 용법에 담긴 '(반복되는) 연습'이라는 뜻이나 '(반복되는) 관습'이라는 뜻, 그리고 양자에서 공통적으로 나타나는 '익히다'(習)라는 뜻을 충분히 포괄하지 못하는 아쉬움이 있다. 따라서 '연습'의 의미가 두드러지는 경우는 '실습'으로, '관습'의 의미가 두드러지는 경우는 '관행'으로 옮기거나 병기하였다. 하지만 '실천'이라고 옮긴 경우에도 '반복해서 익숙해지다'는 뜻을 염두에 두면 이 용어의 함의를 더 풍부히 이해할 수 있을 것이다.

6) 휜스테런은 이 책에서 자유(liberty/freedom)와 해방(liberation/emancipation)을 체계적으로 구분하고, 전자를 2부, 후자를 3부에서 각각 다룬다. 이 구분법은 아렌트와 푸코의 영향을 받은 것으로 보인다. 아렌트는 『과거와 미래 사이』 4장에서 해방과 자유를 구분하면서, 해방 특히 삶의 필요로부터의 해방이 자유의 전제이지만, 자유가 실현되려면 해방으로 환원되지 않는 요소, 평등한 동료들과 공적 공간이 필요하다고 주장한다(Arendt, 1968: 148/203쪽). 푸코도 본문에서 언급한 1984년 인터뷰에서 해방과 자유(또는 차라리 자유의 실천)를 구별하는데, 이는 '지배'(domination)와 '권력관계'(rapport/relation de pouvoir)라는 푸코적 구분과 연결된다. 푸코에게 있어 권력관계란 '타인의 품행을 인도하고자 하는 관계'로서, 이 관계 안에 있는 모든 주체는 자유롭다. 즉 자유의 실천을 통해 자신들의 품행을 특정한 방향으로 인도하려는 시도에 저항할 수 있다. 정확히 이 대목에서 '저항의 가능성이 없다면 어떤 권력관계도 존재할 수 없다'는 푸코의 유명한 주장이 등장한다. 하지만 푸코는 이 권력관계가 자유의 한계를 극단적으로 제한하는 방식으로 고정되는 상황, 따라서 권력관계 내부의 비대칭성이 영속화되고 역전불가능해지는 상황이 발생할 수 있다는 점을 인정하면서 이 상황을 '지배'라고 불

관된 관점을 제시하고, 동시대 민주정들을 위한 시민권 이론을 제시한다. 이 관점에 고무된 독자들이 각자의 국가와 공동체에서 공화주의 질서의 구성/헌정 및 계속되는 진화에 시민으로서 더욱 능동적으로 기여하기를 필자는 희망한다.

나의 선행 연구들에 대한 논평으로써 주제를 바로잡아 준 여러 동료들께 감사드리고 싶다. 고^故 애런 윌다브스키^{Aaron Wildavsky}, 한스 오버슬로트^{Hans Oversloot}, 마틴 레인^{Martin Rein}, 게라인트 패리 ^{Geraint Parry}, 메이비스 맥클레인^{Mavis Maclean}, 에티엔 발리바르, 로베르트 판 데르 페인^{Robert van der Veen}, 파울 덴 후드^{Paul den Hoed}, 사샤 템펠만^{Sasja Tempelman}, 틸 헤이세린크^{Thyl Gheyselinck}, 아리 더 라위터르^{Arie de Ruyter}, 알프레드 페이퍼르스^{Alfred Pijpers}, 마르호 트라펜뷔르흐^{Margo Trappenburg}, 쿤 코흐^{Koen Koch}, 그레이엄 로크^{Grahame Lock}, 마르크 보번스^{Mark Bovens}, 롤러 나우타^{Lolle Nauta}, 클라우스 오페^{Claus Offe}, 요스 더 뵈스^{Jos de Beus}, 파울 타르트^{Paul 't Hart}, 데산느 판 브레데로더^{Désanne van Brederode}께 감사드린다. 피아 코퍼르스^{Phia Koppers}는 편집 면에서 세심한 도움을 주었다. 웨스트뷰 프레스에서 만난 것이 출판사만이 아니라 이내 신뢰할 수 있다고 느낀 사람들이었던 것은 행운이 아닐 수 없다. 특히 섬세하고 명쾌한 제안들을 해 주신 교열담당자 레베카 리트커^{Rebecca Ritke}에게 감사드린다. '시민권 실천/관행들'에 관한 연구를

렸다. 이런 구분법을 감안할 때, 이 지배를 권력관계로 전환하는 것이 푸코적인 해방이고, 이 권력관계가 지배로 전환되지 않게 통제하는 것이 자유의 실천이라고 할 수 있다. 다만 푸코는 이 자유의 실천이 곧 '윤리'이고 '자기돌봄'(souci de soi)이라고 말하는 데 반해, 휜스테런은 '다원성의 조직화'를 중시한다는 점에서 양자는 강조점 면에서 차이가 있다고 할 수 있다.

발주할 수 있게 해준 데 대해 네덜란드정부정책학술위원회에 사의를 표하며, 그 결과물 일부가 7장에 실려 있음을 밝힌다. 위원회 성원으로 일하면서 필자는 동료 위원들의 개입, 그리고 파울 덴 후드, 라울 비르츠^{Raoul Wirtz}, 안너 파렛^{Anne Paret}, 에디트 판 라위번^{Edith van Ruyven}과의 협업에서 얻은 바가 많았다. 다원성을 다룬 장에 나타난 착상은 사샤 템플만과 공동작업을 하면서 처음 발전되었다. 시민권 연구를 시작할 당시 필자가 이해하고 있었더라면 좋았을 것들을 설명해 준 메리 더글러스^{Mary Douglas}께도 감사드린다. 우리는 '계서제^{hierarchy}에서 시민의 목소리'를 다룬 그 논문을 전혀 쓰지 못했지만, 이 주제에 관한 착상 일부가 이 책에 담겨 있기를 희망하는 바이다.

차례

1부
왜 시민권인가?

1장 _ 정치 의제로 부상한 시민권

1989년 이후 정치적 지각변동

1989년을 기점으로 정치적 놀라움의 시대가 시작되었다. 일어날 수 없을 것이라고 우리가 생각하던 일들이 일어난 시대였다. 예상치도 못했고 일어날 법하지도 않았을뿐더러, 이론적으로 불가능하던 사건들이 연달아 벌어졌다. 어쨌든 당시 통용되던 어떤 정치 이론도 이들 사건을 대비하지 못했던 것이다.

　체코공화국의 대통령이 된 바츨라프 하벨^{Václav Havel}이나, 남아공을 이끄는 넬슨 만델라^{Nelson Mandela}를 1985년 당시 누가 상상이나 했겠는가? 그들의 집권이 세계 전역에서 자아낼 반향을 누가 예견할 수 있었겠는가? 과거 정치범이었던 이들이 비폭력적으로 공직에 취임한 사실은, 공적 공간이 전체주의 체제들과 이들 체제의 관료 및 군인의 손아귀에서 전대미문의 수준으로 탈환되었음을 보여 주는 지표였다. 하벨과 만델라의 공적 행위와 성명은 원한과 복수에서 현저히 자유로운 상태를 유지함으로써 이 쟁취의 성격을 두드러지게 만들었다. 두

지도자는 동료시민들과 대화하고 협력할 것을 끊임없이 강조했으며, 설사 예전에 시민들을 압제하던 이들이 동료시민들 가운데 섞여 있더라도 그렇게 해야 한다고 역설했다. 새로운 지도자들은 노동집약적인 정치적 공예에 기꺼이 착수하면서, 힘이나 폭력의 위협으로 이 과정을 회피하려는 유혹을 뿌리친다.

이제 공화정의 최고위직을 차지한 이들 모범시민은 물론 동떨어진 위인偉人이 아니다. 그들은 자신들의 생존조건을 보증한다던 체제에 부역을 거부하면서 '아니오'라고 말한 인민이 일으킨 광범위한 운동의 일원이다. 이들 새로운 시민 역시, 앞선 혁명들의 특징이던 폭력적 항의 같은 것을 거부했다. '벨벳' 혁명이 가능했던 것은, (항쟁의 대열에 있건, 권력자들 사이에 있건) 어떤 상황에서나 인민이 시민으로 행동했기 때문임을 기억해 둘 필요가 있다. 수많은 군인과 정치인, 공무원이 평범한 인민과 어깨를 맞대고 거리에 섰으며, 자신들의 직을 걸고 공화정의 만인을 위한 자유를 쟁취하고자 했다. 베를린 장벽이 무너진 것도 (반체제인사, 실권자實權者, 평범한 인민들 같은) 적대자들이 비슷한 방식으로 협력했기 때문이었다.

전례 없는 정권교체가 발생한 곳은 독재 체제나 전체주의 체제뿐만 아니라, 민주적 절차에 따라 변화가 정기적으로 나타나던 곳이기도 하다. 2차 세계대전 이후 일본과 이탈리아를 좌지우지하던 정당들은 부패와 무능이 드러나 권좌에서 물러나야 했다. 네덜란드 정당정치 사상 최초로 집권 연립정부에 중도파인 기독교 정당들이 제외되어 있다. 도처에서 유권자들과 반대파 정치인들이 변화를 요구하고 있거니와, 이 변화는 고작 문지기를 바꾸는 것이 아니라 정치를 실행하는 완전히 다른 양식을 지향한다. 통치 세력들은 이런 요구들에 대한 감수성을 보여 주고 있기는 하지만, 적절한 대응책들을 강구하지 못해 애를 먹고 있다. 여느 때와 다름없이 정치를 계속하는 것에 대한 인민의 거부가 퍼져 나가는 가운데, 오직 유럽연합의 섭정관들만이 무감각해 보인다. 고위직의 고립상태에 장시간 익숙해진 자들은 시대에 뒤떨어진 태도 때문에 유권자들뿐만 아니라 그들 자신에게 큰 손실을 입힐 수 있다. 또는 평범한 시민들ordinary citizens 다수는 그렇게 생각한다.

지도력이 불통不通이라고 느끼는 시민들의 좌절감은 점점 차오르고 있고, 여느 때와 다름없이 정치를 계속하는 것에 대한 시민들의 거부가 늘 민주적 경로를 따라 흐르라는 법은 없다. 극우파의 극단주의, 이방인들과 여타 '잉여'인들의 주변화, 정치에 대한 혐오, 구舊복지국가들에서 등장한 신빈곤에 대한 무관심으로 말미암아 불법적이고 종종 폭력적인 행동들이 벌어졌다. 게다가 국제적 이동과 통신 때문에 국가가 관할하는 영토에서 법을 유지하는 일이 갈수록 어려워진다. 국민에 기초한 사회는 이제 정치 행위와 질서의 자명한 맥락이 아니다. 다른 맥락들이 더 중요해지곤 하는데, 기업들뿐 아니라 국민국가에 속한 관계당국들의 경우에도 그렇다. 양자 모두 '불가피한' 국제 현실들을 좇아 정책들을 만드는 빈도를 높인다. 그들은 다른 국가들과 협력하지만 동시에 다른 국가들과 체제 경쟁을 벌인다. 국가들은 두각을 나타내고, 세제稅制와 사업 기회, 생활양식 면에서 이목을 독차지할 수 있도록 노력함으로써, 장소에 구애받지 않는footloose 기업의 환심을 사려고 한다.

현실의 정치적 재현/대표representation[1]에서도 변화를 감지할 수 있다. 합리적·중앙집권적 통치의 논리에 기초를 둔 피라미드 모형은 구식이 되었다(Toulmin, 1992; Van Gunsteren, 1976). 주권은 분할·파편화되었으며, 그 개념 역시 진부해져 버렸다. 오늘날 사람들은 이전에 단일한 중심으로 재현/대표되던 독립체들과 관계를 맺을 때 다중적이고 유동적인 교점들을 상대해야만 한다. 정치와 규칙제정이 발생하는 다양한 입지들은 이제 안정적이고 계서적인 하나의 질서 안에서 서로 접속되어 있지 않다. 사람들이 일찍이 이런 식의 발전을 주목·수용하기 시작한 곳에서, 기왕의 중심들은 갈수록 장악력을 상실하고 있다.

점점 더 많은 사람이 자신들의 정치 행위를 떠받치는 지반이 이동하고 있음을 느낀다. 통상 정치의 실행을 제약하는 헌정/헌법 자체가 정치의 영향에 취약해졌다. 여러 나라에서 새로운 헌법이 작성·제정되고 있다. 헌법의 내용과 헌법재판소의 판결이 다시 한 번 중요해지고, 생사가 걸린 긴박한 정치 상황에서는 심지어 결정권을 쥐게 될 수도 있다. '정상적' 정치의 시기에는 정치 행위자들이 알려지고 제한되며 전문성에 입각한다. 하지만 입헌적이거나 혁명적인 정치의 시기, 이를테면 1789년 이후 프랑스나 그로부터 2세기가 지난 시점의 동유럽에서는, 사정이 그렇지가 않다(Ackerman, 1991). 정치적 외부자들과 비전문가들이 결정적 행위자로 밝혀지는 상황이 갑작스레 발생하고, 기성 정치인들과 정당들은 정상적이라고 치부한 자신들의 권력을 갑자기 박탈당한다.

---

1) representation은 단일한 한국어 명사로 옮기기 어려운 대표적인 용어 중 하나이다. 이 용어는 '재현', '표상', '대표', '상연' 등으로 옮기는데, 이 책의 용법에서는 이 중 재현과 대표의 차원이 특히 중요하다고 판단하여 '재현/대표'로 옮긴다.

이런 시간들은 매혹적이지만 위험천만하기도 하다. 정상적 정치가 이전에 (지루함과 혐오감을 널리 퍼뜨리긴 했어도) 제공하던 지향은 이제 신뢰성과 타당성이 훼손되고, 그 결과 사람들은 서로에게 훨씬 더 '적나라하게' 의존한다. 제도적으로 정의된 정치적 현실이 더 이상 (공용어나 운전 시 우측통행처럼) 자명한 문화적 사실로 간주되지 않을 때, 사람들은 부득불 자신들끼리 의미와 지향, 믿음직한 관계들을 마련한다. 그들 대신 이런 일을 하기 위해 자명한 '우리'를 재생산하는 제도들의 고정된 집합은 존재하지 않는다. 이런 불확실한 상황에서 혹자는 인종이나 국민, 종교나 국제무역 같은 여건들givens2)에서 안정을 찾으려 하는데, 이런 류의 공동체들은 제한적이기는 해도 가끔 임시로 쓸 만한 '우리'를 제공한다. 다른 사람들은 이런 총체화 일체를 거부하면서 흘러가는 대로 삶을 즐기고, 자구책을 마련하며, 소비에 몰두하는 등 극히 개인주의적인 활동에서 구원을 찾는다. 그리고 세번째 길이 시민권의 길인데, 여기에서 개인들은 운명을 나눈 공적 공동체를 받아들이고 신중하게 빚어낸다.

시민들을 연결하는 것은 시민들이 스스로를 통치하는 방식이자 피통치에 동의하는 방식이고, 시민 간 갈등들과 차이들의 조직화다. 그리고 헌정이 교체되는 격동의 시기야말로 시민권이 시험대에 오르는 시점이다. 낡은 제도들이 무너져 내리는 곳에서, 탄탄한 시민권 관

---

2) 철학 담론에서는 'given'을 흔히 '소여'(所與)로 옮기는데, 이 책에서는 '소여'와 뜻이 비슷하면서도 일상적으로 통용되는 '여건'(與件)으로 옮긴다. 하지만 소여든 여건이든 명사인 데 반해, 'given'은 형용사로도 쓰이기 때문에(이 점은 독어 gegeben이나 불어 donné도 마찬가지다) 문맥에 따라서는 '주어진 (것)'으로도 옮긴다.

넘은 변화하는 상황을 배경으로 공화정을 재건하는 데 쓰일 일련의 새로운 자재資材나 대체 부지를 제공할 수 있다. 이행의 시기, 타당하고 생명력 있게 개념화된 시민권은 정치적 쟁론이 수용가능한 한계를 넘지 않게 하는 데 도움이 될 수 있다. 시민권은 새롭고 익숙지 않은 상황에서 방향을 (다시) 잡는 나침반을 제시한다. 시민권이 성공을 보증하는 것은 아니며, 부패와 협박, 물리적 위해나 다른 형태의 불의가 이행기의 특징이라는 사실은 여전하다. 하지만 시민권은 자신의 발밑에서 정치적 지반이 이동하는 것을 느끼는 사람들이 공동의 항로로 나서는 것을 기꺼이 도와준다. 정치적 지각변동의 시기에 사람들은 실천적이고 쓸모 있는 시민권 이론에 자연히 더 많은 관심을 갖게 마련이다. 알다시피 시민들 다수의 지지를 이끌어 내려면 지금의 정치 현실에 충분히 발딛고 있는 시민권 관념이 필요하다. 오늘날 시민권 이론은 포스트1989의 사건들 및 전개들에 비추어 재검토되기를 간절히 바라고 있다. 이 책을 쓸 때 필자가 세운 목표가 이것이었다.

시민권, 입헌/헌정 정치의 역동적 원칙

1989년의 사건들과 그 여파로 세계는 일약, 국민국가의 논리를 뛰어넘어 정치 체제들의 헌정/헌법을 제정하고 전환하는 시기에 진입했다. 새로운 헌정/헌법들을 입안하는 심의 과정에서 사람들은, 후기 근대 또는 탈근대 환경에서 공존한다는 것이 제기하는 근본적 문제들을 고심했다. 가령 의미 있는 개인의 삶과 생산성 있는 기업 관행, 생태적인 책임성, 미래 세대를 위한 정의를 촉진하려면 정치적 의사결정을 어떻게 조직해야 하는가? 이 거대한 질문들은 북미와 유럽, 남아프리카와 세계 전역에서, 그리고 정치적 의사결정의 소재와 정당화를 재검토의 대상으로 삼고 있는 더욱 일상적인 논쟁과 싸움에서 쟁점이 되고 있다. 물론 국민국가들이 이 과정에서 여전히 두드러진 역할을 하고 있는 건 사실이다. 예컨대 1997년 유럽연합의 개정헌법을 작성하기 위해 개최된 정부 간 회담은, 인민이 선출하여 제헌의회에 파견한 대의원들이 아니라 각 국민국가의 정부가 선정한 공무원들이 진행하였다. 하지만 국민국가는 헌정/헌법 제정 과정에서 다툼의 여지가 없는 중심적 행위자가 더 이상은 아니며, 그 결과들의 이행과 개정이 반드시 이루어지게 될 명백한 장도 아니다.

많은 이들이 느끼는바, 우리가 사는 시대는 새로운 정치적 독립체들이 이전에 지배적이던 국민국가와 나란히, 그리고 경쟁적으로 발전해 나갈 이행기다. 국민국가가 머지않아 모조리 사라질 것이라고 믿는 이들은 거의 없지만, 국민국가의 지위가 정치조직의 지배적 형태에서 [정치조직의—옮긴이] 여러 형태 중의 하나로 근본적으로 바뀌는 중이라는 게 많은 이들의 확신이다. 대외적으로 볼 때 국민국가는, 유럽연합, 세계무역기구WTO, 북대서양조약기구NATO, 다국적 기업, 그리고 아직 이름이 부여되지 않았거나 불법적인, 따라서 정치 체제로 공인되지 않는 독립체들(이를테면 마피아 조직) 같은 정치적 독립체들과 관련되고 경쟁한다. 대내적으로는 근자의 강력한 대중매체와 대자본, 소비자협회가 (한때 시민의 지위를 국민국가의 투표권자이자 수취인으로 보장하던) 의회민주정과 정당, 법치로 이루어진 전통적 경관을 근본적으로 바꿔 놓았다. 오늘날 여당과 야당의 차이, 따라서 선거의 의의는 불분명하기 일쑤다. 선거는 정당한 정치권력을 부여하는 것이라고 통상 여겨지지만, 이렇다 할 선택지가 없다면 어떻게 그런 역할을 할 수 있겠는가? 인민이 정부가 보내는 전언을 갈수록 무시하는 것도, 이 전언이 일상생활과 별반 관련이 없어 보이기 때문이다.

정치적 쟁점과 행위자 다수가 국민국가의 틀 바깥에 자리 잡고 있는 데다, 국민국가의 작동방식 자체가 변경되었으므로, 국민국가들에서 우위를 점하는 정치 체제들의 지지 기반이 무엇인가 하는 질문이 중요해진다. 이들 정치 체제가 정당성을 주장할 수 있는 근거는 무엇인가? 자유주의 정치문화들에서 정당성의 근거는 개인의 동의다. 하지만 의회 정당 중심의 국민국가에서 실시되는 선거가 더 이상 시민들의 동의나 이의異議를 표명하는 주요하고 명백한 방도가 아닐 때, 시민권 자체가 문제를 야기하는 헌정/헌법적 쟁점이 된다. 가령 정치적 동의를 정당하게 표명할 수 있는 장소는 어디인가? 여기서 쟁점은 시민권의 지위 및 의미 자체일 뿐만 아니라, 누구를 시민으로 허용할지 여부에 관한 정의定義다. 새로운 헌정/헌법들의 척도는, 시민의 자리를 정의하고 보증하는 역량, 곧 시민-산출 역량이 될 것이다. 시민권은 헌정/헌법을 재구축하는 하나의 원칙인바, 이는 시민들이 헌정/헌법을 재구축함에 있어 마땅히 능동적인 역할을 해야 한다는 의미일 뿐만 아니라, 헌정/헌법이 마땅히 시민권을 촉진해야 한다는 의미이다.

어떤 정치 체제의 헌정/헌법이 시민권을 조직화의 역동적 원칙으로 촉진할 때, 즉 어떤 체제를 그 시민들이 '소유'own할 때, 우리는 그 체제를 **공화정**republic이라고 부른다. 공화정의 시민들은 통치자인 동시에 피통치자다. 가령 시민들은 직접적으로 또는 궁극적으로 통치하며, 공직자로서 통치의 권위를 지닌 동료시민들에게 복종한다. 공화정은 국지적이다. 인권헌장의 채택과 집행 등의 방법들로써 헌정 체제를 설립하려는 세계 수준의 접근에는 지역적인 깊이와 생명력이 없다. 인권 보호가 실효적이려면 당분간은 지역적 정치 체제에 단단하게 정박할 필요가 있다.

필자가 '공화정'이라는 용어를 사용한 것은, 공화정이라는 정치 체제를 국민국가 및 그에 속한 정당, 의회, 복지 제도와 동일시하는 일을 미연에 방지하기 위해서다. 의회 체계에 기초한 민주정은 모두 공화정이지만, 공화정이 모두 의회 체계에 기초한 민주정인 것은 아니다. 공화정이라는 정치 체제에서는 이 체제하에 사는 이들이 일정 정도의 실질적 발언권을 갖지만, 그 발언권이 꼭 의회 정당의 지배구조를 거쳐야 하는 것은 아니다. 동의가 다른 경로들을 통해 조직·표명될 수 있는지 여부는 열려 있는 문제다. 이 사안을 이론의 지령에 따라 사전에 결정할 수는 없다. 시민들의 선택을 의회주의적인 정당민주정과 독재의 양자택일로 제한하면 다른 선택지가 여럿 배제된다. 유럽의회와 유럽 정당의 출항이 순조롭지 않다고 해서, 유럽연합을 시민들이 다소나마 의미 있게 통치하는 체제로 만든다는 희망 일체를 포기해야 마땅하다는 결론이 필연적으로 따라 나오는 것은 아니다. 그렇다고 해서 다른 선택지들이 쉽사리 실현될 수 있다는 얘기는 아니다. '다수'에 의해 정부/통치government를 조직하는 방법은 정치를 이론화하기 시작한 이래 늘 중심적 문제였다. 이런 정부/통치가 존립하려면 [대립물을 더함으로써—옮긴이] 완화하거나 혼합해야 했다는 것이 아리스토텔레스Aristotle의 견해였고, 시민적 덕목3)을 통해 규칙을 부과해야 했다는 게 후대 사상가 다수의 견해였다. 근대의 이론가들은 '전체주의적 민주정'이 되지 않으려면 개인의 기본권으로써 민주정을 반드시 완화해야 한다고 역설했다. 민주정의 타락이라는 위험부담이 실재하는 것이라면, 의회주의적 정당민주정이라는 역사적 견제 형태를 직접 적용할 수 없는 지배구조 상황에 맞게 새로운 견제 형태들을 발명해야만 할 것이다.

재민주화 의제에 관하여

지난 15년간 시민권/직은 다수의 기성 민주정에서 우선순위의 정치의제로 재차 등장하였는데, 이곳들에서는 '재민주화'의 필요성이 대두된 바 있다. 영국에서 나타난 명백한 사례는 성문헌법 제정 운동과 (시민을 서비스 제공 조직을 상대로 권리를 행사하는 소비자로 보는) 보수당 정부의 '시민헌장'이다. 미국의 경우 바로 떠오르는 예는 뉴트 깅리치 Newt Gingrich가 이끈 공화당이 내세운 '미국과의 계약'이다.[4] 하지만 이

---

3) 여기서 '시민적 덕목'이라고 옮긴 영어 표현은 'civic virtue'다. 흔히 시민적이라고 옮기는 'civil'이 국가(state)/시민사회(civil society) 구별에서 후자와 주로 관련된다면, 'civic'은 공/사 구별에서 전자와 주로 관련된다. 그런 점에서 'civic'을 '공민적'이라고 번역한다면 두 개념을 뚜렷하게 구분할 수 있을 것이다. 실제로 불어에서 'désobéissance civile'과 'désobéissance civique'는 '시민들 개인의 양심에 의한 개인적 불복종'과 '시민들 전반의 집단적 불복종'이라는 식으로 의미가 확연히 구별되기도 한다. 하지만 이 책에서 휜스테런이 civil과 civic을 그렇게 강하게 구별하는 것 같진 않다. 또 시민사회가 공적이지 않은 사적 영역으로 환원되는 것도 아니며, 오히려 하버마스(Jürgen Habermas) 등은 시민사회를 대표적인 공적 영역으로 보기도 한다. 현대 한국어에서도 '시민'과 '공민'의 구별이 그리 강하지는 않다. 따라서 이하에서는 civil과 civic을 구별하지 않고 공히 '시민(적)'이라고 번역하겠다.

4) 책에는 "Contract for America"로 되어 있는데, 본래 운동의 명칭은 "Contract with America"이므로 바로잡았다. 참고로 영국과 미국 등지에서 나타난 시민권의 이 같은 변화 경향을 마거릿 서머스(Margaret Somers)는 '시민권의 계약화'라고 부른 바 있다(Somers, 2008).

보다 중심성과 가시성은 다소 낮긴 해도 다른 수많은 집단이 못지않은 결의를 가지고 시민의 권리를 역설했고, 못지않은 열기에 차 공적 당국의 시민권 침해를 비판한 바 있다. 일부 집단은 시민 재판, 시민 경찰과 민병대, 시민 학교, 시민의 무장을 옹호한다. 게리 윌스^{Garry Wills}가 쓴 바에 따르면, "오클라호마시티에 소재한 연방정부청사 폭파범들을 수색하던 중 우리는, 연방정부 전체가 자신들의 자유에 반하는 하나의 음모라고 믿는 투사들의 지하세계에 이르게 되었다"(Wills, 1995 : 50~55). 윌스는 이들 집단이 행동뿐만 아니라 논증, "연방법이 부당하다는 주장을 뒷받침하는 내적 일관성을 갖춘 논거"를 내놓았다고 단언했다.

그러나 오클라호마시티 사건 이후 수면으로 올라온 집단들에는 뭔가 새로운 것이 있다. 이들 집단 내부를 들여다보면, 일부는 폭력을 지지하고 일부는 반대하며, 일부는 종교적이고 일부는 세속적이며, 일부는 천년왕국설을 신봉하고 일부는 실용주의자인 등 서로서로 다르지만, 정부를 극히 두려워한다는 점에서는 모두 일치하고, 정부의 억압 장치를 대상으로 그들이 만들어 낸 복잡한 분석틀의 경우 극단주의자가 아닌 이들조차 이모저모로 공유하고 있다. 사실인즉 극단주의가 자유에 관한 '주류적' 근심 쪽으로 번져 나가는 경계선이 정확히 어디인지 추적하는 건 쉬운 일이 아니다.

프랑스에서는 최근 겉보기에는 모순적인 흐름들이 전개되었다. 프랑스 시민권에서 다른 시민권들을 배제하는 것이 마땅하고, 프랑스 시민권의 취득방식은 준^準자동적인 방식보다는 명시적 선택을 채택하는 것이 당연하다는 정부의 요구와 맞물려, 프랑스 땅에 사는 외국인을 우익적으로 배척하는 흐름[5]이 한편에 있는가 하면, 다른 한편에서는 '그들'과 '우리'를 이처럼 공식적으로 분리하려는 시도에 맞서 청년들이 대규모 시위를 일으키기도 하고, 프랑스 학교의 획일적 복장 규정에 순응하지 않는 개인들의 움직임이 나타나기도 한다(이때 특히 논란의 초점으로 떠오른 것은 이슬람 여학생 일부가 착용한 히잡이었다).

네덜란드의 정치 지도자들은 국가의 복지 제도를 자신에게 유리한 쪽으로 이용하는 '계산적 시민'을 거듭 비판하는 동시에, 자신들과 (정치에 대한 반감과 이반 정도가 갈수록 높아지는 것으로 보이는) 평범한 시민들의 괴리라고 일컬어지는 문제를 걱정한다. 이 주제가 독일에서는 파르타이페어드로셴하이트^{Parteiverdrossenheit}(정당에 대한 인민의 적대감)의 기술에서 반복되었다. 오만한 서독인들이 오시스^{Ossis}[동쪽 것들―옮긴이] 또는 동독인들을 (과거 독일민주공화정^{DDR} 체제에 '부역'했다는 이유를 들어) 신뢰할 수 없는 이등 시민 취급을 한다는 불만 때문에 통일 이래 독일의 합의는 황폐해졌다. 일정 기간 독일에서 생활한 외국인 노동자에게 독일 시민권을 부여하는 문제 역시, 이론과 (깡패들이 외국인 노동자 거주지를 방화하는 등) 실제 모두에서 논란이 많았다.

이탈리아에서는 몇 해 전 사법관들이 정계의 기득권층에 만연한

---

5) 이를 집약하는 구호가 '국민 우선'이다. '국민 우선'에 관한 상세한 분석은 발리바르의 「국민 우선에서 정치의 발명으로」(Balibar, 2002 : 89~132/111~173쪽)을 참고하라.

부패를 폭로하기 시작했을 때, 이런 운동이 진작 일어났어야 했다고 느끼던 평범한 시민 다수가 사법관들의 행동을 환영했다.[6] 체포와 기소를 발단 삼아 오늘날까지 이어지는 광범위한 헌정 개혁 운동이 사실상 개시됐다. 이들 개혁을 이끄는 관심사는, 정치 엘리트와 평범한 시민의 괴리를 메울 수 있는 참신한 방법을 찾는 것이다.

유럽 시민권/직의 감정을 촉진하고 시민적 권리들을 일정하게 발전시키는 것은 수년간 유럽연합의 현안이었다. 마스트리흐트^{Maastricht} 조약[7]에 맞서, 특히 시민권 조항에 맞서 여러 나라에서 일어난 저항은 유럽 시민권/직을 국내 정치 의제의 치열한 쟁점으로 만들었다. 그 결과 국민(주의)적 시민권 관념의 부활이 동력을 얻었다.

시민권/직 문제들이 동시대 민주정들의 정치 의제에서 취하는 형태는 다양하지만 시민권/직이 새로이 가시화된다는 사실은 공통의 고리를 시사한다. 정치 쟁점들이 갈수록 시민권/직이라는 용어로 다루어지고 있다는 것이다. 정책 분야 및 (이주와 빈곤과 차별, 공적 서비스

---

6) 여기에서 '사법관'이라고 옮긴 용어는 'judicial magistrate'다. 본문에 언급된 이탈리아의 '마니풀리테'(Mani Pulite) 운동을 개시한 것은 밀라노 지방검찰청 소속 안토니오 디 피에트로(Antonio Di Pietro) 검사인데, 한국에서 검사는 행정부 소속이기 때문에 왜 검사가 (사법부 소속으로 추정되는) '사법관'이냐고 의아해할 수 있다. 이 의아함을 해결하려면 두 나라 사법제도의 차이를 이해해야 한다. 한국의 경우 검사가 속한 검찰은 행정부의 일부인 법무부의 외청으로 인사권이 대통령에 있고, 판사가 속한 법원은 사법부 소속으로 인사권도 대법원장에게 있다. 반면 이탈리아는 판사뿐만 아니라 검사도 사법부 소속이고, 양자의 인사권은 1908년 설립된 최고사법위원회라는 독립기관에 있다. 이 때문에 검사와 판사의 상호이동도 많을 뿐더러, 수사판사의 경우 수사를 직접 관장한다는 점에서 검사의 역할을 하기도 한다. 그런 점에서 이탈리아의 '사법관'은, 검사와 판사를 아우르는 사법부 소속 공무원들이라고 이해하면 된다.

7) 마스트리흐트 조약은 1992년 2월 7일 네덜란드 마스트리흐트에서 유럽공동체(EC) 가입국들이 서명하여 1993년 11월 1일부터 발효된 조약으로, 공식 명칭은 '유럽연합에 관한 조약'이고, 이 조약으로써 유럽연합(EU)이 출범하였다. 이 조약은 전문과 6장으로 구성되어 있으며, 여기에서 유럽연합 시민권이라는 개념이 처음으로 법제화되었다.

공급의 부패와 비효율성, 정치와 평범한 시민들의 괴리, 국민적인 정체성들과 초超국민적 정체성들의 괴리 등) 관련 사안에서도 전반적 유사성이 뚜렷이 나타난다. 앞서 언급한 논쟁들에서 이들 쟁점은 대부분 내부자가 누구이고 외부자가 누구인가 하는 견지에서, 즉 충성심과 소속, 동일함의 견지에서 논의되고, 시민권/직을 통일성과 합의의 문제로 보는 관념을 함축하고 있다. 그러나 이런 용어들은 포스트1989의 정치에서 뚜렷하게 나타나는 분화 및 다원화의 증가와 잘 어울리지 않는다. 획일성을 통해 통일성을 부정적으로 부과하는 방식보다는, 동시대의 차이들을 인정하고 시민권/직의 창조적이고 실정적인 과업에 집중하는 시민권/직 전망을 발전시키는 게 더 효과적이지 않겠는가?

포스트1989 시대의 기술주의·자본주의 사회들이 동시대의 정치 문제들을 해결하는 데 성공할지 여부는, 이들 사회의 정치적 회복탄력성resilience과 의사결정 역량에 주로 좌우될 것이다. 이는 결국 시민사회의 생명력에 좌우될 것인데, 시민사회의 생명력은 시민들의 활동들이 규정한다. 만일 우리가 시민으로서 우리 시대에 걸맞은 민주정을 성취하는 데 성공하지 못한다면, 우리가 미처 상상하지 못한 것들마저 잃게 될 것이다. 그러면 시민으로서 우리가 누구인지, 우리가 더듬거리며 향하고 있는 것이 무엇인지 더 분명히 이해하려는 일에 착수해 보자.

2장 _ 시민권 이론들, 옛것과 새것

시민권은 영원한 본질이 아니라 문화적 인공물人工物이다. 시민권은 사람들이 시민권을 재료로 만들어 내는 산물이다. 언어처럼 시민권은 용법에 좌우되고 용법과 함께 바뀐다. 이를테면 정치 체제와 의제가 바뀌면 통상 시민권의 용도와 의미도 함께 바뀐다. 시민권의 잠재력, 곧 시민권이 무엇이고 무엇이 될 수 있을지를 이해하려면, 반드시 시민권의 역사를 알아야 하고 우리 앞 시대의 사람들에게 시민권이 어떤 의미였는지 이해해야 한다.

이 장에서는 동시대의 시민관觀이 위치한 의미 좌표들의 지도를 그린다. 그런 다음 제2차 세계대전 이후 자유민주정들에서 시민권에 관한 사고의 전개를 간략히 추적한다. 그리고는 이 시기에 두드러진 세 종류의 시민권 이론, 곧 자유주의 시민권, 공동체주의 시민권, 그리고 공화주의 시민권의 장단점들을 평가한다. 이들 이론의 약점이 포스트1989 시대의 사회·정치적 조건들하에서 골칫거리가 되고 말았다는 게 필자의 생각이다. 이들 이론은 이제 지향을 충분히 제시하지 못하는데, 이론의 전제가 되는 사회적 조건들이 더 이상 존재하지 않기 때문이다. 세 선행이론에서 선택한 요소들을 가지고 필자는 우리 시대 시민들의 지향으로 더 알맞아 보이는 대안적 이념을 발전시키고자 한다. 신공화주의 시민권이 그것이다.

의미들의 장

공화정에서는 무력武力을 위시한 모든 권위 있는 기능을 동료시민들이 행사한다. 따라서 한 명의 시민은 통치자인 동시에 피통치자다. 통치와 피통치라는 이 이중적 기능을 완수하기 위해 시민들은 반드시 최저한도의 자율성과 판단력, 충성심을 보유해야 한다. 이 논점에 관해서는 이론가들이 대체로 의견을 같이한다. 그러나 시민권의 이 세 측면에 살이 붙으면 의견 차이가 나타난다. 누가 자율적인가? 진정으로 자율적인 이가 있기는 한 것인가? 완전한 독립성이 요구되는가, 아니면 노예 같은 관계들이 부재하기만 하면 충분한 것인가? 재산이 없는 사람, 곧 경제적으로 말하자면 발언권이 없는 사람은 자율적인가? 일절 참여하지 않는 은둔자는 시민 자격이 있는가? 중독상태의 지속을 '선택'함으로써 다른 삶을 선택하고 영위할 자유를 사실상 상실한 중독자는 어떤가? [다음으로—옮긴이] 시민권 행사 시 충분조건이 되는 판단력의 기준과 범주는 무엇인가? 장관의 이름을 당연히 알고 있어야 하는 것인가, 아니면 대량학살자를 인지할 수 있으면 되는 것인가? 어떤 판단 착오를 하면 한 사람의 시민 자격이 박탈되는가? 치매에 시달리는 사람들의 목소리에도 마땅히 귀를 기울여야 하는 것인가? [마지막으로—옮긴이] 시민들은 어떤 인격체나 사물에 충성을 바쳐야 하는

가? 국민인가, 후손인가, 선조인가, 새내기인가, 정착한 '불법체류자'
인가(불법적 지위에 있다고 해서 개인들의 인권이 모두 박탈되지 않음은
물론이다), 법인가, 정부당국인가, 공화정인가, 그도 아니면 여왕인가?

이상과 같은 시민권의 세 측면, 곧 자율성, 판단력, 충성심을 각각
실질적으로 정교화하면 현저한 다양성이 나타날 것이다. 게다가 이 세
자질의 상호작용과 상호의존에 대한 관념 역시 다르다. 판단 능력이
일체 없는 이를 자율적이라 부를 수 있는가? 스스로의 자율성을 행사
함에 있어 타인들이 자신을 오도하는 것을 허용하고, 그 결과 명백하
게 그릇된 판단을 내리는 시민들의 목소리를 셈에 넣어야만 하는가?
충성심 없는 자율성이라는 게 있기는 한 것인가? 그리고 이 마지막 질
문에 대한 답변에 좌우되겠지만, 뉴스 매체에 종사하는 시민들에게 충
성심이라는 요건을 부과해도 되는 것인가?

시민권의 자질을 이해하는 다양한 가능성은 이상의 변이에 두 가
지 구별을 더하면 크게 늘어날 것인데, 엄밀한 의미의 시민권과 넓은
의미의 시민권, 형식적 의미의 시민권과 실질적 의미의 시민권의 구별
이 그것이다. 시민권이라는 용어를 엄밀한 의미로 사용하면 정치적 평
등과 참여의 지위를 가리키고, 넓은 의미로 사용하면 보다 넓은 사회
적 영역에서의 지위와 참여를 가리킨다. 또 이 용어를 형식적 의미로
사용하면 권리와 의무를 동반한 법적 지위를 가리키고, 실질적 의미로
사용하면 사람들이 보유하거나 결여한 실제 성향disposition과 정치적
영향력을 가리킨다.

근자에 네덜란드 장관들이 '시민적 책임'이 부족하다고 한탄했을
때, 그들은 엄밀하고 정치적인 의미의 시민이라는 자리에서, 넓고 사

회적인 의미의 시민에 대해 말한 것이었다. 비판자들은 시민들의 기초적 권리에 '아니오'라고 말할 권리와 무관심한 상태를 유지할 권리가 속한다는 점을 환기시켰는데, 이 같은 개입은 형식적이고 법률적인 시민권 정의에 근거한 것이었다. 새로운 시민들을 교육하는 문제도 애매하기는 마찬가지인데, 이 문제가 이 다양한 의미의 장에서 전개되기 때문이다. 새내기 교육 시 우리의 목표는 그들이 정치적 시민권을 획득케 하는 데 한정되는가, 아니면 마땅히 지역적 관습과 규범, 가치로 입문시키는 것까지 요구해야 하는가? 사회적 업무에서 사실상 발언권이 없는 사람들, 따라서 실질적 의미의 시민권에서 배제된 사람들에게 충성심을 기대할 수 있는가? 지역의 공용어를 가르치는 강좌에 접근할 수 없는 곳에서 이 언어에 대한 지식을 [시민권의—옮긴이] 형식적 요건으로 부과해도 되는가? 형식상으로는 시민권 가입을 허가받았으나 사회 안에 그들이 실질적으로 살 수 있는 자리가 마련되지 않은 정치적 난민들을 우리는 어떻게 대해야 하는가?

시민권의 다중적 의미들은 간단한 법적·과학적 정의로 삭제할 수 없는 여건들이다. 설사 정의를 내리는 일이 가능하더라도 이런 식으로 전문가가 개입하는 것을 사람들이 자동으로 수용하지는 않을 것인데, 여기서 쟁점이 되는 것은 관습과 형식적 관계 이상이기 때문이다. 사람들이 시민권에 부여하는 서로 다른 의미들은 물질적이면서 도덕적인 귀결을 동반하고, 정의에 관한 각자의 신념에 뿌리를 두고 있다. 그러나 의미들의 장 및 그 장에 담긴 입장들의 다양성을 자각하면 다툼과 혼란을 피하는 데 도움이 될 수 있다. 애매한 의미들의 장이 실존하는 것을 무시한다고 해서 사태가 명확해지는 것은 아니다. 이런 '명확성'을 단언하려 드는 이들이 실제로는 애매함과 오해를 가중시키는 것이다. 명확성 면에서 진전을 기대할 수 있으려면, 타인들의 관점을 마땅히 존중하는 가운데 시민권에 관한 의미들의 장에서 명확하게 표시된 입장을 취해야만 한다. 이 책에서 제시하는 입장은 신공화주의 시민권의 입장이다. 이 입장을 탐색·옹호할 수 있으려면 그에 앞서 이 입장과 결부된 지적 맥락을 이해하지 않으면 안 되는데, 그 맥락이란 2차 세계대전 이후 자유민주정들에서 출현한 경쟁적 시민권 이론들이다.

시민권 학설의 전개

시민권 사상사의 여러 양상과 시기에 관한 값진 연구들이 근년에 여럿 출간되었다(Heater, 1990; Roche, 1992; Oldfield, 1990; De Haan, 1993; Kymlicka and Norman, 1994). 이 절에서는 최근에 나타난 학설의 전개 양상을 간략히 소묘하는 데 그칠 것인데, 이 소묘는 이 책이 제시하는 신공화주의 입장을 가늠할 수 있는 배경 노릇을 할 것이다.

1945년과 1980년 사이 서양 나라들의 지배적 합의는, T. H. 마셜 Thomas Humphrey Marshall의 작업(Marshall, 1950)을 따르자면 대략 다음과 같이 진행되었다. 시민권에는 세 측면이 있다. 즉 시민들은 정치적 의사결정에서 발언권을 갖고, 모든 시민에게 평등하게 적용되는 규칙에 따라 판결하는 동료시민들에 의해 운영되는 법정에 접근할 수 있으며, 최저한도의 사회경제적 생존조건을 보증받는다. 시민권에서 관건은 해방, 즉 해당 국가의 영토에 있는 모든 인민에게 정치적·법적·사회경제적 참여라는 시민권의 세 측면을 잇달아 실현하는 것이다. 이런 전망에서는 일단 거의 모든 사람이 시민권을 획득하고 나자 시민권의 실천적·이론적 흥미가 사라졌는데, 시민권이 그 특질을 상실해 버렸기 때문이다. (정치적 측면, 법적 측면, 사회경제적 측면이라는) 시민권의 세 가지 구성적 측면은 '민주정', '법치', 그리고 '복지국가'라는 기치 아래에서 가일층 발전하였다. 이들 원칙은 국민국가 영역 안에서뿐만 아니라 (이를테면 기업이나 관冊국민적인 협약에서처럼) 국민국가 너머에서도 적용되었는데, 이때의 목표는 인류 전체를 위한 정의를 성취하는 것이었다. 시민권 개념이 모든 것을 망라하게 되면서 차츰 시민권은 사실상 모든 의의를 잃게 되었다.

이런 상황은 1970년대 말에 이르러 바뀌기 시작했다. 통치자들은 민주정과 법정, 복지 체계가 시민들의 요구 때문에 과부하가 걸렸다고 말하기 시작했다. 기업들은 이윤 창출이라는 본래의 사명에 재차 집중하겠다며 관료제의 굴레로부터의 자유를 요구하기 시작했다. 자유민주주의 복지국가가 자신을 지탱하던 구조에서 뛰쳐나왔다는 생각은 이내 상투어가 되었다. 그러나 어떻게 했어야 관리가능한 한계 안으로 되돌릴 수 있었을까? 제도와 합의는 경제 성장이 계속되고, 이와 동시에 권리 및 사회 보호가 늘어난다는 추정에 기초를 두고 있었다. 개별 시민의 처신이 달랐다면 도움이 되었을까? 권리의 보유자이자 돌봄의 수령인에 그치는 것이 아니라, 시장의 다양한 선택지들 가운데서 선택을 내리고, 그 선택의 귀결을 받아들이는 책임감 있는 개인들이었다면? 또는 서로에게 도움의 손길을 내미는 상호 연결된 인민이었다면? 또는 (시민들이 그를 위해 희생을 불사하는) 공적 공동체의 자랑찬 구성원들이었다면? 이상 시민권에 관한 세 가지 서로 다른 이론적 구상들, 곧 자유주의적-개인주의적 구상, 공동체주의적 구상, 공화주의적 구상은 서로 대결하면서 한층 연마되었다. 시민권의 질문은 '시민권을 어떻게 얻는가?'에서 '시민권이 무엇인가?'로 바뀌었다. '최상의' 시민권 관념을 놓고 서로 다른 학파들이 경쟁을 벌임에 따라 통찰은 풍부하고 날카로워졌다. 학파들 간에 차이는 있었지만, 모든 상황에 들어맞고 모든 상황에서 정의로운 최상의 단일한 시민권 구상 같은 것이 존재할 수 있다고 추정했다는 점에서는 모두 같았다. 1990년대 무렵이 되면 이 추정은 자명함을 잃게 되었는데, 시민권 실행의 전제로 삼은 정치적 맥락이 현저하게 바뀌었기 때문이다.

긴 침체기 또는 안정기를 뒤로 한 지금, 국가들 내부의 정치적 관계와 동맹이 다시 요동치고 있다. 국민국가 자체는 이제 권력 행사와 질서 창출의 자명한 중심이 아니다. 국민국가들의 윤곽은 다극적이고 변화무쌍한 국제 체계 안에서 희미해져 버렸다. 자국의 사회에 관한 데이터에 근거해 이루어지는 국민국가 정부들의 운영은 갈수록 신뢰성을 잃고 있다. 정부가 국민국가의 사회들을 통제할 수 없다는 것은 이제 모두에게 분명하다. 국경들을 가로질러 자유롭게 이동하는 인간과 상품, 화폐는 숫자와 규모 면에서 너무 거대하다. 이상의 맥락 속에서, 시민권은 다원적이 되었다. 한 사람이 서로 다른 공동체 여러 곳(예컨대 유럽연합, 터키, 암스테르담)의 시민이 되는 것은 더 이상 이례적이지 않다. 적절한 시민권 구상 역시 다원적이어서, 상황에 따라 선호되는 구상이 달라지는데, 시민권 관념의 으뜸가는 목적이 더 이상인민을 보다 평등하게 만드는 것이 아니라, 인민으로 하여금 다원성을 조직하는 능력을 갖추게 하는 것, 즉 인민이 상대하지 않을 수 없는 타인들과 자신들 간의 껄끄럽거나 놀라운 차이들에 평화롭게 대처하는 능력을 갖추게 하는 것이기 때문이다.

시민권을 두고 벌어지는 논쟁의 주제들 역시 이동했다. 오늘날에는 시민권의 본질적 요소보다는 상황적 판단에 관심이 더 집중되고, 이전까지 권리를 강조했다면 이제는 거기에 덧붙여 제도적 의무와 관심사, 충성심을 강조한다. 다시 말해 분석의 출발점은 더 이상 통일성이 아니라, 한 공화정 안에서 시민으로 공존할 책임이 있는 소수자/약세자(弱勢者)[1]들의 다중적 정체성들이다. 과학적으로 정돈된 데이터에 의해 권위 있게 재현/대표되는 '사실'과 헌정/헌법 기반 민주정에 의해 권위 있게 재현/대표되는 '의지'는, 공개했을 때 자신들에게 득이 될 수 있는 사회 현실만을 발표하는 각종 매체에 추월당했다. 국지적이고 상황적인 요인들에 대한 주목은 높아지고 있다. 갈수록 국제화·통일되고 있는 세계에서 이는 놀라운 일이다. 갈수록 많은 사람들이 이제 세계의 통일성을 손으로 만지듯 경험한다는 바로 그 이유 때문에, 국지적·신체적 근접성과 특이성이 마침내 정치 이론과 실천에서

---

1) 'minority'는 통상 '소수자'(少數者)로(그와 상관적으로 'majority'는 '다수자'多數者로) 번역한다. 하지만 majority/minority의 문제는 수의 많고 적음에 국한되지 않는다. 일례로 여성은 '세상의 절반'으로, 수적으로 결코 적지 않지만 대표적인 minority다. 그런 점에서 '소수자'라는 번역어는 의미 면에서 제한적일 뿐만 아니라, 수적으로 적지 않다는 점을 들어 여성 등을 minority 범주에서 제외하려는 반동적 주장에 빌미를 제공할 수 있는 정치적 문제점이 있다. 이 때문에 수가 적다는 의미뿐만 아니라 세력이 약하다는 의미를 포함시켜, 일부에서는 '약소자'(弱小者)(그와 상관적으로 '강대자'強大者)라는 번역어를 제안하기도 한다. 의미 면에서는 이 번역어가 더 나아 보이는데, 이 경우에도 규모의 크고 작음을 뜻하는 단어가 들어가 있어 '소수자'라는 번역어의 문제점에서 완전히 자유롭지는 않다. 그런 점에서 이 책에서는 중국에서 일부 사용하는 번역어를 따라 세력이 약하다는 뜻의 '약세자'(弱勢者)(그와 상관적으로 '강세자'強勢者)를 소수자(와 다수자)에 병기하여, 소수자/약세자(그와 상관적으로 다수자/강세자)로 옮긴다.

응당 받아야 할 인정을 받고 있는 것이라고 할 수 있을까? 여기서 핵심 질문은, 이런 식으로 국지적인 것의 중요성을 인정하는 일이 국적과 인종, 종교, 또는 사람들을 모으는 또 다른 배타적 원리의 견지에서 표현될 것인가, 그렇지 않으면 공통의 시민권이라는 보다 포괄적인 용어로 표현될 것인가이다.

하지만 왜 시민권을 선호하는가? 이에 답하기 위해 1980년대로 돌아가, 왜 하필 그 시점에 시민권이 정치 의제로 높이 부상했는가 하는 질문을 다시 던져 보자. 당시는 개인화의 시기, 더 정확히 말하자면 탈계서화의 시기였다. 계서제에서는 만물과 만인에게 본연의 자리가 있으며, 이 자리는 다른 자리들과 안정적으로 연관된다. 계서제가 1960년대에는 상상 속에서 폐지되었다면, 1980년대에는 실제 질서와 규율 능력 차원에서도 폐지되었다. 개인들은 계서제적인 정치 질서 내부에 고정된 각자의 자리들을 점차 상실했다. 다수는 무관심한 숙명론자나 계산적 개인들이 되어, 정치가 대가를 지불할 때에 한해서만 정치로 눈을 돌리고 그 요건과 법률에 주의를 기울였다. 다른 이들은 종교 분파나 이상주의 운동, 이익 집단을 으뜸가는 공적 헌신의 대상으로 삼았다. 반응들이 사뭇 다르긴 하지만, 개인에 초점을 맞추는 쪽과 자원적自願的 집단에 초점을 맞추는 쪽 모두 무너져 내리는 정치의 계서제에 등을 돌렸다. 그들에게 있어 정치는 질서의 원칙이라는 우선성을 상실했다. 결국 도덕과 공동체, 국민과 쇄신된 규율에 호소함으로써 계서질서를 다시 확립하려던 정치 당국들은 극히 제한된 성공에 그친다. 수신인 다수는 그냥 귀를 닫아 버리고, 듣는 이들 중에서도 상당수는 이런 호소를 더 이상 존재하지 않는 질서를 들먹이는 공허한 수

사로 느낀다. 이 질서를 조화로운 빛깔로 그린다 한들, 거짓이 줄어들지는 않는다는 것이다.

탈계서화에 이런 식으로 반응하는 것이 확연히 부적합하다는 점을 감안할 때, 질서의 원칙으로서 시민권이 갖는 매력은 더욱 커진다. 시민권은 개별 시민을 공적 질서의 최상위 원칙으로 삼음으로써 한편으로 개인화의 현실성과 가치, 다른 한편으로 응집력의 필요성을 공히 수용한다. 시민권에서 출발하면, 계서제 내 다른 제도들이 수습될 수 있으며, 이익집단과 분파, 계산적이거나 무관심한 개인들과 다시 연결될 수 있다. 이 책에서 발전시킨 것이 계서제들 안에서 시민의 목소리라는 이 주제다. 응집력과 공동체는 시민을 축으로 삼아 형성되고 개혁될 수 있다. 계서제는 더 이상 여건이 아니고 중앙집중적으로 생산될 수도 없다. 계서제를 생산하기 위해서는 시민들 스스로 행동해야만 한다. 예전에 개인들은 전통이라는 총체성, 또는 전문가들이 다루는 규율 체계라는 총체성 안에 굳게 착근해embedded 있었다. 이제 아무런 총체성도 주어지지 않으므로, 개인들은 더욱더 서로에게 의지해야만 한다. 이것이 정말 우리의 상황이고 이 상황에서 취약함과 짜릿함이 비롯한다는 것을 통치자와 피통치자 모두 자각하는 중이다.

그러나 이상은 동전의 앞면일 뿐이다. 동전의 뒷면은, 계서제와 마찬가지로 시민권 자체도 주어진 것이 아니라는 것이다. 시민권은 공화정을 구하려고 느닷없이 하늘에서 내려오는 동아줄deus ex machina이 아니다. 시민권 자체도 공적 제도로서, 이 제도가 작동하려면 개인적 열의뿐만 아니라 다른 제도들이 필요하다. 시민권을 뒷받침하는 제도적 지지대에 관해서는 후속 장들에서 적절히 검토할 것이다. 그러나 이런 식으로 초점을 맞추면 위험하다. 지지대 노릇을 하는 제도와 전제조건에 대폭 주의를 기울인 연구와 정책의 경우, 능동적 시민권을 종속변수로 취급하여 시야에서 사라지게 하는 경향이 있었다. 이 책은 정치 체제들의 변형에서 시민권이 결정적인 독립변수 노릇을 한다는 점을 강조한다. 그러나 이 책은 능동적 시민권을 서로 얽힌 제도들의 일부로서만 작동할 수 있는 제도로 파악한다. 지난 20여 년에 걸쳐 바뀐 것은 이런 연결망에서 시민권이 점하는 자리로, 이 자리는 예전보다 더욱 중심적이고 결정적이 되었다.

시민권의 세 이론

자유주의, 공동체주의, 공화주의라는 세 종류의 시민권 이론은 근래 수십 년간 가장 두각을 나타냈으며, 여러 전문 학술지와 저서에서 상세히 분석된 바 있다. 따라서 여기에서는 각 이론의 장단점을 간략하게 상기하는 데 그칠 것이다. 이 배경 소묘가 필요한 것은, 1989년 이래 각 이론의 장점은 반감되고 약점이 배가되었음을 보여 주기 위해서다. 새로운 정치적·사회적 현실 때문에 예전의 시민권 이론은 쓸모를 잃게 되었는데, 이들 이론이 전제로 삼은 사회 질서 유형이 더 이상은 존재하지 않기 때문이다. 정치적·사회적 현실은 시민권의 세 이론이 착근해 있던 틀을 넘어서 버렸다.

　　자유주의-개인주의 이론들에서 재현되는 시민은 선호와 권리의 계산적 보유자다. 이들 이론의 공리주의功利主義 변종이 기초로 삼는 것은, 개인들이 스스로의 편익을 극대화한다는 공리公理다. 이를테면 개인들은 어떤 행위를 선택해야 (바라는 상황에다 이 상황이 일어날 확률을 곱한 결과인) 최고의 가치 생산물이 나올지를 계산한다는 것이다 (C=V×P, 또는 선택^{Choice}은 가치^{Value} 곱하기 확률^{Probability}과 같다). 자유주의-개인주의 이론의 '개인적 권리' 변종에서 선택이란, 타인들의 권리에 대한 존중이라는 한계 내에서 시민들이 자기 자신의 권리를 계산하는 것으로 정의된다. 개인들에게 이 권리의 구조는 여건이다. 권리 자체는 입법자의 공리주의적 고려에서 파생되는 것일 수도 있고 아닐 수도 있다. 여기서 주되게 주목할 점은, 양 변종 공히 개인(과 그 권리·의견·선택)을 여건으로 받아들인다는 점, 그리고 비정치적 여건의 견지에서 정치를 설명하고 정당화한다는 점이다. 시민권과 여타 정치 제도들은 조건부로 수용될 뿐인 수단들이다. 즉 개인이 계산해 볼 때 사적 편익의 극대화를 촉진하는 한에서만 수용되는 것이다.

이런 관점에서 시민권을 보면 크게 두 가지 문제가 생긴다. 첫번째 문제, 개인들이 서로를 파괴하고 서로에게 유익한 상호작용의 근거를 파괴하는 일을 어떻게 방지할 수 있는가? 만인에 대한 만인의 전쟁, '공유지의 비극', 몰래 일하는 실업급여 수급자 등이 모두 같은 문제를 예증한다. 그 문제는 바로 개인주의인데, 이는 사람들이 악하거나 심술궂다는 뜻이 아니다. 상호파괴는 친절에서 비롯할 수도 있기 때문이다. 예를 들어 비상구가 하나인 극장에 불이 났는데 모두가 "먼저 가세요"라고 말하는 장면을 상상해 보면 된다.

두번째 문제는 개인 및 개인의 관념이 형성되는 방식과 관련이 있다. 자율적 개인의 통찰력과 선호는 '불순한' 처리과정들에서 비롯한 것일 수 있다. 이를테면 제공받은 정보가 편향되거나 무의미할 수도 있고, 개인의 선호가 과거의 격분에서 연유한 것일 수도 있다. 개인의 관념과 선호를, 이 선호가 어떻게 해서 생겨났는지 본인들이 깨달았다면 거부했을 것이 분명한 경우에조차, 신성불가침한 것으로 받아들여야 마땅한 것인가? 그리고 선호와 통찰 면에서 우연적인 외부 환경들로부터 영향을 받치 않는 완전히 자율적인 개인이라는 개념적 이상은 내적 일관성이 없는 것 아닌가? 어쨌거나 우연성 일체에서 절연된 상태에 머무는 개인이란 무색무취할 것이다. 이런 개인은 사실 아무런 선호도 가질 수 없다(우연에 의하는 경우를 제외하면 그럴 것인데, 이는 금지되어 있다). 그러나 우연적 환경들에 의해 전적으로 결정되어 있는 개인의 존재라는 이상도 일관성이 없기는 매한가지 아닌가? 이런 사람은 개인이 아니라, 일어나는 변화무쌍한 상황의 노리개라 할 것이다.

이런 문제들은 개인들이 아직 '책임 있게' 처신하던 시절, 이를테면 투표소에 가고 반反민주 정당들에 투표하지 않던 시절, 정말로 아프거나 근로능력이 없는 경우가 아니면 건강보험이나 장애보험 수령을 자제하던 시절에는 그리 긴급하지 않았다. 그러나 그런 시절은 끝이 났다. 이제 투표소에 가지 않는 사람들이 많고, 반민주 정당들이 표를 얻는다. 사람들은 일을 하면서도 세금을 내지 않는다. 아프거나 실업상태인 척하고, 부업으로 계속 돈을 벌면서 급여를 수령한다. 사생활 보호 뒤에 숨어, 부정수급자와 '정당한' 수급권자를 구분하려는 활동을 회피한다.

이런 문제들을 바로잡겠다고 제안한 대책들은 실효성이 입증되지 않았다. 적어도 자유주의-개인주의 시민권 이론의 틀 안에서 구상한 대책들은 그랬다. 모두들 민주정을 떠받치는 문화에 집중했다. 민주정의 존립가능성은 시민의식, 종교, 민주적 규칙에 관한 교육이나 공적 도덕의 발전 같은 사정에 달려 있다는 것이다. 만일 시민들에게 이런 속성들이 전혀 없다면, 민주정은 존재할 수 없다. 그러나 시민들이 이들 속성을 너무 강렬하게 받아들일 경우에도, 민주정이 파괴될 수 있다. 첫번째 경우에는 이기주의 때문에, 두번째 경우에는 광신 때문에 민주정이 소멸하게 될 것이다. 문제는 양 극단을 피하고 행복한 중간을 유지하는 것이다. 그러나 설사 이런 통찰이 참이라 할지라도, 이것으로는 개인주의 시민권의 문제들을 해결할 수 없다. 그 이유를 이해하는 것이 중요하다.

시민의식은 서로를 몰아세우는 개인주의적인 사람들 안에서는 좀체 발전하기 어려울 것이다. 시민의식과 정당성, 공중의 지지는 다른 여러 활동과 사건의 부산물로서 생겨나는 것이다. 우리의 의지, 의도나 조작이 이 부산물을 향하면, 바로 이 지향 때문에 부산물이 생겨나지 않게 된다. 잠에 들겠다는 소원이나 자발적이 되겠다는 욕망의 경우에서 보듯, 의지는 바라는 결과의 본성과 상반된다.

드 토크빌Alexis de Tocqueville은 종교적 엄격함이 어떤 식으로 미국 민주정의 개인들을 자유의 적정한 한계들에서 벗어나지 않게 유지했는지 보여 준 바 있다. 하지만 종교와 민주정이 서로 균형을 잡아 준다는 그의 통찰을 공유한다 한들, 실제로 달라지는 것은 별로 없다. 신자信者가 아닌 사람이 개종하면 개인 간 민주적 평화에 좋을 것이라는 이유를 들어 개종을 시킬 수는 없는 노릇 아닌가. 계산을 통해서는 참된 신자가 될 수 없는 것이다.

달Robert Dahl(1956)은 기본적 규범을 합의하는 것이 민주정의 작동에 필수적이라고 주장했다. 이런 합의를 재생산하기 위해 필요한 것이 교육이다. 하지만 한 사회의 구성원들이 계산적 개인주의자들이고 기본적 규범들을 합의하고 있지 못하다면, 교육자들은 누가 교육시킨단 말인가? 교육은 대책이 될 수 없다. 달의 기본적 합의를 공유하는 자질 있는 교육자들을 발견할 수 없다면 말이다.

공적 도덕에 호소하는 것 역시, 순수 개인주의자들로 이루어진 사회에서는 도움이 되지 않을 것이다. 다양한 사적 도덕들에서 공적 도덕을 연역하려고 시도하는 한 공적 도덕의 발전은 계속 지지부진할 것인데(Van Gunsteren, 1991), 이유는 두 가지다. 첫째, 사적 도덕들이 서로 갈등을 빚을 경우 이 중 어떤 도덕이 공적으로 우위를 점하는 것이 정당한가? 그게 아니라면 사적 도덕들의 중첩적 합의로 그럭저럭 때워야만 하는가? 이 합의가 공직의 보유자들이 회피할 수 없는 현실적인 윤리적 선택들에 관해 침묵하는 경우에조차? 둘째, 공직의 보유자들은 사람들이 사적 자격으로는 실행하는 것이 금지되어 있거나, 어떤 유력한 사적 도덕으로도 허용되지 않는 일들을 실행하는 것(예컨대 강제력을 사용하는 것)을 허가받(거나 의무로 부여받)는다. 이런 행위들을 공직에 위임하고 공법과 대심對審 절차로써 규제하는 것은 다름이 아니라 이런 행위들을 사적 영역의 영향력에서 철저히 벗어나게 하기 위해서다. 전적으로 공적인 행위들과 연결되어 있는 규칙들 및 도덕적 요건들은 전적으로 사적인 도덕들에서 파생될 수 없다. 적어도 직접적으로는.

이런 식으로 자유주의-개인주의 시민권 이론들의 약점을 모면하려는 노력은 성공할 수 없다. 한편으로 합리적 계산은 제안된 수선조치들을 수용해야 할 동기를 충분히 제공하지 않는다. 신자가 되는 게 낫다는 합리적 통찰 때문에 신자가 되는 것은 아니다. 다른 한편으로 어떤 도덕적·종교적 공동체에 속한다는 주어진 역사적 사실을 받아들이거나 공적 도덕의 비파생적 성격을 승인하게 되면, 자유주의-개인주의 이론들의 개인주의적·비역사적·비정치적 전제들을 정면으로 부인하는 셈이 된다. 이는 자유주의-개인주의 이론들의 약점을 바로잡는 것이 아니라, 그냥 이들 이론의 핵심적 신념과 모순되는 것이다. 이런 식의 부인이 사실 다양한 공동체주의 시민권 이론들이나 공화주의 시민권 이론들이다.

공동체주의 시민권 이론들이 힘주어 강조하는바, 사실 시민이 된다는 것에는 역사적으로 전개된 공동체에 소속된다는 것이 수반된다. 시민이 보유한 일체의 개(인)성은 공동체에서 파생되고 공동체에 의해 제한받는다. 이런 시각에 따르면 책임감 있게 행위하는 시민이란 공동체가 용인하는 한계를 넘지 않는 시민이다. 충성심과 충성심 교육은 공동체와 이를 구성하는 개인들이 공히 번창할 수 있게 한다.

이런 구상은 여러 모로 일리가 있다. 첫번째로, 이 구상은 앞서 지적한 자유주의-개인주의 시민권의 문제들을 모면한다. 개인들은 공동체에 의해 형성된다. 습득한 행동 규약을 견지하면 개인들은 공동체의 지속적 실존을 보장하고 상호 파괴를 모면하게 될 것이다. 개인들은 공동체의 발원과 존속을 가능케 한 성공적 공식을 단순하게 반복한다. 이 규약에서 일탈하는 것은 부패로 간주되고 용인될 수 없다. 부패와 싸운다면, 그리고 공동체의 기원, 공동체의 시작으로 돌아간다면 쇠퇴하는 공동체를 구출할 수 있다. 이런 식으로 하면 권위와 성공적 공식이 복원될 수 있다는 것이다.

　공동체주의 시민권 이론들을 옹호하는 두번째 이유는, 품성의 동일성과 안정성이 친구와 동료로 이루어진 공동체의 지지 없이는 실현될 수 없다는 통찰에 있다. 강인한 품성을 갖춘 사람은 환경이 바뀌는 가운데에도 꿋꿋하며 쉽사리 평정심을 잃지 않는다. 하지만 우리 중 대다수의 경우 이런 불변성은, 우리와 별로 다르지 않게 사고·행위하고 생활방식을 공유하는 친구들의 공동체가 지속적으로 실존하는 것, 그리고 그 공동체에 우리가 속하는 것에 좌우된다. 여러 연구와 역사적 경험이 누차 보여 준 것처럼, 사람들은 이런 의존관계를 체계적으로 과소평가한다(Nussbaum, 1986; Douglas, 1987; Sandel, 1982; Milgram, 1974). 개인적 자율성과 독립적 판단력은 겉으로 드러나는 모습과는 다르다. 이런 품성들이 반역하는 대상이 되기도 하는 바로 그 공동체가 이 품성들을 좌우한다. 이 같은 의존관계는 흔히 안이한 자아상 뒤에 감추어져 있다. 이런 안이함을 버리고 의존관계를 인정하는 개인주의자들은, 자신들의 개(인)성을 보존하는 공동체를 소중히 여기고 이 공동체를 유지하기 위해 노력한다. 그러나 개인주의자들은 이 일에 실패하기 일쑤인데, 그들에게 있어 공동체는 하나의 수단이기 때문이다. 수단으로서의 공동체는 공동체의 통념적 본질, 즉 공동체는 행위와 판단의 '자연스럽고' 가치 있는 맥락으로 존재하고 이 맥락은 그 자체로 가치가 있다는 통념과 모순을 빚는다. 한낱 수단에 불과한 공동체는 공동체가 아닌 것이다.

　이상에서 공동체주의 시민권 이론들에 대한 반대이유들을 이미 간단히 언급하였다. 첫번째 반대이유는, 이들 이론의 통찰이 시민권의 변화로 이어지기보다는 시민권의 변화를 가로막는다는 것이다. 가령 주어진 공동체에 '자연스레' 속하는 것이 시민권에서 사활적이라고 본다고 한들, 이런 공동체가 가용하지 않은 상황에서는 속수무책이다. '자연스러운' 것은 그냥 거기 있거나 거기 없거나 둘 중 하나로, 제작이 불가능하다. 그런데 근대 사회에서 공동체는 당연시될 수 없으며, 이 때문에 여간해서는 '자연스럽지' 않다. 존재하는 것은 공동체들의 다원성이고, 여러 소속을 가지고 개개인이 만들어 낸 결합체들의 다원성이다. 이런 사회에서, 당연시할 수 있는 공동체를 의식적으로 창출·도야하는 활동은 내적인 모순에 시달릴 수밖에 없다.

공동체주의 관점에 대한 두번째 반대이유에서 논점은 현실성의 정도보다는 바람직함의 정도다. 공동체는 자유에 제한을 부과하는 것으로 악명이 높다. 해방emancipation은 공동체의 강제적이고 불공평한 속박으로부터의 해방/석방liberation을 통해 달성되곤 했다. '올바른 사고방식'을 강조하는 것은 스스로의 운명을 개척하는 공동체들에서 쉽사리 나타나는데, 이 같은 태도는 경직성을 낳는다. 근대 국가는 이런 위험들에서 시민들을 보호할 의무가 있다. 근대 국가는 공동체들의 권한을 제한·규제하고, 공동체들로부터 개인들을 보호한다. 이런 과업을 감안할 때, 각국 정부가 펼치는 공동체주의 정책은 여러 모로 의심스럽다. 이런 정책은 다양한 공동체들(기성 공동체와 신흥 공동체, 단단히 통합된 공동체와 느슨한 공동체, 종교적 공동체와 영토적 공동체)에 대한 국가의 중립성에 위배될 공산이 클 뿐 아니라, 국가가 공동체주의 시각을 수용하게 되면 공동체들의 속박에서 시민들을 보호하는 국가의 기능을 등한시할 위험도 생기기 때문이다.

개(인)성, 자율성, 판단력이 공통된 기초 없이 실존할 수 없다는 통찰에 이른다고 해서 꼭 공동체주의의 관점을 수용해야 하는 것은 아니다. 공동체들은 불가결한 동시에 위험하다. 국가가 규제하는 공동체들을 국가와 동일시해서는 안 된다. 국가는 공동체들이 존재하고 창출되는 자리를 마련하고, 공동체들의 과잉을 완화한다. 그런데 무엇이 국가에게 이런 능력을 부여하는가? 앞서 말한 작업을 하는 데 맥락을 제공하는 공동체성은 무엇인가? 공적 공동체, 공화정이 하나의 답이 될 수 있다.

이런 점에서 공화주의 시민권 이론들은 공동체주의 사상의 특수한 변종의 하나로 볼 수 있다. 이들 이론은 단 하나의 공동체, 곧 공적 공동체를 정치적 삶의 중심에 자리 잡게 한다. 용기와 헌신, 군사적 규율과 경륜이 공화주의의 덕목들이다. 개(인)성이 출현할 수 있고, 개인들이 역사 안에 자신들의 자리를 새겨 넣을 수 있는 것은 공적 공동체를 향한 봉사를 통해서다. 이곳에서 개인들은 성취와 (최선의 경우에는) 공적 행복을 발견한다(이 용어의 사용에 관해서는 Arendt, 1965 : 124/220~221쪽을 보라).

고전 공화주의의 시민권 구상에 대한 반대이유는 분명하다. 정치에서 군사적 덕목은 위험하기 때문에 거리를 두는 편이 낫다는 것이다.[2] 이 구상은 경제와 무역에도, 사생활의 보다 부드러운 측면과 성취에도 충분히 주의를 기울이지 않는다. 공화주의의 덕목들은 남성적인 것 일변도다. 공화주의의 관점은 하나의 공동체를 절대화하고, 다른 공동체들의 특징적인 가치들과 다양성을 너무 과소평가한다.

동시대 시민들의 나침반 노릇을 하기에는 고전 공화주의가 시대와 너무 동떨어져 있다는 점은 분명하다. 호기심이나 경탄을 자아낼 수 있을지는 몰라도 실천적인 자극은 없다. 그렇다고 해서 고전 공화주의를 일고의 여지도 없이 기각해야 한다는 결론이 필연적으로 도출되는 것은 아니다. 고전 공화주의는 요즘 유행하는 형태의 자유주의와 공동체주의, 인민주의에 대한 대안으로 공화주의 이념을 재사고·재건하려는 진행 중인 시도들, 가령 필립 페팃$^{Philip\ Pettit}$(Pettit, 1997)의 작업 같은 시도에 영감을 줄 수 있다. 이 책은 그런 운동의 일부다. 이하에서 필자는 공화주의의 완전 개정판을 제시할 것인데, 이 개정판이 약속하는 것은 현재 진행 중인 민주정의 재구축 작업을 이끄는 가치 노릇을 더 잘 하겠다는 것이다.

동시대 사회의 옛 이론들

자유주의, 공동체주의, 공화주의, 이상 시민권의 세 이론은 만족스럽지 못하고 지침 노릇을 하기에 너무 부족하다. 이유인즉 이들 이론이 전제로 삼는 사회의 조건들이 더 이상 존재하지 않고, 이들 이론이 지

---

2) 이는 앞선 문단에서 언급된 덕목이 근본적으로 군사적 관행과 결부되어 있다는 뜻이다. 고전 공화주의를 대표하는 두 나라 그리스와 로마는 시민군을 공화정의 근간으로 중시했는데, 이 때문에 시민군의 전투력을 높이는 데 도움이 되는 덕목을 평시의 시민에게도 권장했다. 용기, 헌신, 군사적 규율, 경륜 등이 바로 그런 덕목으로, 이것들이 군사적이고 남성적인 성향을 강하게 띠는 것은 우연이 아니다. 고전 공화주의가 동성애를 허용한 이유 중 하나도 '전우애'를 강화하는 데 도움이 된다고 보았기 때문이다. 또 고전 공화주의가 자유시민의 대척점으로 노예를 멸시한 데에도 군사적 시각이 개입하였다. 전투 중 전사하지 않고 포로가 된 군인과 그 가족을 노예로 삼는 경우가 많았기 때문으로, 따라서 노예란 욕된 목숨을 구차하게 부지하는 비겁함의 알레고리였고, 이들을 멸시함으로써 시민들 사이에서 '임전무퇴'의 군사적 기풍을 강화하는 효과를 낼 수 있었던 것이다.

닌 가치를 단순히 역설한다고 해서 이 조건들을 복원할 수 있는 게 아니기 때문이다. 사회적 관계들과 과정들은 대개 이전 관점들이 전제한 사회적 현실의 틀 너머에서 전개된다. 이들 이론은 이제 오늘날의 사회와 어울리지 않는다.

동시대 사회는 자율적 개인들의 '시민사회'가 아니다. 복잡한 조직과 자본축적이 사건들의 추이를 대체로 결정한다. 개인들, 특히 상층부의 개인들은 통상 영웅들이 아니라 잘 훈육된 관리자들로, 심리치료나 여타 방법을 통해 어른스럽게 행동하는 훈련을 받았으며, 익히 알려진 것처럼 개인적 이득과 자기조직·부서의 편익이 서로 뒤섞여 있는 지침을 따른다. 그들에게는 우정 대신 관계들의 연결망이 있다.

이 같은 조직사회에서 우리가 만나게 되는 것은 압도적으로 다양한 '공동체들'인데, 그 중 일부 공동체는 다른 공동체보다 오래 존속한다. 국적, 종교, 사업체와 노동 등 친숙한 공동체들 곁에서 오늘날 우리는 덜 친숙하고 덜 확립된 다수의 유대관계를 만나는데, 이것들은 개인들의 삶에서 중요한 역할을 수행하곤 하지만 공동체라고 부르기 쉽지 않다. 이 사회에서는 정부기관들도 확실한 자리를 유지하지 못한다. 국민국가는 다수의 권위 있는 중심들로 이루어진 가변적 장場에 속한, 여러 중심 중 하나에 불과한 것으로 격하되었다.

조직사회에서 공동체들과 통치체들이 번성한 결과는 다음과 같다. 첫번째로, 정치적이고 사회적인 정체성들의 안정성이 줄어들고 다양성이 늘어났다. 시민의 근저를 이루는 개인은 꽃다발bouquet과 같다. 개인들은 다양한 접속과 유대를 가지고 자기 나름의 혼합된 정체성들을 짓는다. 이들 개인은 시민의식과 시민적 덕목의 자연적 담지자도 아니고, 자신의 부와 권력을 기준으로 모든 행위를 계산하는 식의 (흔히들 얘기하는) 자연적 성향을 갖는 것도 아니다. 근대적 개인들의 선호와 지각, '계산' 방식은 각각 다양하고, 더 이상 일과 가족, 국가 등 기성의 유대관계들에서 직접적이고 확고하게 파생되지 않는다. 이런 전통적 유대들에 부합하는 기성의 매개조직들을 통해 시민들의 소망이나 욕구라고 일컬어지는 것들을 연결·집적해 봐야 오늘날 시민의 개(인)성, 자작自作한 꽃다발을 대표하는 데 실패하기 일쑤다.

번성하는 통치체와 공동체들의 두번째 함의는 상대적으로 동질적인 중간계급의 소멸인데, 이 계급은 과거 안정된 시민 공화정의 근간으로 여겨졌다. 이 계급을 구성하는 사람들은 타인들의 지지를 매수할 수 있을 정도로 부유하지는 않고, 자신들의 표를 팔아야 할 정도로 빈곤하지는 않은 이들, 공화주의 질서의 존속에 기득권이 있는 이들이었다. 최근까지 이 계급은 봉급생활자와 자영업자, 그리고 이들의 소득으로 먹고 살던 가구 구성원들로 이루어져 있었다. 개인화는 이들 가구의 통일성을 해소해 버렸다. 탈근대적 생활양식과 탈산업적 생산 과정·조직들이 부상하면서, 구 중간계급은 저물어가는 소수자/약세자가 되어 새내기를 끌어들이는 매력을 급속히 상실하고 있다.

앞서 기술한 전개들의 세번째 결과는 정부 운영과 관련된다. 오늘날 공적 계획은 과거보다 훨씬 더 어렵다. 통치자들의 관점에서 볼 때 사회는 불가지성이 높아지고 있다. 사회적 현실을 (숫자와 도표로써) 재현/대표하는 범주들은, 갈수록 복잡해지는 사회적 현실과 과정들을 기술하는 데 있어 그 실효성을 점차 상실하고 있다. 이들 범주가 즉석사진을 제공하는 것은 사실이지만, 이 묘사를 믿은 정책결정자들은 올바른 궤도에서 이탈하기 일쑤다. 통치자들에게 새로운 범주들과 좌표들이 필요하다는 생각은 널리 공유되는 것 같다. 그러나 이들 범주가 어때야 하는지를 꼭 특정해야 하는 상황에서 통치자들은 말문이 막히거나 동문서답을 할 따름이며, 결국 새로운 합의 도달에 실패한다. 통치자들은 낡은 범주들 및 좌표들을 가지고 씨름하면서, 임기응변으로 수정한 온갖 종류의 '그림들'을 가지고, 신념이나 헌신은 없지만, 최선을 다해서 방향을 찾아낸다. 이런 것을 계획이라고 진지하게 기술할 수 없음은 물론이다. 이런 식의 운영은 차라리 '혼돈 속에서 번성하는 것'이라고 규정해야 할 것이다(Peters, 1988). 동시대 사회는, 이 사회를 통치하는 이들의 관점에서 볼 때 충분하게 알려지지 않았으므로, 미지의 사회The Unknown Society라고 부르는 것이 옳을 것이다.

이 같은 동시대 사회에서 사태를 홀로 결정하는 것은, 기성의 공동체들도, 예상대로 계산하는 개인들도, 그렇다고 군사적 덕목을 갖춘 공화정의 종복도 아니다. 이들 모두가 현존하기는 하지만, 다른 행위자들의 범위 변화 속에서 가변적인 역할을 한다. 앞서 논의한 시민권의 세 이론 중 어느 것도 우리가 아는 (한에서의) 동시대 사회들에 들어맞지 않는다. 이들 이론이 전제하는 종류의 동기들과 사회적 관계들은 존재하지 않는다. 이들 이론을 금과옥조로 여기는 사람들은 진단을 역전시켜, 그들이 소중히 여기는 이론과 들어맞지 않는 것은 사회이고, 따라서 바뀌어야만 하는 것은 사회라고 말하고 싶은 유혹에 빠져든다. 그들은 설교로써, (자신의 기본적 추정들에 부합하지 않는 것들을 배제하는) 선택적 해석으로써, 그리고 사회공학으로써 자신이 구상하고 가치를 부여하는 시민권이 번창할 수 있도록 사회를 개혁하려고 시도할 것이다. 도덕적 관점에서 볼 때 이런 식의 실천에는 미심쩍은 데가 있다. 이런 실천이 시민들의 목소리를 진지하게 다루는 것은 시민들이 올바른 것을 말할 때에 국한된다. 시민들의 '처신이 방정하지 않을' 때에는, 교육과 조건화를 통해서 시민들을 줄 세우려 할 것이다. 도덕적 차원에서 미심쩍은 것은 차치하더라도, 이전 시대의 사회적 조건들을 재확립한다는 목적하에 사회를 변화시키려 하는 정책은 존립가능하지 않다. 동시대 시민들의 삶에서 필수적 역할을 하는 탈근대적 발전의 물결을 근본적으로 되돌리려는 노력들은 간단히 말해 성공가능성이 없다.

시민권의 세 구상 어느 것도 동시대 사회에서 실현될 수 없다. 그렇다면 시민권을 구시대적이고 달성불가능한 이상으로 보고 기각해야 하는 것인가? 역동적 원칙 노릇을 하는 시민권 없이 입헌/헌정 정치에 참여해야만 하는 것인가? 이런 결론은 시기상조일 것이다. 세 구상 중 어느 것도 실현될 수 없다는 것은 사실이다. 그러나 우리는 이들 구상의 일부 요소를 활용하여 우리 시대에 타당한 시민권 이론을 제작할 수 있다. 이를 제작이나 종합, 또는 땜질[3]이라고 부르자. 우리는 손 닿는 데 있는 것, 진화의 결과물인 제도들과 사고·행위방식들을 가지고 작업하지 않으면 안 된다. 필자가 구상한 신공화주의 시민권은 이

---

3) 여기서 '땜질'이라고 옮긴 bricolage는 흔히 '브리콜라주'로 음역하거나, '손재주', '수작업', '수리'(修理) 등으로도 번역한다. '땜질'로 옮기는 경우가 없는 것은 아니지만, "잘못된 일을 그때그때 필요에 따라 임시변통으로 고치는 일"이라는 부정적 어감 때문에 그리 선호되지는 않는 것 같다. 하지만 '땜질'이 bricolage의 핵심 의미 중 하나인 '임시변통'을 함축한다는 점, 5~6쪽의 옮긴이주 2에서 언급한 것처럼 휜스테런이 '미완의/불완전한'(imperfect) 같은 부정적 어감의 어휘를 가치전환한다는 점을 감안하여, 여기에서는 '땜질'로 옮겼다.

런 땜질의 산물이다. 이 구상은 스스로를 변화시키는 작업을 개시하기 전에 우리가 사회적 현실을 변화시켜야 한다고 요구하지 않는다. 그리고 동시대의 다원성 및 앞서 미지의 사회라고 명명한 바 있는, 우리가 충분히 이해하지는 못했지만 어쨌거나 효과를 산출하는 사회적 현실을 사실로 받아들인다. 또한 이 현실 안에서 이 현실을 대상으로 작업하는 것, 곧 다원성을 조직하는 것을 동시대 시민들의 으뜸가는 과업으로 파악한다.

신공화주의 시민권

신공화주의 시민권 구상에는 공동체주의와 공화주의, 자유주의-개인주의 사상의 요소들이 포함되어 있다.

먼저 공동체주의의 요소 몇 가지를 검토해 보자. 우선 시민은 공적 공동체, 즉 공화정의 구성원이다. 시민에게 이 공동체는 중심적 위상을 차지한다. 그러나 개인, 즉 시민이라는 지위가 자신이 점하는 여러 지위 가운데 하나인 사람의 관점에서 이 공동체는, 비록 특별한 위상의 공동체라고는 하나, 여러 공동체 중 하나일 따름이다. 이렇게 볼 때 공적 공동체는 가령 네덜란드의 중앙은행과 비슷한데, 중앙은행은 여러 은행 중 하나의 은행이지만, 특별한 위상과 과업 즉 여타 모든 은행이 각자의 활동을 알맞게 수행할 수 있게 해주는 구조를 지키는 과업을 가지고 있다. 유비해 보자면, 공적 공동체의 과업이란 다른 공동체들이 각각의 활동을 전개·확장할 수 있게 해주는 구조를 지키는 것이다. 공화정의 핵심 과업은 다원성을 조직하는 것인데, 이때 다원성에는 개인들의 다원성뿐만 아니라 공동체들의 다원성도 포함된다. 공화정의 징표는 다른 공동체들에 간섭하는 방식에 있다. 현실적인 이유 때문에 공동체들에 직접 간섭할 수도 있지만, 일차적으로나 최종적으로나 시민들이 간섭을 매개·정당화한다. 공화정은 공동체 형성, 공동체 합류, 그리고 공동체 탈퇴에 관한 개인의 자유를 창출·보호한다.

신공화주의 시민권 이론에는 공화주의의 요소들도 포함되어 있다. 신공화주의도 덕목에 익숙하지만, 신공화주의의 덕목은 전통적인 군사적 덕목이 아니다. 그것은 보다 평화적인 공적 봉사와 관련되는데, 이때 수단이 되는 것은 논쟁과 사리분별, 다원성의 관용 및 신중하고 제한적으로 사용되는 폭력의 사용 등이다. 덕목이라는 용어는 단순히 규칙을 준수하는 것 이상이 필요하다는 것을 함축한다. 덕목은 분별력 있고 능숙하며 책임감 있게 권위/당국을, 그리고 의존적 상황과 처지를 상대하는 문제다. 이런 기능들을 규칙으로 낱낱이 정할 수는 없다. 개인의 능력은 시민권을 행사하는 데에서도 필수적이다. 의장직을 차지한 어떤 사람이, 규칙을 위반하는 것은 아니지만 회의를 주재하고 이끌어 갈 능력을 결여하고 있다면, 참사가 벌어질 수도 있다.

능력에 대한 강조를 침소봉대해서는 안 된다. 덕목이 뜻하는 것은 능력뿐만 아니라, 시민다움civility의 윤리, 품위 있는 처신의 윤리다. 신공화주의는 공적 범역範域의 자율적 윤리를 인정하는데, 이는 사적 윤리나 견해에서 전적으로 파생되는 것이 아니라 공적 범역 자체에 뿌리를 두고 있다. 공적 범역에서 가장 중요한 것은 시민 기능을 수행하는 개인들이기 때문에, 이런 사적 윤리와 견해가 일정한 역할을 하는 것은 사실이지만, 매개적이고 간접적인 역할을 뛰어넘는 경우는 전혀 없다. 시민으로서의 기여는, 그들이 사적 개인으로서 가지고 있는 견해와 욕망들의 단순합을 넘어선다.

신공화주의 시민권 이론에서 개인은 어떤 위상을 점하는가? 시민권/직은 공적 공동체의 직책office으로 파악된다. 이는 이른바 평범한 사람이나 전인격全人格을 시민과 동일시할 수 없다는 뜻이다. 또 시민권 실천에 가입하려면 조건이 있다는 뜻이기도 하다. 공화정은 응당 [시민권 실천에 대한—옮긴이] 접근을 용이하게 해야 할 뿐만 아니라, 가입 조건들을 공식화·유지해야 한다. 공화정은 개인들이 자진해서 시민으로 나서는 것을 그저 기다리는 것이 아니라, 사람들이 독립적이고 능숙한 시민들로 성장하는 것을 장려하기도 한다. 개인들은 자연적으로 주어지는 것이 아니라 사회적으로 형성된다. 공화정은 기존의 공동체들에게 시민들의 '재생산'을 그냥 맡겨 두지 않고, 이들 공동체가 제공하는 사회적 교육이 시민권 가입을 실질적으로 고려하고 있는지 여부를 검증한다. 그렇지 못한 곳, 시민 형성의 지지대 역할을 하는 공동체가 결여된 곳에서, 정부의 간섭이 이루어진다.

공화정에서, 시민권/직은 으뜸가는 직책primary office이다. 공직자들도 본디는 시민이며, 자신들의 시민권/직 행사의 일환으로 공직을 맡고 있는 것이다. 공직자에게는 때로 '보통' 시민의 권한을 벗어나는 일들을 수행하거나 지시하는 것이 허용된다. 그러나 이런 특별 권력이 있다고 해서 이 공직자들이 해당 직책을 수락·이행하는 시점부터 시민이 아니게 된다고 오해해서는 안 된다. 이들 직책이 남용의 소지가 다분하다는 바로 그 이유 때문에, 우리는 동료시민들이 이들 직책을 제어하고 감독하는 것을 원한다. 시민들을 재생산하는 과업은 정부의 모든 조치에서 쟁점이 된다.

이하의 세 개념을 참조하면 신공화주의 시민권의 요소들을 더 체계적으로 설명할 수 있는데, **공적 영역**[4], **다원성을 조직하기**^{organizing plurality}[5], **행위**^{action}가 그것이다.

'공화주의'라는 용어는 시민권을 곧장 **공적 영역** 안에 위치 짓는

---

4) 이 책에서 휜스테런은 공적/사적인 것과 관련하여 다양한 공간적 은유, 가령 space, area, domain, realm, sphere 등을 사용한다. 구별을 위해 space는 '공간'으로, area는 '구역'으로, domain은 '범역'(範域)으로 각각 옮겼다. 다만 realm과 sphere는 구별하지 않고 공히 '영역'으로 옮겼다. 만일 휜스테런이 이 두 낱말에 관해 하버마스적 용법을 따랐다면 양자를 구별하는 게 옳았을 것이다. 주지하듯 하버마스는 (특히 『공론장의 구조변동』에서) Bereich와 Sphäre를 얼마간 의식적으로 구별하고, 이에 따라 영역본은 각각을 realm과 sphere로, 국역본도 각각을 '부문'과 '영역'으로 구별해 옮기고 있다. 하버마스에게서 이 구별이 중요한 것은, 18세기에 등장한 원래의 Öffentlichkeit(영역본 public sphere, 국역본 '공론장')가 Sphäre der öffentliche Gewalt(영역본 sphere of public authority, 국역본 '공권력의 영역')가 아니라 Privatbereich(영역본 private realm, 국역본 '사적 부문')에 속하기 때문이다. 하지만 휜스테런에게서는 이런 구별이 관찰되지 않는다. 오히려 public-political sphere라는 문구를 다른 곳에서는 public-political realm이라고 쓰는 등, 두 낱말을 호환해 사용하곤 한다. 더 중요한 점은 위 본문에서 보듯 휜스테런이 개념의 지위를 부여하는 문구는 'public sphere'라기보다 'public realm'이라는 것, 따라서 그의 준거점은 하버마스의 『공론장의 구조변동』이라기보다 아렌트의 『인간의 조건』이라는 것이다. 『인간의 조건』에서 아렌트는 public/private realm 개념을 중심적이고 빈번하게 사용하며, 이따금 realm의 대용어로 sphere를 사용한다. 이에 따라 『인간의 조건』 국역본에서도 realm과 sphere를 구별하지 않고 공히 '영역'으로 옮겼다. 이 책에서도 이런 번역관행을 따랐으며, 다만 public realm과 private realm의 대구를 고려하여 '공론영역'과 '사적 영역'이라는 기존 번역어 대신 '공적 영역'과 '사적 영역'이라는 번역어를 사용하였다.

5) '다원성을 조직하기'는, 이 책의 부제라는 사실이 단적으로 말해 주듯, 휜스테런의 핵심 개념 중 하나다. '조직하기'(organizing)의 의미는 '완화하기'(mitigating)나 '획일화하기'(uniformizing), '근절하기'(eradicating) 등과 대조하면 분명해진다. 즉 휜스테런에게 있어 '다원성을 조직하기'란 다원성을 완화/획일화/근절하는 것이 아니라 다만 (가공)처리(process)하는 것, 그러니까 "맹목적'이고 주어진 차이들을 의지가 담겨 있고 의식적으로 수용된 차이들로 번역하는 것"(이 책 69쪽)이다. 이렇듯 '조직하기'라는 (가공)처리를 거친 산물이 ('공화정'으로서의) 다원성과 차이라는 점에서 휜스테런이 다원성에 긍정적 가치를 부여한다는 점은 명백하지만, ('운명공동체'로서의) 다원성과 차이가 (가공)처리되어야 하는 문제적 재료이기도 하다는 점에서 다원성을 무비판적으로 찬양하는 것도 아니다. '다원성을 조직하기'라는 개념에 담긴 것은 이 같은 균형 잡힌 태도다.

다. 이는 공적 제도와 공적 윤리의 문제다. 시민권/직은 공화정 내 직책의 일종이자 제도의 일종으로 파악된다. 모든 시민에게는 이 직책을 행사할 권리가 있으며, 직책 행사 시 해당 시민의 권위는 다른 시민들의 권위와 차이가 없다. 시민들은 정치적 지위와 발언권 면에서 평등하다. 정치적 평등은 시민권의 요건이다. [반면―옮긴이] 사회적 평등, 즉 사회적 영역에서의 지위 및 권력 차이를 제거하는 것은 요건이 아니다. 그러나 공화정에서의 시민권은 불평등한 사회적 관계들 때문에 정치적 평등에 대한 합당한 접근 기회를 제약받는 개인이 생겨나는 일은 용납할 수 없다는 것을 분명히 요구한다.

필자가 '신공화주의'라는 용어를 사용함으로써 의미하고자 하는 바는, 구래의 공화주의 신념과 달리 이 유형의 시민권은 공화정을 향한 절대적이거나 전면적인 충성을 요구하지 않는다는 것이다. 신공화주의는 개인들이 심층적 차이들을 보유할 수 있고 다른 공동체들을 향해 깊은 충성심을 품을 수 있다는 점을 인정한다. 신공화주의는 공화정을 향한 충성심을 다른 충성심들보다 늘 앞세워야 한다고 요구하지 않는다. 그러나 사람들이 서로의 차이들을 꼭 상대해야 하는 상황에서, 시민의 본분을 따라야 한다는 점은 분명히 요구한다. 즉 정치적 평등의 지위에 접근하는 것이 모든 관련자에게 실질적인 선택지로 남아 있도록 해야 한다는 뜻이다. 이는 다원성의 조직화로 이어지는 바, 신공화주의 시민권을 특징짓는 요소들의 두번째 집합이 다원성의 조직화다.

다원성을 조직하는 것은 신공화주의 시민들의 으뜸가는 과업이고, 능숙하게 다원성을 조직하는 능력이 시민들의 으뜸가는 덕목이다.

여기서 **다원성**이란 운명공동체^{community of fate}를 공유하는 사람들 사이의 차이들을 가리킨다. 여기에는 다양한 종류가 있을 수 있는데, 가령 놀라우면서도 유쾌하고 흥미진진한 차이, 짜증을 자아내거나 적의를 드러내는 차이, 방해가 되고 불가사의한 차이, 개인적/문화적/신체적 차이 등이 그것이다. 여기서 요점은 사람들이 서로의 차이들을 상대하지 않을 수 없게끔 얽히고설켜 있다는 점이다(그랬을 때 차이들을 무시하거나 회피하는 것은 차이들을 상대하는 한 가지 특수한 방식을 선택한 것이다. 그리고 이는 시민들에게 책임을 추궁할 수 있는 하나의 선택으로 해석된다). 개인들이 각자 일하고 살아가는 방식을 포기하지 않는 한 서로 맞닥뜨리지 않을 수 없는 처지에 놓일 때, 개인들이 서로의 차이를 어떻든 상대해야만 할 때, 우리는 '운명공동체'라는 말을 쓴다. 운명공동체는 여건인데, 여기서 여건이라 함은 사람들이 별다른 대비나 선택 없이 이 공동체에 관여하게 되었다는 뜻이고, 무거운 대가를 치르지 않고서는 이 공동체에서 빠져나올 수 없다는 뜻이다. 그러나 개인들이 이 여건을 놓고 무엇을 할 것인지, 이 여건을 어떻게 해석하고 변형할 것인지는 그들의 선택과 책임에 달려 있다. 사람들은 성가신 타자를 죽일 수도 있고, 강제수용소에 처넣을 수도 있다. 착취하거나 굴욕감을 줄 수도 있고, 잠적하거나 달아날 수도 있다. 종교적 황홀경이나 자선 활동, 사랑이나 연민으로 하나가 될 수도 있다. 자신들이 처해 있는 운명공동체를 다루기 위해 시민들에게 요구되는 것은 사뭇 특별하다. 시민들은 사람들 사이의 주어진 관계들을 해석하고 변형함에 있어, 우선 이들 관계를 모든 관련자가 선택(하고 의지)할 가치가 있는 것으로 만들어야 하고, 다음으로 각 개인이 정치적 평등의 지위를 획득함으로써 각자의 생생한 목소리가 제기되고 선택이 드러날 수 있게 만들어야 한다. 시민의 의무는 운명공동체를 변형하여 시민으로 관여하는 모든 이가 의지^{意志}할 수 있는 공화정을 만드는 것이다.

이 의무를 달성하려고 할 때 사람들에게 필요한 것은 능력^{competence}이고, 조치들과 숙련들의 연행목록[6]이다. 호의와 규범 및 가치에 대한 합의는 시민권의 '감정'을 다루는 다수의 담론에서 중심을 차지하는데, 이것으로는 충분하지 않다. 호의와 합의는 운명공동체를 시민들의 공화정으로 변형함에 있어 필요조건도 아니고 충분조건도 아니다. 물론 관용과 존중, 곧 굴복시키지도 굴복당하지도 않겠다는 바람은 중요하다. 그러나 차이들을 실제로 조직하는 능력, 가령 솜씨와 창의성, 알맞은 판단이 없다면 관용과 존중은 부질없어진다. 시민들의 능력은 순 개인적인 문제가 전혀 아닌데, 이유인즉 모든 관련자의 능력이 어우러지는 것이 중요하기 때문이다. 미국 시민들 모두가 어중간한 영어로 의사소통하는 것이, 시민 각자의 모어^{母語}를 완벽하게 구사하는 것보다 바람직하다는 점은 명백하다. 손뼉도 마주쳐야 소리가 나는 법 아니겠는가? 시민의 능력은 개인적 완벽을 뜻하지도 않

---

6) 흔히 '레퍼토리'로 음역되는 repertoire는 '목록'이나 '일람표', 그 중에서도 '연주/공연목록'을 주로 뜻한다. '연주/공연목록'이라는 뜻에서 중요한 것은, 준비되어 있고(prepared) 숙련되어 있으며(skilled) 가용하고(available) 반복가능하다(repeatable)는 어감이다. '목록'이라고만 옮기면 이 어감을 충분히 살리지 못하기 때문에 여기에서는 '연주/공연목록' 같은 표현을 참고하여 '연행목록'이라고 옮겼다. '연행'(演行)은 '배우가 연기를 함', '연출하여 행함'이라는 뜻으로, 오늘날에는 '연행예술'(performing arts), '동아리 연행분과' 정도의 표현으로만 남아 있다. 하지만 '연행'이라는 낱말은 performance의 대표적 번역어 둘, 즉 '공연'(公演)과 '수행'(遂行) 각각의 주요 의미를 동시에 포착한다는 장점이 있다. 이에 다소의 낯설음을 무릅쓰고 repertoire를 '연행목록'으로 옮겼다.

는다. 만인을 위한 시민권이라는 방향으로 사람들 사이의 관계라는 여건 곧 운명공동체의 변화를 시작할 수 있는 의향과 인간적 솜씨면 족하다. 필요한 것은 시민권을 (재)생산하기 위해서 시민들이 행위하는 것이다. 이는 신공화주의 시민권을 특징짓는 요소들의 세번째 집합으로 이어진다.

시민권을 (재)창출하는 것은 **행위하는**_in action_ 시민들이다. 많은 이론들이 시민권의 조건들과 한계들에 초점을 맞추는 데 반해, 신공화주의는 실제 상황에서의 시민권 행사에 집중한다. 물론 조건들이 중요하지 않다는 것은 아니지만, 조건들이 시민권의 본질을 이루는 것은 아니다. 가령 알맞은 조건들이 현존한다고 해서 시민권의 성공적 행사가 보증되는 것도 아니고, 조건들이 부재한다고 해서 시민들이 본보기가 되는 방식으로 행위하지 못하는 것도 아닌데, 특히 후자와 관련해서는 제2차 세계대전 중 독일 점령이라는 두말할 나위 없이 불완전한 조건하에서 네덜란드 시민 일부가 그렇게 행위한 바 있다. 시민권의 가장 중요한 조건은 시민권을 실제로 행사하는 것이라고 말할 수도 있을 것이다. 능력의 경우에서 그랬던 것처럼 이 경우에도 엘리트주의적인 완벽은 일고의 가치도 없다. 중요한 것은 시민들이 처한 실제 상황, 그 조건들이 이상적일 리 만무한 상황 속에서 불완전한 시민들이, 서로의 현실적 차이들을 상대하면서, 공화정의 만인을 위한 시민권을 향해 여정에 나선다는 점이다. 이때 가장 중요한 것은 종착지에 도달하는 것이 아니라 운동이고, 운동이 일어나는 방향이다. 결정적인 것은 사람들이 시민권을 창출하고 촉진하는 방식으로 행위하는지 여부이다.

공화정의 모든 특별한 공적 직책에서 착수되는 공적 행위 일체를 이 관점에서 평가할 수 있다. 이렇듯 신공화주의가 제시하는 시민권 구상은 (그 목표가 정치적 평등이라는 점에서) 다른 대개의 구상들보다 좁은데, 그렇기는 해도 적용 범위는 더 넓다(즉 모든 공적 활동에 적용된다). 다른 많은 구상들에 비해 신공화주의는 공적 영역 외부에서는 개입을 주저한다. 신공화주의가 간섭을 요청하는 것은, 사적 관계들이 시민권에 대한 적정한 접근을 가로막는 지경일 때에 한한다.

신공화주의의 관점에서 보자면, 사회적 합의는 성공적인 시민 활동의 조건이 아니다. 다원성, 즉 합의의 결여는 시민들의 필수적 활동 배경이자 대상이 되는 특징적 상황이다. 시민들이 성공적으로 서로의 차이들을 조직할 경우, 그 결과를 합의라고 칭할 수도 있을 것이다. 합의는 시민들의 행위가 목표로 삼는 [불확실한] 결과^{outcome}다. 합의라는 조건이 반드시 충족된 연후에야 비로소 사람들이 시민적 행위를 시작할 수 있다는 식으로 말하는 것은 이치에 맞지 않다. 합의를 시민 행위 이전에 놓는 것은 본말을 전도하는 것이다.

동일한 논리가 자유에도 적용된다. 가령 완전한 자유는 시민 행위의 조건이 아니다. 시민 행위는 차라리, 노예상태와 자유 사이의 도정 어딘가에 있는 사람들과 관련이 있다. 시민들이 올바른 방향으로 움직일 때, 시민들이 현재 문제가 되는 부자유와 씨름할 때, 그들의 행위들 안에서 일종의 부산물로 [불확실하게^{may}] 등장하는 것이 자유다. 자유는 소유물이나 조건이 아니라 차라리 함^{doing} 안에서 스스로를 [불확실하게] 드러내는 행위의 특질이다.

시민들의 반복적 행위로써 방해가 되는 차이들을 그럭저럭 지낼

만한 관계들로 변형하는 데 일정하게 성공할 때, 그들의 행위는 공적 문화를 발생·강화·변형할 수 있을 텐데, 여기서 공적 문화란 실제적인 동시에 잠재적인 갈등들을 상대하는 확립된 방식들의 연행목록이자, 수용가능한 결과들의 공유된 정의定意다. 궁극적으로는 수용가능성을 정의正義의 관점에서 평가하는 것이 마땅하다. 그러나 불완전한 상황들에서 불완전한 시민들은 온전함에 미치지 못하는 정의, 폭력과 굴욕의 모면, 만인을 위한 시민권으로 향하는 작은 걸음으로 만족하거나, 이런 것들로 임시변통하지 않으면 안 된다. 반복된 시민 행위의 결과물이자 우리가 정치문화라고 부르는 관계들의 망은 시민 행위의 대단히 바람직한 부산물이다. 정치문화가 구현되지 못하면, 시민 행위는 시들고 말 것이다. 지지대 노릇을 하는 정치문화는 시민들에게 있어 산소와 같은 것이지만, 이 산소는 시민들이, 식물들처럼, 스스로의 활동들을 통해 만들어 내는 것이다. 이런 정치문화는 설교나 사회공학을 통해 제작할 수 없다. 우선 정치문화를 확립한 다음에야 정치문화를 촉진·보전할 수 있으며, 제도들과 신념들을 활용해 시민들 사이의 실제적 차이들을 상대할 때에만 정치문화를 심화시킬 수 있다.

이상이 신공화주의 시민권의 주요 요소들이며, 필자는 이 책의 나머지 부분에서 이들 요소를 고안하고 시험하였다. 물론 이런 생각이 전적으로 새로운 것은 아니다. 기반으로 삼은 선행 시민권 이론들은 통치와 피통치[의 교대 ―옮긴이]라는 아리스토텔레스의 착상, 자기 자신에게만 복종하는 시민이라는 루소Jean-Jacques Rousseau의 이상, 시민권의 정치적·법적·사회경제적 측면에 관한 T. H. 마셜의 개념화, 그리고 정의에 관해 우리가 지닌 일체의 공통 기준을 창출하는 활동을 정치의 본질로 보는 벤저민 바버Benjamin Barber의 관점 등이다.

신공화주의 시민권 이론이 간접적으로 의지하는 작업들에는 아렌트Hannah Arendt, 더글러스, 하버마스, 푸코Michel Foucault, 비트겐슈타인Ludwig Wittgenstein도 있다. 신공화주의는 (함께 행위하는 데서 유발되는) 권력과 (새로운 무언가를 시작하는 것이자, 관계들의 망 속에서 당신의 사람됨who you are을 보여 주는) 행위라는 아렌트의 생각을 따르고, 정치의 중심이 작업과 사회적 삶에 있어서는 안 된다는 아렌트의 역설力說 역시 따른다. 그러나 필자는 정치가 공적 영역 및 공적 관심사에 한정되어야 한다는 아렌트의 주장에는 동의하지 않는다. 공적 영역이 정치 본연의 터전이기는 하지만, 정치인들과 시민들은 시민 모두에게 정치에 대한 적정한 접근 가능성을 보장하기 위해 삶의 다른 영역들 안으로 이동해야 마땅하다는 게 필자의 믿음이다.

필자의 견해에는 제도들의 중요성을 강조하는 메리 더글러스의 견해가 반영되어 있다. 사고와 지각과 가치평가에는, 더글러스가 보여 주었다시피, 올바른 사회적 관계들이라는 제도적으로 정의된 관념들이 가득 담겨 있다. 이 점은 우리 같은 이들, 곧 자유주의 문화 속에서 개인으로서 '독립적으로' 믿고 행위하라는 가르침을 받은 이들에게도 유효하다. 다른 종류의 문화들처럼, 개인주의라는 문화 역시 지지대 노릇을 하는 제도들에 좌우된다. 이들 제도가 우리를 유도한 결과 개인적 자율성을 '자연스러운' 무언가로 지각하고 제도들에 의존한다는 점을 잊게 되었다면, 이들 제도가 거둔 성공은 더욱 큰 것이었다 할 것이다. 그러나 돌이켜 보면, 시민권/직이란 개인들의 자연적 속성이 아니라 우리가 공화정이라 부르는 제도들의 집합 안에 있는 직책의 하나라는 점을 깨닫게 된다. 시민의 목소리가 울림을 만드는 동시에 효력을 발생시키기 위해서는 제도들의 질서, 곧 계서제가 필요하다.

나에게 위르겐 하버마스는, 눈에 거슬리는 차이들과 탈근대성 때문에 계몽주의와 프랑스혁명의 이상들이 의심스럽게 되어 버린 시점에 그 이상들을 지켜 나가기 위한 조건이 무엇인지를 보여 주는 빛나는 본보기다. 그는 합리성을 일종의 공리公理로 전제하지 않지만, 그렇다고 합리성을 포기하지도 않는다. 그에게 있어 합리성이란 '진행형'이고, 헤겔식으로 역사가 보증하는 것이라기보다 사회적·정치적 과정들에 참여하는 이들이 발견하는 동시에 창출하는 어떤 것이다.

미셸 푸코는, 한때 자명했던 계몽주의의 진리들을 무너뜨리는 데 중요한 역할을 수행한 바 있지만, 의외로 하버마스와 가까운 곳에 있다. 작고한 해에 이루어진 인터뷰에서 그는 다음과 같이 말했다. "저는 하버마스의 작업에 퍽 관심이 있습니다. 하버마스가 제 말에 동의하지 않는다는 것을 저도 알지만(제 쪽에서는 그의 말에 조금 더 동의하는 편입니다만), 그의 작업에는 제가 보기에는 늘 문제의 소지가 있습니다. … 문제는 완벽하게 투명한 의사소통이라는 유토피아 안에서 그것들[권력관계들]을 해소하려고 시도하는 것이 아니라, 스스로에게 법의 규칙들, 관리의 기술들, 아울러 도덕, **기풍**êthos, 자기의 실천을 주려고 시도하는 것인데, 이렇게 되면 이들 권력놀이 안에서 가능한 최저한도의 지배와 놀 수 있을 것입니다"(Foucault, 1988:18/122쪽). 만년의 푸코는 진리-놀이들, 규율, 권력관계들에 관한 초기 연구에 덧붙여, 자유의 실천들에 진심으로 관심을 보였다. 이런 관심은 일련의 인터뷰와 『성의 역사』 2~3권에 나타난다. 앞서 인용한 인터뷰 도입부에서 그는 이렇게 말했다. "해방은 새로운 권력 관계들을 열어젖히는데, 이 관계들은 자유의 실천들에 의해 통제되지 않으면 안 됩니다. … 그렇습니다, 그도 그럴 것이 자유의 실천, 심사숙고를 거친 자유의 실천이 아니라면, 윤리가 무엇이겠습니까?"(Foucault 1988 : 4/103~104쪽) 이 연구가 다원성의 조직화 능력에 초점을 맞추는 것은 이 사고 노선을 잇는 것이다.[7]

시민권의 전제조건보다 시민권의 실제적 행사를 강조한 것은 루트비히 비트겐슈타인에게 영감을 받은 것인데, 비트겐슈타인은 개념을 추상화해서는 안 되고, 진행 중인 실천/관행들, 또는 '삶의 형태들'의 일부로 연구해야 마땅하다고 역설한 바 있다. 비트겐슈타인은 사람들에게 공통의 사물이 있다는 점을 부인하지는 않았지만, 다양한 상황적 출현/외양들과 용법들 속에서 연구할 때에만 이 공통 요소들을 온전히 가늠할 수 있다고 강조했다. 이 추론 노선을 따르자면 시민권은 국지적으로 연구해야 한다. 이 책에서는, 필자의 나라 네덜란드에서 취한 특정적이고 국지적인 보기 여럿이, 다른 여러 나라 및 지역의 보기들과 함께 제시된다. 이들 보기는 독자들 나름의 유사하거나 대조적인 경험들을 덧붙임으로써 이들과 함께 사고할 의향이 있는 독자들에게만 도움이 될 것이다. 만일 독자들이 이들 다양한 국지적 가닥에서 가족유사성을 인지할 수 있다면, 시민권을 보다 일반적으로 이해하게 된 셈이다.

---

7) 본문에서 휜스테런은 영역본을 인용하는데, 옮긴이는 불어본에서 직접 번역하였다. 몇몇 용어가 다소 다른 것은 이 때문이다. 자유와 해방의 구별에 관한 더 자세한 설명은 서문 옮긴이주 6(7~8쪽)을 참고하라.

2부
시민들이 하는 일

3장 _ 미지의 사회에서 다원성

시민들이 실제로 하는 일은 무엇인가? 다른 모든 사람과 마찬가지로, 밥을 먹고 잠을 자며 사적인 용무를 처리해 나간다. 그러나 그들이 스스로를 시민으로 드러내 보이는 곳은 어디이고, 어떤 행위를 통해서인가? 예전에는 시민 행위를 요청하던(따라서 정의하던) 상황이 세 종류였다. 첫번째로 기성 민주정들의 정상적 정치가 있었는데, 여기에 속하는 활동은 선거 시 투표, 정당 활동 참여, 중간 사회단체에서의 봉사, 병역 이행, 세금 납부 등이었다. 두번째로, 독재 치하에서는 (비)공개 저항 및 비협조 활동들이 있었다. 그리고 세번째로, 헌정적 안정성과 정상적 정치의 새 질서로 이행하는 시기에 벌어지는 혁명적 정치의 일화들이 있었다. 이 짧은 기간 평범한 시민들은 비교적 체계가 잡히지 않은 의사결정과정에 능동적으로 관여하곤 했지만, 정상적 정치가 다시 확립되고 나면 대다수는 정치 무대를 전문적인 정치 행위자들에게 다시 넘겨주곤 했다.

오늘날 우리가 목격하는 것은 다른 세 요소를 결합한 시민 행위의 네번째 환경으로, 이곳은 훨씬 분산되어 있다. '정치의 분산'이나 '정치의 자리바꿈displacement', '국민국가의 종언'이나 '중심의 상실' 같은 문구들은 이 점을 가리킨다. 정치 지도자들은 정상적 선거를 통해 집권하지만, 유럽연합에서는 공적·민주적 통제를 사실상 벗어난 준準혁명적이고 제헌적인 활동들에 관여한다. 시민들은 이런 자비로운 반半독재에 맞서 싸우려 할 수도 있고, 몸소 유럽 차원의 공적 공간을 수립하려고 노력하되, 이곳에서 유럽 의회나 이른바 유럽 정당들이 이렇다 할 역할을 하지 못할 것이라고 생각할 수도 있다. 일례로 시민들은 핵 물질의 국제 수송을 막기 위해 그린피스 같은 환경운동을 스스로 조직하거나, 국민적 경계들을 뛰어넘는 목표들을 꾀하는 다른 운동들을 스스로 조직하고 있다. 지역Regional 수준에서 갖가지 정치 활동이 고개를 들고 있다. 연구에서 나타나는 바, 시민들의 활동 범위를 넓게 정의한다면 시민들은 능동적이다. 그러나 국민국가에서의 정치라는 보다 전통적인 관념을 고수하고 정당가입률이나 투표율 같은 지표만을 살핀다면, 시민권은 생명력을 잃어버린 것처럼 보인다.

사람들이 특히 시민으로서 행위하는 때와 그렇지 않은 때를 가리기 쉽지 않은 요즈음이다. 정치가 분권화되면서 경계들이 희미해져 버렸다. 신공화주의는 다음과 같은 주장을 통해 일정 정도의 명확성을 제시하는데, 내용인즉 시민들이 하나의 운명공동체에서 다원성을 조직할 때면 언제나 본연의 의미에서 시민적 행위가 나타난다는 것이다. 시민들이 하는 일이란 바로 **이것**이다. 그러나 시민들은 이 일을 어떤 식으로 하는가? 그리고 다원성이란 무엇인가?

우리는 모두 동시대 사회들이 다원적임을 알고 있다. 그러나 다원적인 방식이 무엇인지 바로 파악되는 것은 아니다. 동시대 사회들에서 완고한 차이, 그리고 파국적이거나 즐거운 놀라움을 다수 볼 수 있다는 점은 틀림없다. 그러나 사회 질서와 해석이라는 기성 도식 안에 이들의 자리를 배정하려고 하면 곤경에 빠지기 일쑤다. 설사 자리 배정에 성공한 경우라 해도, 이들을 포함하는 과정에서 무언가 중요한 것을 놓쳐 버렸으며, 우리의 부주의가 조만간 자업자득으로 돌아올 것 같은 의혹을 지울 수가 없다. 이것이 바로 미지의 사회, 또는 스페인 의회 연설에서 하버마스(Habermas, 1985)가 쓴 표현을 빌리자면 새로운 불투명성Die neue Unübersichtlichkeit 안에서 살아가는 사람들의 느낌인 것이다. 우리가 정말로 그런 사회에 사는 것이라면, 사회 집단들과 범주들만을 기준으로 다원성을 정의할 경우, 상응하는 개념적 범주를 우리가 아직 확립하지 못한 아주 많은 현상들을 빠뜨리게 될 것이다. 그러므로 이 책은 (집단의 수준에서 시작하는 다른 많은 연구들과 대조적으로) 서로 다른 두 사람이라는 미시적 수준에 초점을 맞추고, 그들의 차이를 다원성이라고 정의할 것이다. 바로 이 수준에서 우리는, 시민들이 다원성을 어떻게 조직하는지를 개념화할 것이다.

다원성의 가치

다원성, 즉 서로 상대하는 사람들 간의 차이들은 정치의 관심사다. 정치가 있는 곳에는 다원성이 있다. 한나 아렌트(Arendt, 1959 : 7/74쪽)[1]

---

1) 휜스테런의 원문에는 Hannah Arendt(1959 : 60)으로 표기되어 있는데 오기로 보여 바로잡았다. 아울러 휜스테런이 아렌트의 문장을 인용할 때 the의 강조표시를 누락한바 이 점도 반영하였다.

의 말을 빌리자면 다원성은 "모든 정치적 삶의 … **절대적 조건**"이고, 자유는 정치적 삶의 "존재이유"다(Arendt, 1968:146/199쪽). 이런 시각에 따르면, 정치를 실천하는 것이란 다원성을 자유로 (가공)처리하는[2] 것이고, '맹목적'이고 주어진 차이들을 의지가 담겨 있고 의식적으로 수용된 차이들로 번역하는 것이다. 다원성이 정치 담론에서 되풀이되는 주제인 이유는, 바로 다원성이 정치적 삶에 생래적이기 때문이다.

자유민주정 체제들에서 다원성이라는 주제는 늘 부각될 것인데, (자유민주정의 핵심 가치인) 개인적 자유의 행사가 다원성을 발생시키는 경향이 있다는 단순한 이유 때문이다. 이 다원성은 일견prima facie 정당하고, 다원성을 축소하는 것은 오직 예외적 상황에서 특별한 이유로만 허용된다. 입증 책임은 축소하려는 측에 있다. 만일 자유를 원한다면 다원성을 받아들일 의무가 있다. 그러므로 자유민주정에서 다원성은, 우리의 개인적 찬반과 무관하게 원칙적으로 정당하다. 이런 입장은 종교와 정치, 도덕과 법, 선 관념과 정의의 분리라는 학설로 표현된다.

다원성을 정당한 것으로 간주하면서도, 동시에 싫거나 달갑지 않은 것, 이를테면 자유를 위해 치러야 하는 대가로 생각하는 경우도 있다. 하지만 자유민주정들에서는 다원성에 긍정적인 가치를 부여하는

---

2) 이 책 전반에서 휜스테런은 process라는 낱말을 자주 사용한다. 영어에서 process는 명사이면서 동사인데, 명사일 경우에는 '절차', '과정', '공정'(工程)을 뜻하고, 동사일 경우에는 '가공하다', '처리하다'를 뜻한다. 이 중 동사 '처리하다'는 일정한 절차를 따르다라는 뜻과 특정한 공정을 가하다(즉 가공하다)라는 뜻을 공히 가지므로, 동사 process의 번역어로 적절하다. 다만 '처리하다'는 말에서 영어 handle을 떠올릴 수 있어, 의미를 더 분명히 하기 위해 '(가공)처리하다'로 옮겼다. process가 명사로 쓰일 때는 문맥에 따라 '(가공)처리'나 '처리과정', '과정' 등으로 옮겼는데, '과정'으로 옮긴 경우에도 앞서 언급한 동적 어감을 염두에 둘 필요가 있다.

것이 통상 우세하다. 이유가 무엇인가? 첫째, 다채로움과 참신함이 흥미롭고 가치 있는 창조성의 표현으로 숭앙받기 때문이다. 둘째, 다원성이 환영받는 까닭은 사회에서 자리를 바꾸고 싶은 개인들, 자신들을 얽어매는 생활양식에서 벗어나고 싶은 개인들에게 풍성한 선택 메뉴를 제공하기 때문이다. 만일 가용한 요소들의 메뉴에서 선택하는 것이 허용되지 않고 원점에서 시작해야만 한다면, 나름의 통찰에 따라 삶을 영위하고 조직하는 권리를 행사하는 일은 감내하기 어려운 짐이 되어버릴 것이다. 마지막으로, 다원성을 중시하는 것은 다원성이 생명력과 회복탄력성에도 이바지하기 때문이다. 다원성은 유연성을 제공하고, 적응을 촉진하며, 바뀐 환경을 헤쳐 나가기 위해 절실히 필요할 수 있는 대안적 선택지들의 발생가능성을 제공한다. 생태 이론들과 조직 이론들은 다양성, 심지어 혼돈이 진화와 개선의 본질적 조건이 된다는 발상을 익숙하게 만들었다. 관련하여 굴드(Gould, 1993 : 120/169~170쪽, 번역 일부 수정)는 다음과 같이 썼다.

> 동물이 이상적으로 연마된 존재라서 하나의 부분이 한 가지 일을 완벽하게 맡는다면 진화는 일어나지 않았을 것이다. 아무것도 변하지 않을 테니까(변하더라도 전이 중에 핵심 기능을 잃을 테니까). 또 생명은 순식간에 종말을 맞을 것이다. 환경이 변해도 대응하지 못할 테니까. 그러나 자연선택보다 더 뿌리 깊은 구조의 법칙들 덕분에, 모든 복잡한 속성에는 다기능성의 잠재력이 담겼다. 산만함, 중복, 불완전한 부합 덕분에 진화는 필수불가결한 유연성을 얻었다. 인간의 창조성도 이와 다르지 않다. 내 생각에 이것은 모든 조직화의 기본 성질이며,

이렇게 일반적인 진술은 어떤 특수한 경우에도 적용될 것이다. 그러니 우리의 문화가 모호함의 여유와 중복의 창조적 즐거움을 말살하려 혈안이 된 듯하다는 것은 얼마나 슬픈 일인가. … 중복성, 그리고 의미의 다중성이라는 면에서 중복성의 짝꿍인 모호성은 우리의 방식이다. 가장 귀중하고 가장 인간다운 방식이다.

그러나 심지어 자유민주정들에서도 모든 다원성이 긍정적인 가치를 부여받는 것은 아니다. 다원성이 방해를 놓거나 용납할 수 없는 방식으로 발현될 때 이를 상대하는 특별한 방식들이 있다. 예컨대 차별을 금지하는 규칙들이랄지, 개인적 자유의 행사가 타인의 자유를 침해할 경우 자유의 행사를 제한하는 규칙들이 있다. 다른 예로 들 수 있는 것은 법과 정치의 대심 절차인데, 대심 절차는 경쟁, 비교, 비판, 협상, 타협의 기간을 허용한 후, 이 절차를 거쳐 도출된 결정은 국가가 독점한 폭력의 지원하에 이행한다. 바로 이 대목, 곧 성가신 다원성을 상대하는 방법 면에서 자유민주정들은 최근 곤란을 겪고 있다. 시민들은 규칙에 도전하고 있고, 또는 아예 규칙을 무시하거나 회피하는 영리한 방식들을 찾아내고 있다. 재현/대표의 위기는 정치와 법의 대심 절차에 영향을 미쳤고, 공적 결정의 이행은 갈수록 난공불락의 벽에 부딪치는데, 이를테면 공적 권위가 폭력의 독점을 행사해야 마땅하지만 실제로는 공적 권위가 침투하지 못하는 구역들이 그런 곳이다. 대도시의 '출입 금지'no go 구역, 마피아 활동, 새로운 통신망이 그 예다. 자유주의 원칙들은 그대로인데, 사회적 현실과 여기에서 발생하는 다원성의 종류는 바뀌고 있다.

근대 사회들	미지의 사회
국민적 단일 문화	세계 문화 내부의 혼성화
해방의 정치	'생활양식'(lifestyle) 정치
평등	차별화, 차이
조직, 계서제	재조직, 연결망
[단수의 - 옮긴이] 합리성	[복수의 - 옮긴이] 합리성들, "우리는 이제 모두 현지인(native)이다"
고정된 정체성	찰나적이고 다중적인 정체성들
보증된 재현/대표	문제적이고 임기응변적인 재현/대표
이데올로기의 종언	다양한 생활양식과 신념
실용주의 정치	근본주의 정치

미지의 사회

그러므로 우리의 논의에서, 다원성이 출현하고 (가공)처리되는 사회적 맥락의 변화를 무시할 수 없다. 오늘의 사회는, 우리가 그것을 탈근대라고 부르든 후기 근대라고 부르든 미지의 사회라 부르든 간에(명칭은 별로 중요하지 않다), 다원성의 자리와 형태 면에서 1950년대의 근대 산업 사회와 다르다. 위의 도식은 양자의 차이를 표로 제시한 것이다.

근대 사회에서는 가정, 일, 교육, 종교 등의 좌표로 이루어진 지도 위에 사람들과 서로의 차이들을 꽤 쉽게 지정할 수 있었다. 사람들의 차이들은 대체로 알려져 있었고, 유권자나 소비자로서의 처신도 일단 지도에서 그들이 점하는 위치를 알고 나면 꽤 수월하게 예측할 수 있었다. 그들의 처신은 비슷한 위치를 점하는 다른 사람들의 처신과 대체로 유사했던 것이다. 차이들은 국민적 문화와 국가 정책이라는 우선적 통일성의 일부였다. 이 통일성을 세분하는 방식은 네덜란드식 다극공존형 민주정consociational democracy의 병립화pillarization3)에서부터 프랑스식 계급 구분에 따른 분할에 이르기까지 다양할 수 있지만, '사회'와 외연을 같이하는 우선적 통일성을 제공한 것은 국민국가였다.

오늘날 국민국가는 경계를 정하는 이 중심적 역할을 잃어버린 채, 지역주의와 국제화 사이에서 불편한 위치를 점하고 있다. 분업, 종교적 소속, 교육 수준을 기준 삼아 많은 갈등의 지도를 적절히 그리는 일은 이제 가능하지 않다. 이들 기준에 따라 사람들의 사회적 위치를 안다 할지라도, 사람들의 처신을 예측하는 것은 여전히 어렵다. 사람들이 겉보기와 같지 않은 것은 흔한 일이다. 사람들은 다중적이거나 혼합된 정체성들을 가지고 있을 수도 있고, 정체성들을 전략적으로 사용하고 있을 수도 있으며, 뜻밖의 계기에 정체성이나 역할들을 바꿀 수도 있다. 선거나 경험적 사회조사를 통해 이 사회적 현실을 재현/대표하는 기성의 방식들은 사태의 추이를 포착하는 데 실패하기 일쑤다. 이런 재현/대표의 도식들에 의존해야만 하는 통치자들의 개입은 흔히 빗나간다. 이전까지 통치자들의 지식에 양적·질적으로 도움을 주던

---

3) 병립화라고 옮긴 pillarization(네덜란드어로는 verzuiling)에서 pillar(네덜란드어로는 zuil)는 기둥을 뜻한다. 여러 기둥이 나란히 늘어서 하나의 건물을 떠받치지만 기둥끼리는 서로 마주치지 않듯, 병립화는 한 사회를 이루는 정치 및 종교 집단들, 곧 넓은 의미의 이데올로기 집단들을 수직적으로 분할하여 서로의 충돌을 방지하되, 집단들의 수평적 접촉과 조정은 천장 곧 국가 수준에서 이루어지게 하는 방식으로 다원성을 조직하는 방식이라고 할 수 있다. 이 병립화는 이른바 다극공존형 민주주의의 핵심 원칙이 된다.

제도들이 이제 통치자들에게 제도적 무지를 부과하기 일쑤다. 통치자들은 다른 많은 이들이 직접적 관찰과 경험을 통해 아는 것들을 알지도 못하고 알 수도 없다. 이를테면 1989년 동독의 슈타지Stasi[옛 동독의 비밀경찰—옮긴이]는 아는 게 많았으나, 아는 게 너무 많은 나머지 사태의 추이를 파악할 수 없었다. 선거 조사에서 습득한 원자료와 방법들은 개선됐지만, 투표 행태를 예측하는 능력은 지금보다 30년 전이 더 낫다.

통치자들은 이상의 결함들에 다양한 방식으로 반응한다. 우선 결함들을 무시할 수가 있다. 훈련을 통해 공공관리자들의 자질을 높이고, 기업 부문의 관리자들을 고용해 관리 경험과 지식의 기초를 확대할 수도 있다. 또 통치자들에게 사회 현실을 재현/대표해 주는 제도들을 개혁하려는 시도를 할 수도 있다. 가령 (다른 고문顧問을 위촉하여) 지식 생산의 다른 경로들을 추구해 본다든가, (국민투표, 대중매체 조작, 정당개혁 등) 대안적인 정치적 재현/대표 제도들에 무게를 더 싣는다든가, 다른 통치 기법을 채택한다든가 하는 식으로. 그도 아니면 사회 세계를 규율하는 데 힘써 사회 세계의 처신이 기성의 재현/대표 도식에 보다 부합하게 만들고, 통치자들이 하기로 되어 있는 일, 곧 통치를 다시 가능하게 만들 수도 있다. 이 모든 반응의 공통점은, 미지의 사회에서 나타나는 문제를 진정으로 극복할 수는 없다는 점이다. 대차대조표상으로 볼 때 이런 식의 반응은 대표제 정부의 패러다임을 임시변통으로 수선하는 것이라고 할 텐데, 대체로 이 같은 통치 방식을 사뭇 까다롭고 불안하게 만든다. 기성의 패러다임은 분석과 명령의 패러다임, 더 나은 지식을 확보하고 이 우수한 지식에 입각하여 영리한 개입들을 고안하는 패러다임이다. 필자가 보기에 이 패러다임은 이제 유지하기 어렵다. 오늘날의 통치자들은 피통치자들 가운데 자신들보다 한 수 앞서는 누군가가 늘 존재한다는 것을 예상해야만 한다. 이것 자체는 새로운 일이 아니다. 새로운 것, 그리고 구래의 통치 방식에 치명적인 것은, 이 다스리기 힘든 처신이 동료시민들에 의해 모방되고 엄청난 속도로 일반화될 공산이 크다는 점이다. 통치자들이 사태의 추이를 알기 전에 이런 처신은 사회 전체로 퍼져 나간다.

내 생각에 미지의 사회에서 통치자들에게 남아 있는 존립가능한 유일한 선택지는, 확산 속도가 빠르고 예측불가능한 다원성을 받아들이고 이 다원성을 자기 편으로 삼는 것뿐이다. 그랬을 때 통치에서 분석과 명령의 비중은 줄어들고, 다양성과 선택의 비중, 즉 다양성을 수용하고 선택적 가치[4]에 기초해 다양성에 대처하는 비중은 늘어난다. 그런 가치 중 하나가 시민권이다. 이 가치가 인도하는 대로 따르는 통치자들은 다원성을 조직하는 시민들에게 의지할 것이고, 정책과 법을 평가함에 있어 시민권 증진에 기여하는 정도를 기준으로 삼을 것이다.

오늘의 사회와 정치에서 다원성은 다른 자리를 점하게 되었는데, 이 자리는 더 중심적이고 더 문제적이다. 따라서 다원성을 상대하고 조직하는 방식도 재고해야 마땅하다. 만일 다원성의 양이 정해져 있고 사회적 분류의 표준적 도식이 제공하는 꼬리표에 따라 깔끔하게 정리되어 있다면, 우리는 다원성을 상대하는 기성의 방식, 즉 기존의 분류

---

4) 선택적 가치는 진화생물학에서 말하는 '적응적 가치'(adaptive value)의 동의어로, 어떤 개체나 군집이 주어진 환경에서 생존하는 데 도움을 줄 수 있는 모든 형질들의 복합적 영향력을 뜻한다.

도식에 들어맞고 풍부한 경험과 분석의 토대 위에서 향상된 방식에 마음 놓고 기댈 수 있을 것이다. 그러나 사회적 분류의 도식들 자체가 실제의 다원성을 심각하게 잘못 재현/대표하거나 아예 포착하지 못한다면, 차이를 상대하는 기성의 방식 역시 목표에 미치지 못하게 된다. 이런 도식들에 근거한 개입은 예기치 않게 불발하게 될 것이다. 도식들이 제공하는 연행목록이 동시대의 현실적 다원성을 상대하기에는 너무 제한적이거나 부적합하다는 사실이 갑작스레 밝혀진다. 그렇다면 무엇을 할 수 있는가?

다원성을 조직화하는 데 쓰이는 현존하는 공식적 연행목록을 추가로 분석·조정한 다음에는, 우리의 도식들에 정확하게 들어맞지는 않는 이 성가시지만 실재하는 다원성을 가늠하고 그에 대해(그리고 그로부터) 배우는 것이 절실하다는 점을 제안하고 싶다. 우리는 어떻게 사람들이, 일상생활의 미시적 수준에서, 교란을 일으킬 수 있는 차이들을 그럭저럭 평화롭게 상대하는지 연구할 수 있다. 동시대의 사회들에서 많은 교란과 폭력, 불의가 발견되는 게 사실이지만, 걷잡을 수 없는 정도까지는 아니다. 텔레비전에서 이런 일들을 방영·보도하는 이유는 바로 이런 일들이 대부분의 장소에서 (아주 다행스럽게도) 예외적이기 때문이다. 그러나 폭력이 터져 나올 수도 있었으나 그렇지 않았던 많은 경우들은 어떻게 된 것일까? 어떻게 해서 보통 사람들은 그렇게나 자주 비교적 시민적/문명적인 관계와 평화를 유지해 나가는 것일까? 사람들이 이렇게 하는 방식, 그 조건이 되는 숙련·책략·태도·통찰을 살필 수 있다면, 쓸모가 많지만 비공식적인 이 연행목록 중 어느 부분을 다원성 조직화에 활용되는 현재의 너무 제한된 공식적 연행목록으로 통합하는 게 알맞을지 알 수 있게 될 것이다.

아울러 이 비공식적 연행목록이 무엇인지 일단 파악하고 나면, 어째서 단발적인 폭력 행위가 때로 이 연행목록을 흔적도 없이 사라지게 만들 수 있고, 평화공존을 내전과 혼돈으로 바꾸어 놓는지 질문할 수 있다. 이 점을 이해한다면, 여러 가지 시민다움의 행위를 이런 개입과 관련하여 더 탄탄하고 초연하게 만들고자 노력할 수 있을 것이다. 이런 목적의식은 부분적으로 법적 절차, 표현의 자유, 가두시위 등을 보호하는 여러 공적 제도의 확립으로 이어진 바 있다. 미지의 사회에서 나타나는 새로운 다원성 안에서 시민들은, 평화롭게 차이를 상대하는 방식들을 보호하기 위해 공적 제도들을 건설·개정하는 이 작업을 계속해야만 한다.

다원성을 개념화하기

다원성을 지각할 때 표준화에 의존하는 경우가 왕왕 있는데, 표준화가 묘사하는 사람들은 일차적으로 어떤 범주의 전형이지, 자신들이 누구이고 자신들에게 무슨 일이 일어나는지를 이해하는 개인이 아니다. 시민권의 관점에서 볼 때 이런 식의 접근은 치명적인 잘못이다. 시민권의 목표는 바로 개인들이 스스로를 나타내고 타인들을 위치 짓기 위해 사용하는 범주화에 대해 개인들이 책임지게 만드는 것이다. 그리고 시민 정치의 목표는 바로 만인을 위한 시민권에 접근하는 것을 가로막는 범주화의 사회적 기성 규칙을 바꾸는 것이다. 다원성을 개념화할 때 '자연스러운' 여건으로 간주되는 집단 범주화의 지배를 허용한다면,

시민권에서 멀어지는 첫 걸음을 이미 내딛은 셈이 된다. 사회적 다원성을 분류하는 표준적 방식 대다수는 이처럼 시민권의 관점에서 볼 때 대단히 바람직하지 못하다. 이런 방식에 동조하게 되면, 시민권은 이미 훼손된 것이다.

시민권이라는 목적에 비추어 볼 때, 다원성을 개념화하는 대다수의 방식은 너무 높은 수준, 즉 개인의 수준보다는 집단의 수준에서 시작한다. 이들 개념화는 사회 안에 (인종, 계급, 성별, 국민, 종교, 직업, 정당 등) 서로 다른 인간 집단들과 범주들이 있음을 관찰하는 것에서 시작한다. 그러다 보니 다원성은 주로 인간 군집 간 관계, 집단 간 관계 문제가 된다. 따라서 개인 간 상호작용에서 다원성을 상대하는 문제는 사실상 이들 관계에서 파생된 것으로 간주된다.

내 생각에는 훨씬 더 기본적인 수준에서, 즉 인생 역정이 교차하는 최소 두 명의 개인이 경험하는 다원성에서 시작해야 한다. 개인들은 서로를 상대하면서 이 다원성을 **경험하고 구성하며 (가공)처리한다.**

개인들은 다른 사람들이 자신과 다르다는 사실을 충돌이나 기회로, 또는 그냥 차이로 경험한다. 이 경험을 가득 채우고 있는 것은 구성과 해석, 또는 "~로 봄"seeing as(Wittgenstein, 1958 : 193~208/342~369쪽)이다. 우리는 다른 사람을 중국인으로, 노동자로, 장군으로, 예술가로, 기타 등등으로 본다. 보통 이것은 직접적 지각이다. 가령 우리는 먼저 사실을 보고 난 다음에 이 사실을 이해하기 위해 알맞은 해석을 구하지 않는다. 그와는 반대로, 의미는 경험과 지각 **안에** 주어진다. 우리는 빨간 신호등에서 정지한다. 여기에는 추론이 포함되어 있지 않다. 빨간 불은 '정지'라는 뜻이다. 우리의 지각과 경험에는 자명한 (부여된) 의미가 스며들어 있다. 여기서 괄호는, 의미를 부여하는 것이 분명 우리이기는 하지만, 그 과정이 보통 의식적이지 않다는 것을 가리킨다. 이 출발점은 따라서 현상학적이라고 부를 수 있을 것이다.

하지만 우리는 실재의 사회적 구성과 의미의 부여를 우리에게 책임이 있는 활동이자, 우리가 하는 어떤 것으로 간주하기도 한다. 이를 경험의 자명한 성격과 어떻게 관련지을 수 있을까? 다음과 같은 방식으로다. 우리는 우리의 경험과 지각의 자명성을 돌파할 수 있다. 우리는 다른 범주들과 분류들을 활용함으로써 사태를 다른 시각에서 볼 수 있다. 이런 새로운 구성물들을 창출해 냄으로써 우리의 이전 경험 어디에 해석과 구성, 분류와 모형화가 담겨 있었는지 인지하는 법을 배울 수 있다. 표준적 분류들과 해석들이 우리의 일상적 생활 경험의 일부이긴 해도, 의무적이거나 불가피한 것은 아니다. 나는 다른 누군가를 흑인이나 장군으로 경험하지만, 이 자연스럽고 강요된 경험이 사회적으로 구성된 실재라는 것이 밝혀질 수 있다. 이들 추정에서 도출되는 결론은, 사회적 상호작용 속에서 재생산되는 자명한 의미들에 대해 우리에게 공동책임이 있다는 것이다.

'자연스러운' 분류들과 해석들에는 유용한 기능이 여럿 있다. '정상성'은 신속하게 방향을 잡아 주고, 풍부한 질문과 전략을 제공하며, 사람들이 상호작용을 정돈할 때 준거하는 초점이 된다. 정상성은 다원성을 조직한다. 시민권은 특정한 정상적 해석과 분류의 유용성 여부, 유용하다면 그 정도에 관한 질문에 답을 주지 않지만, 그 활용에 있어서는 분명히 제한을 둔다. 즉 시민권은 자명한 사회적 분류가 정치적 평등의 지위에 대한 합당한 접근을 사실상 가로막는다면, 이 분류의 강요와는 양립할 수 없다.

경험과 구성의 대상인 다원성은 서로 마주치는 개인들에 의해 능동적 (가공)처리의 대상이 되기도 한다. 놀랍거나 성가신 차이는 담론과 운동, 절차를 거쳐 변형된다. 가령 "미안합니다"라고 말하거나, 법정에 출두하거나, 함께 춤추며 입맞추거나, 배심원의 일원이 되거나, 어떤 사람이 당신을 보살피는 것을 허용하거나 함으로써 말이다. 이 (가공)처리과정에 한 명보다 많은 사람이 포함된다는 사실에 유의하자. 다른 사람이 슬기롭고 상냥한 말을 하는 것일는지 모르나, 내가 그 언어를 이해하지 못한다면 우리의 게임과 춤은 실패한다. 손뼉도 마주쳐야 소리가 난다고 하지 않던가.

여기서 제안하는 개념화는 다원성이 쟁점이 되는 상황을 이해하는 데 활용될 수 있다. 이런 시각에서 다원성은, 그저 거기에 있는 무언가가 아니라, 개인들이 사회적 상호작용 속에서 구성하는 것이다. 이런 구성이 참여자들의 배후에서 전개되는 '맹목적' 과정일 필요는 없다. 이 과정을 처음부터 끝까지 완전하게 통제할 능력은 없다 하더라도, 개인들은 자신들이 참여하는 다원성의 사회적 구성의 방향과 결과에 영향을 미친다. 시민인 개인은, 서로의 실질적 차이들을 그냥 무시하거나 억누르는 대신 모든 참여자의 정체성을 평등한 시민으로 확정·재천명하는 쪽으로 다원성의 구성 과정을 이끌어야 할 책임이 있다.

다원성을 구성하고 조직하려면 능력과 숙련이 필요한데, 이는 통상 희귀한 것으로 모든 사람이 이를 동등하게 보유하고 있지는 않다. 사람들이 다원성의 구성을 시민권 쪽으로 이끄는 데 성공하는 정도는, 지지대 노릇을 하는 제도들에 달려 있고, 쟁점이 되는 정체성들의 본성과 감정들의 강도에도 달려 있다. 이 모든 요인은 심지어 가장 숙달되고 합리적인 개인이 도달할 수 있는 범위마저 어느 정도는 넘어서는 것이다. 다원성을 구성하는 일이 능력, 제도들, 감정들, 정체성들을 필수적으로 포함한다면, 이는 간단치 않은 일일 수밖에 없다. 이 네 가지 항목이 다원성 조직화**의 대상**인 동시에 **수단**이기 때문에 더욱 그렇다. 각 항목 및 항목 간의 복잡한 관계를 좀 더 자세히 살펴보기로 하자.

개인적 정체성들

정체성들은 성가시고 놀라운 차이들을 정리하는 데 활용된다. 미지의 인물이 '알려지게' 되는 것은 정체성, 곧 기존 사회적 도식들 안의 자리를 획득함으로써다. 정체성들이 서로 관련되는 방식은 흔히 정체성들 자체가 구성되는 방식 안에 착근해 있다. 예컨대 '노동자'의 정체성은 '자본가'의 정체성과 대조적으로 관련된다. 대조적이거나 상관적인 정체성들의 배정을 통해 다원성을 정리할 때, 개인들과 집단들을 등급부여·배제·주변화하는 다양한 기제가 작동한다. 예를 들어 '유대인'이라는 정체성과 이 정체성이 서로 다른 체계들 안에서 다양한 위치를 점하게 된 방식들을 보자. 유대인은 이슬람이나 기독교와 대비되는 종교적 범주가 되기도 했고, '아리안' 인종에 대비되는(그러니까 그보다 열등한) 인종 범주가 되기도 했으며, (부계와 대립하는) 모계 혈통을 따르는 국민을 가리키는 문화적 범주가 되기도 했다. 이 꼬리표들은 모두 다원성의 '불공정한' 환원을 은폐한다.

　정체성들은 사회적으로 부여되는 것이기는 하지만, 우리가 내적으로 경험한 자기self의 일부이기도 하다. 우리의 가장 깊숙한 감정들은 우리가 우리 자신이라고 믿는 것과 관련된다. 그런데 이런 자기인식은, 우리가 타인들과 우리 자신들을 바라보는 법을 학습했을 때 쓴 사회적 범주들을 활용한다. 따라서 우리는 사회적 차원으로부터, 우리가 타인들과 상호작용할 때 사용하는 꼬리표 및 속성으로부터 완전히 자유로워질 수 없다. 우리의 정체성들은 알몸으로 태어난 본질적 '내적 자기' 주위를 감싸는 외피가 아니며, 우리가 원할 때 언제든 제거할 수도 없다.

그렇다고 해서 자기를 정의함에 있어 개인들이 아무런 자유도 없다는 결론이 필연적으로 도출되는 것은 아니다. 어떤 환경에서는 사회적으로 부여된 정체성에 저항하고 자기 나름의 길을 가는 것이 가능하다. 그러나 '자기 나름의 길'은 순전히 개인적인 발명품이 결코 아니다. 차라리 개인들이 각자의 문화에서 마주친 특정 양식들을 소재로 구성하는 것이라고 해야 할 것이다.

네덜란드의 동성애자조직인 문화휴식센터^{Cultuur en Ontspannings} Centrum/COC 내부에서 몇 해 전 분출한 논의가 흥미로운 예가 될 것이다. 한때 동성애자 해방 운동의 전위였던 이 조직은 1990년대 무렵 동성애자 내부에서 제기된 비판에 직면하게 되었다. 비판의 내용인즉, COC가 '동성애자 일반'을 대표하는 양 굴었다는 것이었다. 또 학교에서의 정보제공 활동을 통해 이 조직이 청소년들에게 동성애자의 '본질'을 알리고, 청소년들이 자신의 동성애자 정체성을 공개적으로 인정하도록 부추겨, 청소년들을 혼란에 빠뜨렸다는 것이었다. 이런 활동을 접한 아이들은 자신들이 완전히 다른 사람이 되어야 한다는 인상을 받곤 했는데, 반면 이 같은 변성^{變性}에 찬성하는 결정을 내릴 경우 그들이 무엇을 포기하게 되는지에 관해서는 이해가 완전치 못한 상태였다. 또 비판자들은 COC가 (사람들이 자신의 동성애를 가지고 빚어낼 수 있는) 서로 다른 생활방식의 다양성을 무시한다고 힐난하였다. COC가 동성애를 정체성의 확정적 선택으로 제시함으로써 동성애를 경직되게 만들려고 시도했고, 이로써 동성애 활동이 과도적인 실험일 수 있으며 이성애를 동반할 수도 있다는 점을 무시했다는 것이었다. 요컨대 COC가 고수한 것은 완전하고 애매하지 않은 동성애자 정체성이었는데, 동성애를 선호하는 다른 사람들은 더 이상 이런 식의 정체성을 받아들이지 않았다. 이들은 특정적인 동성애 정체성에 갇히기를 거부하고, 그 대신 자신들의 인격과 특성을 보다 자율적으로 정의하는 쪽을 택한 것이었다.

시민권은 이 거부, '아니오'라고 말할 권리, 정체성들에 갇히지 않으면서 정체성들을 드나들 수 있는 권리에 관한 것이다. 이런 의미에서 시민권은 메타지위를 차지하고, 여러 정체성 가운데 있는 하나의 정체성에 한정되지 않는다. 시민권은 정체성들의 상호작용에서 매개적 기능을 수행한다. 한때 시민권의 문제가 농노제 및 다른 법적 지배 형태로부터의 해방과 주로 관련이 있었다면, 이제는 경직된 정체성들로부터의 해방과도 관련이 있다. 강조점은 (여성, 동성애자, 가톨릭 신자 등 주변화된 집단들이 기성 구조들에서 스스로를 해방시키는 지렛대로 자신들의 정체성을 활용하던) 해방의 정치에서 생활양식 정치로 이동했다. 개인들은 단수의 정체성 또는 단일하고 고정된 방식으로 결합된 정체성들에 헌신하는 것을 거부한다.

시민권이 자유를 지향하고 모든 형태의 노예제를 기각한다고 해서, 무한히 다양한 찰나의 정체성들을 조장하는 것은 아니다. 시민들이 나름의 생활양식을 발전시킬 때 늘 염두에 두어야 하는 것은, 각자의 시민권 행사에 대해 동료시민들이 책임을 물을 수도 있다는 점이다. 시민권은 자기 좋을 대로 살기 위해 각자의 자유를 희희낙락하며 즐기는 것을 넘어선다. 아울러 시민권은, 동료시민들 역시 스스로의 인격을 드러낼 수 있게 해주는 제한을 존중할 것을 요구한다. 이 제한이 금지하는 것은 사회적 죽음(Patterson, 1982)과 굴욕의 모든 형태, 인간을 마치 인간이 아닌 것처럼 대우하거나(Margalit, 1996) 동료시민들을 마치 시민이 아닌 것처럼 대우하는 모든 형태다.

감정들

다들 알다시피 다원성, 즉 다른 사람들이 지닌 놀랍거나 성가신 차이들과의 대면은 감정을 불러일으킨다. 다원성의 경험에는 열광, 사랑에 빠짐, 공포, 외부자에 맞선 집단의 연대감, 적의, 마비, 항복, 비굴함 같은 감정이 수반될 수 있다. 이 같은 감정들은 다원성의 인지와 (가공) 처리에 영향을 미친다. 특히 우리의 정체성이 문제가 된다는 것을 감지할 때, 그저 손 놓고 있는 것은 불가능하다. 공포와 분노의 감정은, 대상이나 타인들을 향하는 외향적 방식으로든, 스스로를 향하는 내향적 방식으로든, 반드시 표현된다. 공포 및 관련 감정들로 인해 처신의 연행목록은 마비나 적의로, 토의보다는 위협으로 축소되곤 한다. 타인들의 평판을 더럽히거나, 그들이 지닌 차이 때문에 '위험'이 되는 타인들에게 공포를 투사投射하는 쪽으로 축소되기도 한다. 음주운전자처럼 정말로 위험한 사람들도 있다. 하지만 투사는 이런 위험을 부풀리고 과장할 수 있다. 게다가 비슷한 특성을 가지고 있지만 실제로는 전혀 위험하지 않은 다른 사람들에게 위험의 원인을 돌리는 경향도 나타난다. 열광하거나 사랑에 빠지는 것은 보통 긍정적 감정으로 간주되지만 시야를 좁히거나 맹목을 낳기도 하는데, 이렇게 되면 다원성을 섬세하게 상대할 기회가 줄어든다. 그러나 감정들은 행위의 범위를 예상보다 넓힐 수도 있다. 압력을 받고 위험에 처할 때 흔히 사람들은 창의성을 발휘하고, 여느 때와 다른 형태의 협력과 추종 성향을 보인다. 제2차 세계대전 중의 저항운동들이나, 승객과 납치범들 사이에서 때때로 생겨나던 감정적 연대감을 생각해 보면 된다.

다원성의 관용을 요구하는 민주정에는 애초부터 그늘진 이면이 있었다(Sagan, 1991). 한편으로 민주정은 동료시민들의 다를 권리를 존중할 줄 알았으며, 충성스러운 야당이나 적대적 협력 같은 놀라운 관념을 발전시킨 후 교육과 법적 절차를 통해 고취·확립했다. 다른 한편으로 민주정은 외부자들을 적대하고 경멸했는데, 이런 모습은 노예제, 제국주의, 전쟁, 빈곤 상황에서 나타난 바 있다. 민주주의자들은, 이 외부자들이 민주정에 들어올 때, 또는 '내부'와 '외부'의 경계가 더 이상 분명하지도 통제되지도 않을 때 사태가 특히 위험해진다고 느꼈다. 정착민주정들이 집시를 다뤘던 방식이 고전적 예다. 우리 시대, 곧 편집증偏執症이 시민권 가입과 이주, 사회정책 관련 논쟁을 관통하고 있는 이때, 민주정은 다시금 스스로에 대해 불확실해졌다. 정체의 내부에 있는 것도 외부에 있는 것도 아닌 사람들을 갈지자(之)식으로 대우할 때 이런 모습이 나타난다. (분리된 채로 있어야 마땅한 범주들 사이에 걸쳐 있기 때문에) '괴물들'로 경험되는 이런 사람들을 상대할 때, 감정과 편집증이 형편이 좋지 않은 틈을 타 고개를 든다. 사람들이 빈번히 경계/국경들을 가로지르는 오늘날, 국민국가 내부에서만 다원성을 받아들이고 가늠하는 것은 이제 충분치 않다. 시민들은 공화정의 경계/국경들 주위에 존재하는 다원성들을 상대하는 법 역시 학습해야 한다. 여기에는 이런 류의 다원성을 경험하고 (가공)처리할 때 동반되는 감정들, 그리고 이런 감정들에 이끌리는 실천들을 상대하는 법에 대한 학습이 수반된다.

제2차 세계대전 이후 실용주의 성향의 민주주의 이론가들은 감정이 정치에 위험을 초래한다고 간주했다. 그들이 볼 때 감정은 공적 영역 외부로 격리되어야 마땅하고, 감정의 기능이 허용되는 곳은 예술적 영역과 사적 영역에 한해야 한다. 감정은 정치에서 아무런 역할도 수행해서는 안 되거나, 최대로 잡더라도 검열이나 통제에 따르는 역할에 머물러야 한다는 것이다. 그러나 이런 실용적 통제 전략에는 결점이 있었다. 이 전략은 감정이 추동하는 상상력을 질식시켰는데, 이런 상상력은 건전한 정책과 존속가능한 타협들을 발전시키는 데 필요한 것이다. 게다가 감정들은 관련자들이 의식하지 못한 은밀한 경로를 따라 그 면모를 드러내곤 했는데, 그 결과는 처참했다. 돌이켜 보건대 감정을 인정하는 가운데, 시민들이 감정을 분별 있게 상대할 수 있도록 능력들과 제도들을 발전·촉진하는 것이 더 지혜로워 보인다.

우리의 호오와 무관하게 다원성이 감정을 수반하는 것은 분명하다. 감정을 묵살하거나 무시한다면, 감정은 형편이 좋지 않을 때 정치적 상호작용을 방해하는 난폭하고 변환불가능한 요인으로 남게 될 것이다. 우리가 감정을 인정한다면, 다원성을 경험하고 구성하며 (가공)

처리하는 일련의 과정 안에 감정의 자리를 마련할 수 있다. 이로써 우리는 감정을 받아들이는 법을 배우고, 다원적인 시민들의 상호작용 안에 있는 의미 있는 장소에 감정을 배치한다는 희망을 품을 수 있다.

능력과 제도들

다원성의 조직화에서 보다 주관적인 측면에 있는 정체성과 감정을 고찰하였으므로, 보다 객관적인 측면 즉 능력과 제도들로 화제를 돌려보자. 선한 의도와 정체성·감정에 대한 관심만으로는 시민들이 수용할 수 있는 다원성의 조직화를 보장하는 데 통상 충분하지 않다. 자기 표현만으로는 시민다움을 보장할 수 없다. 표현은 모름지기 상황에 적합해야 하고, 타인들이 알기 쉬워야 할 뿐만 아니라, 타인들의 감정이 담긴 의견제시와 어우러짐으로써, 시민으로 함께 살아가는 존립가능한 방법에 이바지해야 한다. 이 대목에서 능력과 제도들이 입장한다. 능력은 알맞은 판단과 실제적인 사회적 숙련을 가리키는데, 여기에 해당하는 것은 자신의 입장·착상·감정을 또렷하게 표현하고 청취하는 솜씨, 자제력과 자각을 발휘하는 솜씨, 상황을 가늠하는 솜씨, 불안정함과 놀라움에 대처하는 솜씨, 그리고 다른 사람들의 의도와 움직임을 좇는 솜씨 등이다. 또한 자기 자신의 한계를 나타내는 솜씨("만일 내가 이 일을 용인한다면, 스스로를 볼 낯이 없을 것이다"), 신뢰와 이해가 가능해지는 맥락을 자아내는 솜씨, 스스로의 자유와 타인의 자유를 신중하게 상대하는 솜씨를 가리키기도 한다.

실천에서 다원성을 상대하는 능력은 대단히 중요하다. 그러나 이론에서나 실천의 준비에서나 능력의 문제는 상대적으로 거의 주목받지 못했다. 사람들은 이 주제를 기피하곤 했는데, '능력'이라는 용어가 엘리트주의와 능력주의를 연상시키기 때문이다. 능력에 대한 관심은 시민 간 평등 및 시민의 자율성과 양립할 수 없지 않은가? 자신들이 해 나갈 일이 무엇인지, 그리고 그 일을 얼마나 잘하거나 못할지를 결정 할 책임은 시민들 자신에게 있지 않은가?

그러나 곰곰이 생각해 보면 시민권의 행사에서 능력이 차지하는 결정적 중요성을 인정하지 않을 도리가 없다. 예를 들어 민주화는, 참 여자들에게 회의를 진행할 숙련이 부족하고, 함정을 알아차릴 식견이 없을 때, 뒤틀리게 된다. 그리고 능력이 없으면서 공직에 있는 시민들 은 형편없거나 심지어 처참한 지도자가 될 것이다. 시민권을 실천하려 면 최저한도의 능력이 필요하다. 최고한도가 아니라 최저한도라는 데 유의하자. 시민들은 실수를 할 수도 있다. 그러나 무능력이 실질적으 로 파괴적인 지경에 이를 때, 최저한도가 돌파되고 개입이 발생한다. 필수 능력이 없는 시민들은 (가령 정신병원에 감금되는 식으로) 시민권 의 독립적 행사를 일시적이거나 장기적으로 제한당하는 처지가 된다.

심지어는 공화정조차도, 마지못해서이긴 하나, 최후에는 그런 식 으로 시민들의 자유에 간섭하게 될 것이지만, 사태가 그런 지경에 이 르지 않도록 많은 일들을 한다. 예를 들어 일정한 숙련이 없는 시민들 에게는 학교 교육이나 정보, 보조금이나 권고가 제공될 수 있다.

시민의 능력을 훈련의 관점에서 다룰 경우, 그다지 도움이 되지 않 는 방식 두 가지가 흔히 나타난다. (예를 들어 훈련이 심리치료가 되는 경우처럼) 너무 주관적이 되거나, (훈련이 규범과 가치에 관한 합의를 주 입하려 들 때처럼) 너무 규범적이 되거나 하는 것이다. 첫번째 접근에 반대하면서, 필요한 것은 정신적 균형이 아니라 사회적·정치적 숙련이라고 주장할 수 있다. (스스로를 표현할 수 없거나 심각한 정신질환을 앓는 사람들이 시민으로서 능숙하게 행동할 수 없는 것은 사실이다. 그러나 이 같은 정신적 '장애들'이 없다고 해서 능숙한 행위의 충분조건이 만족되는 것도 물론 아니다.) 두번째 접근에 반대하면서, 4장에서 후술하겠지만, 규범과 가치에 관한 합의가 시민들의 다원성을 효과적으로 조직하는 데 필수적이지도 충분하지도 않다고 주장할 수 있다. 그렇다면 시민들에게 필요한 것은 어떤 종류의 능력과 훈련인가?

일반적 규칙과 이론적 통찰은 중요한 역할을 하지만, 그 자체만으로는 능숙한 행위의 충분조건이 되지 못한다. 어떤 규칙이 언제 적용되는지 반드시 알아야 한다. 그리고 불확실성을, 갈등하는 가치와 소망들을, 그리고 특이한 상황들을 상대할 수 있는 능력을 갖춰야만 한다. 이런 종류의 상황에서 능숙하게 행동할 수 있으려면 실천적 판단력이 필요한데, 실천적 판단력에서 주축을 이루는 것은 다양성과 특수성에 대한 주목이다. 시민의 능력은 유연성에 있고, 이 유연성으로써 시민은 공화정의 역동적이고 다원적인 본성을 존중하는 방식으로 일반적 규칙·통찰과 특수한 상황들을 매개할 수 있다.

이런 종류의 시민 능력은 어떻게 습득할 수 있을까? 이런 능력이 사실 학습의 대상일 수 있을까? 대다수 시민적 숙련의 경우 답은 이렇다. 물론이다. 그러나 그 습득 방식은 규칙들과 사실들을 암기하는 것과는 다르다. 능력을 이루는 요소들, 가령 규칙 적용에 관한 실천적 판단, 결함이나 스스로의 실패를 상대하는 솜씨, 그리고 상황을 통찰하여 적시에 적확한 방식으로 행위할 수 있는 솜씨뿐만 아니라, 회합을 능숙하게 이끄는 등의 숙련들을 익히려면 많은 실천/실습이 필요하다. 시민들이 이들 숙련을 주로 학습하는 곳은 시민권을 주제로 한 학술적 교과과정이 아니라, 차라리 시민적 실천/관행들이나 제도들이다. 다른 시민들의 행위들을 관찰하고 다채로운 실천/실습들에서 경험을 얻으면서 시민들은 본보기, 통찰, 행위들의 연행목록을 축적한다.

연행목록은 시민들이 몸소 겪은 실제 경험을 통해 축적될 뿐만 아니라, 타인들이 행위하는 것을 보거나 이야기를 듣는 것을 통해서도 축적된다. 늘 구연口演을 포함하는 책임 포럼은 시민 능력을 학습하는 가장 중요한 장소다. 이곳에서 구연과 경험, 반성은 서로 얽혀 있다. 예를 들어 시민이 판사 앞에서 해명/책임을 요구받을 때, 시민에 대한 심리審理나 재판이 진행되는 방식은 능숙하고 책임 있는 행위에 관해 무언가 교훈을 준다. 행위, 이 행위에 대한 평가, 행위 방식에 대한 학습은 '거울의 방'에서 한데 모이며, 이곳에서 다른 부분들은 서로서로에게 반영된다(Schön, 1987 : 220).

하지만 완벽에 가깝게 시민권을 행사하는 것이 능력의 요체가 아니라는 점을 잊지 말아야 한다. 능력이 의미하는 것은 학습을 가로막는 장벽을 돌파하는 솜씨일 뿐만 아니라, 환경이 부과하고 스스로의 한계가 부과하는 제한들을 상대하는 솜씨이기도 하다. 불완전한 인간 세계에서, 스스로의 연약함을 인정하면서 이 연약함과 함께 살아가는 법을 배우는 것, 또는 이 연약함을 극복하기 위해 도움을 청할 수 있는 용기를 갖추는 것은, 계속해서 완고하게 완벽을 추구하는 것보다 아마 훨씬 중요한 능력이 될 것이다. 이 점에서 일정한 관용은 다른 사람들과 상호작용할 때만이 아니라 스스로를 상대할 때에도 중요하다.

곤란한 상황에서 시민답게 행위하는 것은 결정적인 시민의 숙련이다. 시민다움, 예의범절, 알맞은 취향은 한낱 겉치레로 폄하할 수 없다. 이들은 정치 과정의 내용적 품격과 결과를 공동결정한다. 나제즈다 만델스탐Nadezhda Mandelstam(1974), 에드워드 쉴즈Edward Shils, 바츨라프 하벨과 그 외 많은 사상가 등 일차적으로 실체에 관심을 가진 이들이 시민다움의 형식들이 중요하다는 점을 역설한 바 있다. 예의범절과 정중함이 한낱 겉치레에 지나지 않는 상황들, 더 나쁘게는 사람들의 상호작용에서 비열함과 불의를 강화시키는 상황들이 존재한다는 것은 사실이다. 그렇다고 해서 예의범절이 없는 편이 나을 것이라는 결론이 따라 나오는 것은 아니다. 예의범절과 시민다움을 제쳐 놓는 공동체들에서 사람들은 비열함과 불의에 훨씬 더 무방비상태가 된다. 직접민주주의와 진정성 있는 인간적 접촉에 동반되는 애초의 도취감과 선의가 일단 닳아 없어지고 나면 말이다.

불행히도 시민다움은 불가결하면서도 불충분하다. 시민다움은 현실의 정치적 삶에서 다반사로 나타나는 폭력과 거짓말, 꼴사납고 이기적인 처신 앞에서 무력할 수 있다. 따라서 시민의 능력에는 이런 차원을 다룰 수 있는 솜씨, 선을 그어야 할 곳과 무기를 들고 반대 당파와 싸워야 할 곳을 알아보는 솜씨도 포함된다. 쉽지 않은 문제다. 민주정에서는 어느 시점에 민주정의 기반을 허무는 정당들을 금지해야 하는가? 관계당국의 명시적 명령도 없이, 기차역의 질서를 회복시킨다며 마약중독자나 밀매상이라고 멋대로 의심한 사람들을 뒤쫓는 해병대에게는 언제 어떤 식으로 대응해야 하는가?

악임이 분명하지만 싸우기 어려운 경우가 있다. 악을 정의하고 지각하는 것이 애매하기 때문에 문제가 되는 경우도 있다. 선물, 특혜, 뇌물, 부패, 봉사에 대한 보상은 매일의 정치적 상호작용에 필수적인 '기름칠'의 일부일 수도 있다. 이런 것들을 그냥 모른 체하는 것이 시민들의 옳은 전략인 상황들도 있지만, 그렇지가 않은 상황들도 있다. 이 경우에도 시민들은 규칙을 변칙적으로 적용할 시점과 방법, 그리고 방침에 따라야 할 상황과 방법을 반드시 알고 있어야 한다.

다원성의 조직화를 유지하는 결정적 측면은, 당사자들이 준거틀이나 상호작용의 한쪽 편에서 꼼짝 못할 때 연행목록의 범위 안에서 전환할 수 있는 솜씨다. 예를 들어 공식적인 협의회가 진전을 보지 못할 때, 비공식적이고 은밀한 회합을 잡는 것이 도움이 될 수 있다. 하나의 준거틀 안에 있는 당사자들의 정체성과 위치를 움직이거나 승인하면, 다른 분야에서 사태가 풀리거나 움직임이 다시 일어나는 데 도움이 될 수도 있다. 이중적 틀은 당사자들에게 이심적離心的 위치를 제공하여, 자신들과 자신들이 맺고 있는 관계를 고찰할 수 있게 해준다. 마찬가지로 유머 때문에 좌표계가 신속하게 바뀌어 속박에서 해방되는 결과가 나올 수도 있다. 우리가 웃을 때, 우리가 농담을 알아들을 때, 우리에게는 무언가 공통점이 있는 것이다. (우리가 모두 웃기는 했지만 같은 것을 두고 웃은 게 아니었음을 알게 되는 경우에도, 이 사실 때문에 함께 웃을 수도 있는 것이다.)

이 모두에서 시민 능력의 가장 중요한 측면은 상호적 행위의 맥락을 창출할 수 있는 솜씨이다. 맥락이 없으면 의미는 가능하지 않고, 의미가 없다면 인간 행위도 가능하지 않다. 맥락과 의미의 관계는 산소와 인간 생명의 관계에 비할 수 있다. 우리는 들이마실 수 있는 공기를 모두 들이마신다. 맥락의 경우도 마찬가지다. 의미를 이해하기 위해서 우리는 가용한 모든 것을 맥락으로 취급한다. 다른 맥락을 선택하고 바꾸어 다른 의미가 가능하게 만드는 것은 시민들의 으뜸가는 숙련이다. 차이도 맥락이 있어야 차이로 지각·이해된다. 인간의 지향성이 작동할 때에는 어떤 종류의 맥락이 항상 현존한다. 차이들에 맥락이 없을 리 만무하다. 맥락을 바꾸거나 풍부하게 하는 것은 시민에게 걸맞은 방식으로 차이들을 조직한다는 목표로 가는 가장 중요한 일보다.

숙련들의 연행목록에서 혁신은 어떻게 일어나는 것일까? 잘못이라고 느끼지만 기존 연행목록을 통해서는 제대로 처리할 수 없는 상황들에 세심한 주의를 기울일 때다. 결함 있는 시민권과 불의의 상황들에 실질적이고 고집스럽게 주의를 기울이면, 차이들을 상대하는 방식면에서 혁신에 이를 수가 있다. 이는 통상 고통스럽고 지루한 탐색 과정으로, 한편으로는 대담함과 시민적 용기를 다른 한편으로는 끈기와 관용을 시민들에게 요구한다. 이 자질들을 결합하는 것은 쉬운 일이 아니다.

시민들의 능력은 다른 사람들뿐만 아니라 시민들의 행위를 규정하는 제도적 환경이나 확립된 방식에 좌우된다. 부패한 정체나 외세의 점령은, 정상적으로 작동하는 헌정국가에서와는 다른 행위를 시민들에게 요구한다. 어떤 형태의 능력은 특수한 제도적 환경에서만 번성할 수 있다. 역으로 특정한 제도 안에서 기능을 수행하게 되면 업무의 무력화나 맹목, 훈련된 무능으로 이어질 수 있다. 독자들마다 선호하는 보기가 있을 것이다. 가령 일차원적 관리자, 정직하지만 둔감한 공무원, '법을 준수하는' 강제수용소 지휘관 등등. 한편 제도들을 좌우하는 것은 능숙한 활용이다. 국무회의와 의회 등 시민권을 장려하는 유용한 제도들은 사람들이 이들 제도를 능숙하게 활용해야만 제대로 기능할 수 있다. 장관이 유약하면 자기 자신과 해당 부처뿐만 아니라 국무회의와 의회에도 해가 미칠 수 있다.

제도들은 상호작용의 양식 및 상호작용을 돕는 양식을 제공한다 (March and Olsen, 1989; Douglas, 1987). 다원적 사회들에는 다원성을 (가공)처리할 목적으로 설계된 제도들이 많다. 가령 대중매체, 법원, (사안을 철저히 논의하는) 대화, 요법, 관리, 시의회, 포럼, 조정, 중재, 자유 출판물, 의회, 당대회 등이 그것이다. 이 중 어떤 제도들은 오로지 갈등 조정을 지향하고, 다른 제도들은 일반적으로 다원성의 조직화를 지향한다. 어떤 제도들은 엄격하고 질서정연한 의례儀禮를 제공하는가 하면, 다른 제도들의 작동 방식은 좀 더 비공식적이다. 그러나 다원성을 (가공)처리한 결과는, 심지어 의례의 경우에도, 원칙적으로 결코 예정되어 있지 않다. 결과를 좌우하는 것은 무엇보다, 서로 다른 생활방식들의 '충돌'에 연루되어 있는 서로 다른 사람들의 능숙한 기여다. 다원성을 조직하기 위해서는 참여자들의 능숙한 임기응변과 번역이 필요한데, 이는 그저 복종하거나 공식을 맹목적으로 적용하는 일을 훨씬 뛰어넘는 것이다.

시민들의 다원성을 조직하는 과정은 보통 어느 순간에 엄숙한 의식이나 일종의 의례를 포함하는데, 이는 관련 당사자들의 온전성을 재확립·재확인한다. 이 같은 정화와 재통합의 의례는 오염에 대한 반작용이고, 시민다움의 유대를 교란하는 위험에 대한 반작용이다. 자유민주정에서 책임 포럼은 이 같은 의례의 두드러진 형태다. 이 같은 포럼은 나쁜 것으로 경험되는 상황들, 사람들에게 부당한 고통을 주는 상황들이 발생할 때 가동된다. 포럼에서는 이 상황을 낳은 사건들의 연쇄가 포럼에서 해명/책임을 요구받을 수 있는 사람들의 행위들로 재해석되면서 사건과 행위가 연결된다. 맹목적 역사와 사건들의 연쇄는 인간 행위들의 이야기로 개작된다. 세간의 사건들은 사람들의 결정에서 비롯한 결과로 파악되며, 사람들은 자신들이 한 일에 대해 시민으로서 해명/책임을 요구받을 수 있는 존재로 간주된다. 포럼에서 시민들은 이야기에 대한 나름의 판본을 제시할 수도 있고, 제시하라는 의무를 부여받을 수도 있다. 이를 청취한 후 포럼은 평결을 내리고 책임을 배정한다. 이렇게 하면서, 미래에는 달갑지 않은 사건 앞에서 좀 더 허심탄회한 인간적 책임이 가능하도록 과거를 재해석하는 것이다. 충격적인 결과를 초래한 일들은 포럼에 회부되며, 포럼에서는 이야기를 되풀이하고 시민을 책임 있는 행위자로 만들며 규범을 재설정한다. 이 규범적인 재설정에서, 기소된 시민의 목소리가, 결정적 위치까지는 아니더라도, 중심적 위치를 점한다는 점에 유의하는 것이 중요하다. 시민들은 다원성을 실제로 조직하는 데 참여할 뿐만 아니라, 다원성을 조직할 때 따라야 하는 규범들을 성찰하는 데도 참여한다.

공화정은 반드시 다양한 제도를 갖추고 있어야 하는데, 이들 제도는 다원성을 상대하는 방식의 연행목록을 제공하거나 때로 강제함으로써 구성원들이 자신들의 다원성을 조직하는 데 도움을 준다. 다원적 사회는 이런 제도들 없이는 상상할 수도 없다. 그러나 이렇게 고차원적이고 분화된 방식으로 발전한 제도들 역시 문제를 일으킨다.

첫째, 요청되는 지식과 숙련들이 워낙 고급한 것이어서 변호사와 판사 같은 전문가들의 도움이 필수불가결하다. 이 경우 결국 전문가들을 상대하고 전문가들이 기여한 가치를 정확하게 평가할 수 있는 능력을 비전문가에게 요구하게 된다. 이는 간단한 일이 아니다.

둘째, 다원성을 (가공)처리하는 제도들에 접근하는 것이 문제가 될 수 있는데, 가령 전문지식에 드는 비용이나 권력의 차이 때문에 그럴 수 있다. 어떤 사람은 제도에 쉽게 접근할 수 있지만, 다른 사람은 접근권이 거의 없거나 아예 없을 수도 있다. 이런 경우, 시민권이 한갓 형식상 절차로 전락하지 않으려면, 국가(나 다른 심급)가 반드시 시민들을 도와야 한다. 그러나 이런 목적으로 마련한 방식들이 국가의 재정 문제를 낳거나, 일부 시민들이 이런 제도들을 과도하게 이용하는 결과를 낳을 수 있다.

셋째, 제도가 쓸모없어질 수 있는데 이는 제도가 더 이상 다원성을 적합하게 재현/대표할 수 없다는 의미다. 결국 이들 제도를 통해 다원성을 (가공)처리하게 되면 미진한 점이 많을 것이다. 오늘날 사회에서 재현/대표는 갈수록 더 문제가 된다. 재현/대표의 도식들은 이제 맹목적으로 신뢰할 수 없다. 이들 도식을 적용가능성이라는 견지에서 점검하고 판단할 필요가 있다. 임기응변식 조정이 일부 필요한 경우도 빈번하다. **이런** 특수한 다원성의 상황에서 분별 있게 활용할 수 있는 재현/대표의 도식이 어떤 것인지 판단하는 일이 갈수록 중요성을 더하고 있다. 이때 도움을 줄 수 있는 전문가가 있는 것인가, 그렇지 않고 이 결정적 질문과 관련하여 시민들은 스스로의 판단에 의지하지 않으면 안 되는 것인가?

다원성을 수용하기, 단 맹목적이지는 않게

다원성을 조직하기 위해 필요한 조건을 이해하기 위해 미시적 수준으로 내려갈 필요가 있긴 하지만, 거기에 머무를 수는 없다. 미시적 교류는 거시적 결과로 응결된다. 게다가 거시적 힘들이 너무 강력한 나머지 미시적 수준, 개인적 선택과 정체성의 수준을 거론할 여지가 없는 경우도 있을 수 있다.

미시적 시각이 다원성의 긍정적 수용과 결합할 경우, 이런 미시적 접근에서 기인하거나 이 접근 때문에 강화되는 차별적 권력 효과와 불평등을 은폐할 수도 있다. 거시적 수준으로 돌아가야 하는 또 하나의 이유다. 현존하는 다원성을 전반적으로 긍정하는 태도에는 단서를 달 필요가 있다. 현존하는 다원성이 제3자나 장기적 귀결, 누적되는 충격의 견지에서 볼 때 받아들일 수 없는 결과로 이어질 수도 있기 때문이다. 시민권은 그저 두 개인의 차이를 조직하는 것으로 국한되지 않는다.

동시대 사회에서 다원성이 점하는 중심적 위치는, 권력 효과에 직면하여 맹목으로 이어지기 쉽다. 다원성은 분할 통치와 서열화, 범주화에 의해 권력 강화에 활용될 수 있다. 가령 정치적 투쟁과 각고의 연구 인생 끝자락에 베냐민 세이어스Benjamin Sijes가 이끌어 낸 결론에 귀기울여 보자. 그는 제2차 세계대전 중 네덜란드 유대인의 추방에 맞선 저항가능성에 관해 다음과 같이 물었다.

유대인 시민들이 다른 [유대인] 평의회를 선출할 수 있었다 한들, 그

일에 관해 다르게 선택할 여지는 없었을 것인데, 독일인의 명령을 집행하는 평의회만을 독일인들이 받아 주었을 것이기 때문이다. 누가 그the 유대인 평의회나 **이런저런**a 유대인 평의회의 수뇌부가 될지 중요하지 않았던 까닭이다. 유대인 시민들은 유대인 평의회, 그러니까 적절한 시점에 추방당하려는 목적으로 명부에 기입된 행정 단위로서만 존재했다. 사회적 의미에서이긴 하지만 '인격박탈'depersonalization은 유대인 시민들이 고립되어 있었다는 사실에서 기인했다. 그들은 더 이상 '완전한' 사람이 아니었는데, 비非유대인들이 두려움 때문에 그들을 배척하고 이런저런 방법으로 배제했기 때문이다. 이들 유대인은 더 이상 이전 현실의 일부가 아니었고, 무엇을 해야 할지 알지 못했다. 그들은 그 어느 때보다 무자비한 권력의 노리개로 전락했고, 이 권력을 전혀 이해할 수 없었다. 이런 상황 때문에 그들은 무력화되었고 행위 능력을 박탈당했다. 그들은 불법적인 조력자들에게 손을 내밀 수 없었고, 조력자들은 조력자들대로 (현실적 난점들은 차치하더라도) 유대인들에게 손을 내밀 수 없었다. 그리하여, 80%에 달하는 엄청난 숫자의 유대인이 죽음을 맞이하게 되었다. (Sijes, 1974 : 149)

위 인용문은, 시민들을 종류별로 구분하기 시작했을 때가 저항의 최적기였음을 함의하는 것으로 보인다. 그때에는 공통의 시민권에 근거한 시민들의 공동 행동이 아직 가능했다. 그러나 이 시점 이후 불의가 훨씬 공공연해졌을 때는, 공동 행동의 근거와 계기가 이미 사라진 상태였다.

시민의 관점에서 다원성의 권력 효과를 수용할 수 있는지 여부에

답할 때, 공적-정치적 범역, 공적-사회적 범역, 사적 범역으로 구별해 볼 수 있다. 첫번째 범역은 사회 조직화(의 조정)에 관한 정치적·통치적 결정이 이루어지는 곳이다. 이 과정에서 핵심이 되는 가치는 참여자이자 영향력의 원천인 시민들의 평등이다. 다원성은 개별 시민의 자유로운 선택에 의해 누차 구성되고 확인되어야 한다. 이런 이유에서 선거가 주기적으로 치러지는 것이고, 인민의 대표자들이 (일단 선출되고 나면) 지지자들과 꼭 상의하지 않더라도 투표권을 행사할 수 있는 것이다. 다원성이 (예컨대 히틀러에게 민주적으로 권력을 부여하는 경우처럼) 이 자유를 위협하는 권력 효과를 발휘할 때, 개입이 요청된다.

공적-사회적 범역은 거리와 같은 (준)공적 구역에서 일어나는 사람들의 상호작용을 가리킨다. 여기에서는 개인적 자유가 중심인데, 가령 원하는 대로 통행할 자유, 나름의 생활양식을 가질 자유 등을 들 수 있다. 품위의 규칙과 (시)민법이 이 상호작용을 정돈한다. 여기에서는 다원성과 권력 차이를 상당한 수준까지 허용한다. 시민권의 관점에서 볼 때 반드시 선을 그어야 하는 순간은, 이 차이가 공적-정치적 범역에서의 시민권 가입과 행사를 실질적으로 불가능하게 만드는 경우에 한한다. 예를 들어 거리에서 자행되는 테러나 직장 내 괴롭힘을 생각하면 된다. 가정과 교우, 사교 클럽 등 사적 분야에 대한 공적 개입은 훨씬 더 엄격하게 제한할 필요가 있다. 그렇지만 이런 곳에서조차 다원성의 권력 효과는, 시민권에 접근하는 일이 사실상 착각에 불과하게 만들 수 있을 정도다.

이상의 구별은 문화적 소수자/약세자들의 경우를 들어 예증할 수 있다. 준법의 책임을 진다는 점을 제외하면 소수자/약세자들(의 구성원들)은 자유롭게 공동체들을 형성·유지할 수 있고, 나름의 문화를 전파할 수도 있다. 다원성을 허용하는 공화정은 이런 자유를 장려할 것이고, 심지어 이런 목적을 위한 수단을 제공할 수도 있다. 소수자/약세자들은 '유일한'the 국민문화를 따를 필요가 없다. 단 하나의 요건은 법을 준수하는 것, 그리고 공적-정치적 분야에서 행위할 수 있는 충분한 능력을 갖추는 것이다. 정치적 통합은 의무적이지만 사회문화적 통합은 그렇지 않다. 소수자/약세자들에게는 '정상적' 국민문화와 생활방식의 권력에 맞서 보호받을 권리가 있다.

이상의 한계들을 넘어 공화정의 간섭이 확장되는 상황은 두 가지다. 첫째, 노예적 관계가 시민이라는 평등한 지위에 접근하는 일을 실질적으로 가로막는 경우다. 둘째, 소수자/약세자 공동체들이 강압적 성격을 내보이면서 공동체 탈퇴라는 구성원들의 시민적 자유를 좌절시키는 경우다. 다원성을 찬양할 때 생길 수 있는 이런 결과를 공화정은 응당 단호히 제한해야 하는데, 이때 아무리 어렵더라도 꼭 필요한 정도 이상으로 다원성을 파괴하지 않도록 해야 한다.

다원성은 시민들의 작업에서 으뜸가는 초점이다. 시민들은 이 기초 재료를 적대적 협력을 통해 살기 좋은 정치문화로 변형한다. 다원성은 시민들에게 성가신(또는 공공연하게 위협적인) 것이면서, 시민들의 행위를 떠받치는 근거이다. 연료가 그렇듯, 다원성은 우리에게 움직일 힘을 불어넣지만, 불이 나게 만들 수도 있다. 민주공화정에서 다원성은 얼싸안을 것도 아니지만 그렇다고 밀어낼 것도 아니다. 다원성은 응당 현실로 받아들여야 하며, 운명공동체에 참여한 모든 이의 시민권이 보장될 수 있도록 관련자들의 힘으로 변형되어야 한다.

이 장에서 우리는 동시대 사회의 다원성, '지금 우리가 존재하는 방식'을 그려 보았다. 이 그림은 세 가지 점을 인정한다는 특징을 갖는다고 할 수 있다.

1. 미지의 사회
2. "이제 우리는 모두 현지인이다"(Geertz, 1983 : 151)
3. "사자가 말할 수 있다 하더라도, 우리는 그를 이해할 수 없을 것이다"(Wittgenstein 1958 : 223/395쪽).

첫번째 표현이 우리에게 상기시키는 것은, 다원성과 차이가 중심적 위치를 차지한다는 점, 다원성은 주어진 것이 아니라 발견할 대상이라는 점, 그리고 미지의 사회에 사는 이들이 다원성과 함께 살아가기 위해 이제껏 학습한 방식에서 우리가 배울 수 있다는 점이다. 두번째 진술이 지적하는 것은, 다원성을 권위적인 방식으로 조직할 수 있게 하는 특권적이고 일반적인 언어 및 합리성이 수중에 확보되어 있지 않다는 점, 우리는 하나의 합리성을 다른 합리성으로 번역해야만 한다는 점이다. 세번째 진술이 지시하는 것은, 공통의 언어만 가지고는 상호이해를 충분히 보장하지 못한다는 점, 상호이해는 생활방식과 자명한 행위방식의 문제이기도 하다는 점이다. 사자는 양도 아니고 사람도 아니다.

4장 _ 합의에 맞서

시민권에 관한 연구와 담론, 정책의 절대 다수에서 중심적 지위를 점하는 것이 합의다. 그도 그럴 것이, 사람들의 의견이 일치한다면 서로 다툴 이유가 없을 것이기 때문이다. 여기에서 쉽게 이어지는 것이, 합의를 높이면 방해와 교란을 일으키는 차이들이 감소할 것이라는 발상이다. 이렇듯 합의가 정치적으로 바람직하고 좋은 것이라는 추정이 널리 퍼져 있다.

그러나 해소되지 않는 질문들은 여전하다. 많은 사안에서 사람들의 의견이 일치하는데도, 서로 다르기를 원한다면 어찌 되는가? 사람들이 다툼의 쟁점이 되는 차이들을 추구한다면, 또는 차이들을 일구고 만들어 낸다면 어찌 되는가? 합의 사회라는 이념은 자유라는 자유주의 원칙을 거스르고, 회복탄력성이 통상 다양성에 깃든다는 통찰에 반하지 않는가? 합의 사회는 죽어 버린 사회, 생명력의 원천이 끊긴 사회이지 않은가? 합의를 평화공존의 조건으로 옹호하는 이들 다수는 이런 논점을 마지못해 인정하면서, 좀 더 온건한 입장으로 물러날 것이다. 어떤 사안들에 관해 평화롭게 다르기 위해서는, 다른 사안들은 '기본'이나 강화講和조건으로 동의할 필요가 있다고 말할 것이다. 일정량의 합의는 사회·정치 질서의 필수적 전제조건이라는 것이다.

　본 연구는 보다 온건한 입장과도 의견을 달리한다. 어떤 합의가 확실히 필요하다는 진술은 (거짓으로 입증될 수 없는 공리라는 의미에서) 정의상 참이거나, 경험적으로 반증될 수 있어 기실 항상 참은 아닌 진술이거나 둘 중 하나다. 합의는 공화정의 시민들이 다원성을 조직하는 데 필요조건도, 충분조건도 아니라는 점을 필자는 확신하게 되었다. 이하에서 그 이유를 설명해 보겠다.

부합인가 합의인가

한 사회가 산산조각나지 않고 어떻든 유지된다면, 그 사회에는 필경 부합하는[fit] 부분들이 있다. 우리가 이 부합을 '합의'라고 부른다면, 책잡을 데가 없어 보인다. 어떻든 어느 대목에선가 사람들이 의견일치를 본 것은 명백한 사실 아닌가? 그러나 이 수는, 규범적으로나 경험적으로나, 무리가 많다. 합의라는 용어는 (관련자들이 자기 것이라고 인정할) 관점과 행동방식을 암시한다. 합의가 늘 명시적이고 의식적일 필요는 없지만, 묵시적 합의를 관련자들에게 지적하면 자신들이 이 합의에 참여했다는 것을 응당 확인해 주어야 한다. 그렇지 않으면 '합의'는 잘못된 명칭이 될 것이다. 합의는 늘 의견일치와 동의를 함축한다. 노예와 주인의 처신은 서로 부합하는데, 그렇다고 (인간적) 합의가 있는 것은 아니다. 우리는 인류가 그런 식의 관계에 동의할 것이라고 상상할 수 없다. 아니 더 정확히 말하자면, 우리는 그런 식의 관계를 인간적인 것이라고 받아들이지 않으며, 따라서 이런 관계들에 정말로 동의하는 (것처럼 보이는) 이들의 인간성에 뭔가 문제가 있다고 간주한다. 그러니 처신이 서로 부합한다고 해서, 이 모습이 합의를 시사한다거나, 합의에서 기인하는 게 틀림없다는 식으로 옹호하기 어렵다. 부합은 합의와 같이 갈 수도 있고, 그렇지 않을 수도 있다.

합의가 있는 경우라 하더라도, 더 특정하는 것이 적절하다. 합의의 대상은 가치인가, 생활양식인가, (차량우측통행처럼) 국지적으로 존재하는 행동방식인가? 합의는 같다는 뜻인가, 아니면 서로 부합한다는 뜻인가? 퍼즐의 조각들은 서로 부합하지만, 퍼즐의 재미는 이 조각들이 뻔하게 같거나 동일하지 않다는 바로 그 점에 있다. 합의의 깊이와 영속성은 어느 정도인가? 합의는 지속하는 신뢰성과 영속성을 함축하는데, 실제로 합의로 인정받으려면 깊이와 영속성이 어느 정도나 필요한가? 그리 많이 필요하진 않다. 암스테르담 방문객들이 네덜란드인들과 말다툼을 벌일 때, 그들은 보통 영어로 다툰다. 이 언어를 구사한다는 점에서 합의가 있는 것이지만, 이 합의는 영속적이지도 깊지도 않다. 다른 상황에는 합의가 유지되지 않는다. 우리는 합의에 (신이나 장구한 역사, 개인의 가장 내밀한 신념, 기타 등등) 깊고 영속적인 정박점이 필요하다는 관념을 가지고 있다. 형이상학적 기초들이 불신에 시달리고 불안정하게 되어 버린 시점인데도 사람들은 깊이 박힌 정박점이라는 관념을 고수하는데, 이는 터전, 뿌리, 지속성, 살기 좋은 미래를 향한 절실한 인간적 욕구에 대응한다. 하지만 어떤 욕구가 단지 절실하다는 것이 왜 깊은 '해법'을 가져야 할 이유가 된단 말인가? 그러나 형이상학적 확실성 등을 제쳐 둔다는 것이, 자의성을 신봉하고 지속성에 대한 인간적 욕구를 무시해야 한다는 뜻은 아니다. 네덜란드어가 만국공용어가 아니라거나 산타클로스가 존재하지 않는다는 것을 발견한다고 해서, 네덜란드어를 구사하는 일이나 산타클로스의 생일을 축하하는 일을 억지로 그만두어야 하는 것은 아니다. 정반대로 이들 특수자의 우연적 성격을 통찰하게 되면 그 보존에 유의하는 방향으로 이끌리게 된다.

합의의 원천이 있는 위치를 착각할 수도 있다. 우리가 악수를 할 때, 손의 형태들은 분명 부합한다. 그러면 손들이 합의한 것인가? 물론 아니다. 형태들이 부합하게 만드는 것은 악수하려는 의지와 합의다. 이는 외적 부합이 꼭 합의의 원천이나 소재所在는 아니고 차라리 그 결과임을 보여 준다. 한편 이런 통찰은 똑같이 잘못된 추정으로 이어질 수 있는데, 그 내용인즉 외적 부합의 이유가 되는 합의의 내적 원천이 늘 있다는 것이다. 이런 추정은 (궁지에 몰린 옹호자들이 늘 다른 내적 원천으로 옮겨갈 수 있을 때) 논박하기 어렵긴 하지만, 세상일이 어떤 식으로 돌아가는지 살피면 그 기반을 확실히 약화시킬 수 있다. (우리가 내면 깊숙한 곳에 소중히 간직하는) 가치들에 대한 합의가 사람들의 평화로운 상호작용의 필요조건도, 충분조건도 아니라는 점을 금방 알 수 있기 때문이다. 대다수의 가치들에 관해 의견이 일치하는 배우자들이 서로를 죽음에 몰아넣기도 한다(여기서 합의는 평화의 충분조건이 아니다). '뜻이 통하지 않는' 이방인들을 손님과 친구로 맞아들이는 문화와 상황들도 있다(그러므로 필요조건도 아니다). 합의가 **반드시** 있어야 한다는 관념은 우리식 사고(방식), (비트겐슈타인적 의미에서) 우리식 문법의 요건이다. (유사한 맥락에서, 우리가 '다른 사람의 고통을 느낀다는 것'은 문법적으로 불가능하다. 누군가가 느끼는 고통은, 정의상, 그 사람 고유의 것이다.)[1] 우리는 늘 이 요건이 확증되는 것을, 즉 평화 공존과 소통이 있는 경우 이는 '반드시' 최저한도의 합의 때문이라는 것을 알게 된다. (비교해 보자. 내가 어떤 이와 함께 춤을 추고 서로의 움직임이 부합할 때, 이는 틀림없이 우리 머릿속에 들리는 공통의 리듬 때문이고, 악단이 가지고 노는 이런 흔들림과 이렇게 번져 나가는 확신 때문이다.) 무엇 때문에 이 '틀림없이'를 그렇게 확신하는가? 이 확신은 경험에 기초해 있는가?

조건인가 바라는 결과인가

사람들이 차이들을 평화롭게 상대하는 데 성공하는 경우를 보면, 가치와 원칙들이 사람들의 행위 안에서 스스로를 드러낸다. 행위(들) act(ions) 이전에 이들 가치가 공통적이었는지 여부와 관계없이, 이제는 공통적인 것으로 보인다. 성공적인 상호작용은 선례를 이루고, 미래의 여러 상호작용에 가치와 원칙을 제공한다. 이런 방식으로 상황을 정식

---

1) 후기 비트겐슈타인에게서 '문법'이란 언어학에서 말하는 '통사론'(syntax)의 대상이 아니라, 낱말의 쓰임 또는 의미를 지배하는 화용론적(pragmatic) 규칙을 말한다. 낱말이 포함된 언어의 용법 또는 '언어놀이'는 '삶의 형태'(즉 문화적 관습과 그에 상응하는 상상적 표상들)의 일부를 이룬다. 그런데 삶의 형태는 극히 다양하고, 따라서 문법도 극히 다양하다. 일례로 우리가 속한 삶의 형태에서는 '우리가 다른 사람의 고통을 느낀다는 것'은 문법적으로 불가능하다. 즉 '고통'과 '느끼다'는 낱말의 우리식 용법을 감안할 때, 뜻이 통하지 않는다. 하지만 다른 삶의 형태에서는 이 구절이 문법적으로 가능할 수 있다. 다만 그 경우 '고통'과 '느끼다'는 낱말의 의미는 우리의 언어에서 갖는 의미와 완전히 다를 것이다. 비트겐슈타인이 "사자가 말할 수 있다 하더라도, 우리는 그를 이해할 수 없을 것이다"라고 말한 것은 이 때문이다.

화하면, 선재하는 가치들이 평화로운 상호작용에 항상 필수적인 것은 아니라는 점, 상호작용 자체가 가치들을 창출할 수 있다는 점을 인정하게 된다. 그러나 필자는 이런 방식이 여전히 가치를 지나치게 강조하고 있다고 생각한다. 이상의 접근에서 무시하는 사실은, 확고한 지위를 점하고 있는 가치와 원칙이라 할지라도 적용 시에는 능력이 꼭 필요하다는 점, 그리고 갈등하는 가치와 원칙에 비추어 비교검토하는 일이 꼭 필요하다는 점이다. 다원성이 사방에서 불쑥불쑥 튀어나오는 시대야말로, 충성심과 가치의 갈등을 능숙하게 다루는 것이 필수불가결한 시민적 덕목이 되는 시대다. 이 솜씨를 발휘할 때에도 선례들과 가치들, 원칙들이 창출된다. 그러나 이들에게는 메타적 성격이 있어, 적용 시에는 상황적 판단이 필요하다. 이들은 자명하지도 않고, 자동으로 발효되지도 않기 때문이다.

물론 갈등을 평화롭게 상대할 수 있게 해줄 여러 제도가 영속적이고 확고하게 정박하는 것은 우리가 원하는 바다. 그러나 다원적 사회의 이들 메타제도가 일차적 갈등의 대상이 되는 것은 어떤 형이상학적 정박점이나 정당화로도 방지하지 못한다. 이런 충돌을 조직함에 있어, 모든 구성원을 한데 묶는 단일하고 실체적인 공식은 (예전에도 존재한 적이 있었는지 모르겠지만) 더 이상은 존재하지 않는다. 다원성은 오늘날 실천적으로 문제가 될 뿐만 아니라 사방에서 불쑥불쑥 튀어나오는데 그 장소는 형이상학적 기초 내부이기도 하고, 규칙들의 체계 내부이기도 하며, 사회적 파편화 내부이기도 하다. 단수의 합리성, 단수의 행정, 단수의 국민적 사회는 더 이상 존재하지 않는다. 통일성은 이제 (우리가 늘 명료하게 알아본 것은 아니었지만, 우리가 함께 찾아 나설 수 있었던) 여건으로 간주되지 않는다. 이제 통일성이 외부에서(메타) 오리라고 기대할 수도 없고, 사회나 체계 운영 안에서 통일성을 발견할 수도 없다. 되풀이해서 나타나는 시민들의 정치적 과업은 시민들 스스로의 힘으로 통일성을 달성하는 것이다.

다수의 이론에서 합의는, 시민들의 평화로운 공동행동의 필요조건이다. 이런 시각들은 잘못이다. 합의는 조건이 아니라 시민들이 공을 들여 해결해야만 하는 문제다. 합의는 전제조건이 아니라 차라리 시민적 활동들이 바라는 결과다. 이 대목에서 신공화주의 시민권 이론은 다른 이론들과 다르다. 신공화주의자들에게는 문제적 다원성을 조직하는 일이 중심적 과업인 데 반해, 다른 여러 구상은 (다원성을 정면으로 부인하는 통일성을 지닌) 시민권을 실체적으로 기술하는 쪽을 택함으로써 이 동시대적 문제설정을 존재하지 않는 것으로 정의한다. 그들의 전략은 다원성이 더 이상 문제가 되지 않는 지점까지 다원성을 환원하기 위해 통일성을 강조하는 것이다. 신공화주의 시민권의 요점은 현존하는 다원성을 상대하는 능력을 키우는 것이다.

만일 시민권이 관념 이상의 것이 되고자 한다면, 현실의 사람들이 시민권을 받아 안고 실천할 필요가 있다. 시민권에 대한 헌신과 시민적 덕목을 북돋으려는 소망은 당연하고 정당하다. 그러나 통일성의 필요성과 불가피성을 상정하고 그에 대해 설교를 늘어놓는다고 해서 이 소망이 이루어지는 것은 아니다. 이는 나쁜 사회과학인 동시에 나쁜 정치인데, 나쁜 사회과학인 까닭은 사회가 그런 식으로 작동하지 않기 때문이고, 나쁜 정치인 까닭은 그런 정치가 실효성이 없거나 평등하고 다원적인 시민들의 정치적 상호작용이라는 이념에 해롭기 때문이다.

합의에 호소하는 것은 너무 모호하거나 단적으로 말해 잘못이다. 합의의 지시대상이 무엇인지(동일함인지, 부합인지, 묵인인지, 그도 아니면 동의인지), 그리고 합의가 관념의 문제인지 아니면 실제 처신의 문제인지 여부가 불명료한 상태에 머무는 한, 합의란 너무 모호하다. 가치에 합의하는 것이 필수적이라고 추정한다면 이는 잘못이다. 생명력 있는 동시대 사회 어느 곳도 그런 식으로 작동하지 않는다. 생명력 있는 사회에는 긴장과 차이, 동력이 필요하다. 가치들의 통일이 본질적이라고 생각하게 되면, 바라는 결과와 그 결과를 산출하는 데 필요한 조건들을 혼동하게 되는데, 이 조건들은 영속적이지도 않고 늘 가치들 안에 깃드는 것도 아니다. 조건들은 사실 가변적이고 (깊이 간직되고 공유되는지 여부에 관계없이) 가치들과 종종 아무런 연관도 없다.

네덜란드가 '합의 사회'라고들 말하면, 의견일치가 사회의 정상적·영속적 조건이고 합의는 무언가 주어진 것이자 출발점이라는 식의 그림이 떠오른다. 이 그림은 잘못이다. 네덜란드인들이 합의를 산출하기 위해 열심히 작업하는 데 익숙하다는 점, 차이와 더불어 살아가는 일에 만인의 의견이 일치할 수 있게끔 서로의 차이를 변형하고 정의하는 데 익숙하다는 점을 흐릿하게 만들기 때문이다. 이런 의견일치는 '합의'라고 부를 수 있다. 이것이 목표로 제시되고 달성되곤 할 때 우리는 '합의 사회'를 말할 수도 있을 것이지만, '합의 사회'가 가리키는 것은 시민 상호작용의 바람직한 결과이지, 그 전제조건이 아니라는 점을 잊지 않아야 할 것이다.

문화적 사실들

합의 추정은 왜 이렇게 널리 퍼져 있는 것일까? 아마 사람들이 '문화적 사실들'을 이해하는 방식과 관련이 있을 것 같다. 문화적 사실들이란 인간들의 의견일치가 없으면 존재할 수 없을 사실들로, 결혼, 축구, 사춘기, 질서, 법, 돈 등이 여기에 속한다. 문화적 사실들은 존재론적으로 주관적인데(Searle, 1996), 그 존재가 인간 주체들이 행하고 의도하는 것에 좌우되기 때문이다. 이 점에서 문화적 사실들은 뇌우나 달처럼 존재론적으로 객관적인 사실들과 다른데, 후자는 인간이 생각하고 행하는 것과 무관하게 존재한다. 존재론적 주관성 및 객관성은 인식론적 주관성 및 객관성과 구별하지 않으면 안 된다(Searle, 1996 : 8). 취향은 인식론적으로 주관적이고, 교정가능한 관찰은 인식론적으로 객관적이다. 영어 같은 기성 언어의 정확한 사용은 인식론적으로 객관적이고 존재론적으로 주관적이다. 문화적 사실들이 (우리가 그것들을 자의로 바꿀 수 없다는 의미에서) 견고하고 객관적인 '단단함'을 얻는 것은, 인간 주체들이 만든 (문화적·역사적으로 가변적이라는 의미에서) '부드러운' 활동들과 해석들을 통해서다. 이들 활동과 해석이 멈추거나 바뀔 때, 문화적 사실들은 (과거의 모습으로) 존재하는 것을 중단한다. 예를 들어 관련자들이 어떤 단어들을 명령으로 취급하거나 '여기는' 일을 중단할 때, 해당 단어들은 명령으로 존재하는 것을 중단한다.

문화적 사실들의 이런 성격을 이해하고 나면 문화적 사실들이 합의에 근거한다고 보는 견해가 솔깃하게 들리는데, 이때 합의란 문화적 사실들의 '창출'에 관련된 모든 주체가 공유하는 규범적 신념을 의미한다. 그러나 주체들의 관여는 규범적일 필요가 전혀 없다. 사람들은 대부분 현실주의적이다. 즉 그들은 사실들의 존재를 부인하지 않을 것이다. 그들은 사실들을 고수하며, 이 사실이 '자연적'(존재론적으로 객관적)이건 문화적(존재론적으로 주관적)이건 상관없다. 내가 네덜란드어로 말하는 것은 이 언어가 내가 사는 나라에서 통용되기 때문이고, 네덜란드 우표를 사용하는 것은 편지를 보내는 데 필요한 조건이기 때문이다. 즉 내가 특정한 가치나 규범을 견지하기 때문이 아니라, 이것이 내가 사는 곳의 문화적 사실들이기 때문이다. 나의 처신을 통해 나는 이 문화적 사실들이 지속적으로 실존하는 데 기여하는데, 그렇다고 이 처신에서 규범들과 가치들에 관한 합의를 보는 것은 잘못이다. 경험적으로 보면, 이런 규범적 합의는 관련자 중 일부에게 있을 수도 있고 없을 수도 있다. 그러나 문화적 사실들이 확립되어 있는 동안에는 누가 내적 신념 때문에 행동하고 누가 현실주의적 순응주의 때문에 행동하는지 가려내기 어렵다.

이 현실이 바뀌는 것은, 문화적 사실들이, 그 이유나 계기가 무엇이건, 자명한 성격을 잃기 시작할 때다. 이렇게 되면 행동에 선행하는 동기가 드러난다. 이전에는 현실주의 때문에 실제적 처신으로써 문화적 사실들을 떠받치던 사람들은, 지지대 노릇을 멈출 것이다. 그들이 가치와 규범을 상실하거나 바꿔 버렸다고 말하는 것은 잘못인데, 애초에 그런 가치와 규범이 아무 역할을 하지 않았기 때문이다. 문제시되는 문화적 사실들에 가치를 부여하던 사람들은 이 사실들을 떠받치던 처신들을 고수하려고 노력할 것이며, 일상과 전통 때문에 행동하는 사람들도 당분간은 그렇게 할 것이다.

필자가 보기에 많은 사람들이 문화적 사실들을 고수하는 까닭은, 규범적 차원에서 문화적 사실들과 의견을 같이하기 때문이 아니라, 이 사실들이 아주 잘 확립되어 있어 이 사실들과 의견을 달리하면 뜻이 통하지 않기 때문이다. 사람들에게 동기를 부여하는 것은 합의나 내적 신념이 아니라 현실주의다. 순응적 처신을 낳는 것은 사람들의 현실주의인데, 이 현실주의가 내적 신념이나 합의에서 비롯하는 것이라고 해석하고 싶어 하는 것이다.

5장 _ 다문화적 표층 아래의 심층 집단들

다원성은 주어진 것이 아니라 사회적으로 구성되는 것이고, 충성심들의 갈등은 시민의 삶에서 다반사라는 것이 지금까지 우리의 주장이었다. 하지만 일부 사회와 특정 시기에는 가변적인 다원성과 갈등이 아니라, 메울 수 없는 균열에 의해 갈라진 영구적 집단들이 나타난다. 다원성은 단단한 집단들로 얼어붙어 버리는 것 같고, 이들 집단의 냉랭한 관계들은 반복적인 사회적 구성을 통해 강화된다. 일시적 갈등은 영구적 반목反目이 되어 버린 것 같다. 다원성을 조직하는 일은 실패를 거듭하고 있다. 이 장에서는 이런 상황들을 고찰한다. 많은 관찰자들은 이런 상황들이 사회들이 처한 '정상적' 상태의 일부라고 추정한 바 있다. 앞서 우리는, 과거에야 어땠든 간에 현재의 다원성은 훨씬 더 찰나적이고 가변적이라고 주장했다. 역사적 운동은 다원성의 다원화를 향한다. (최근 들어서는, 보스니아에서 보듯 이 운동이 방향을 선회했고, 집단들은 다시금 영구적 반목에 사로잡혀 버린 것처럼 보이기도 한다. 이 장 후반부에서 필자는, 이런 변화가 보다 광범위한 다원화 운동에서 초래된 것이라고 이해할 수 있는 방식을 보여 줄 것이다.) 그렇기는 해도, 오늘날의 사회들에서도 영구적인 집단 간 대립으로 고착되는 일이 발생하는 것은 틀림없는 사실인바, 이런 고착은 공적 질서의 원칙 중 하나인 시민권의 존립가능성에 심각한 도전을 제기한다.

심층 집단들

신공화주의자들의 입장에서 이런 상황들이 처치 곤란인 것은 세 가지 특성 때문이다. 첫째, (일차적으로 개인이 아니라) 한 집단의 성원이 된다는 것은 사회적 지각과 사회적 관계들을 지배한다. 소속 배정은 (피부색이나 성별 같은) 가시적 형질들과 쉽게 알아볼 수 있는 생활방식들에 근거하여 준ᵏ자동적이거나 강제적으로 이루어진다. 보통 집단의 성원이 되면 자기지각도 지배받는다. 그렇지 않은 경우라손 치더라도, 사회적 분류가 너무 자명하고 지배적인 나머지 여기서 벗어나는 것은 거의 불가능하다. "너는 네가 흑인이라는 사실을 결코 잊을 수 없다." "네가 여자라는 사실을 잊게끔 내버려 둘 그들이 절대 아니다." 둘째, 시민권/직이 요구하는 바와 다른 역할 및 직책이 요구하는 바 사이에서 나타나는 정상적 갈등들, 즉 분화된 다원적 사회에서 나타나는 충성심의 정상적 갈등들 대신, 시민권의 일부 요건에 대한 영구적 거부 또는 이들 요건과의 양립불가능성이 나타난다. 집단의 구성원은 온전한 시민이 아니거나, 온전한 시민으로 처신하지 않는 것이다. 셋째, 그들이 온전한 시민보다 못한 상태로 존재하는 것은, 그들의 의지에 반한 배제의 결과인 것만은 아니다. 그들의 집단 소속은 어떤 의미에서는 '의지한' 것이다. 그들의 인격, 그들의 정체성을 구성하는 차원의 불가피한 부분으로, 선택한 것까지는 아니더라도, 최소한 수용한 것이다. 집단 소속은 의미의 맥락이자 (그 안에서라야 비로소 선택이 가능한) 자명한 환경으로 기능한다. 이 맥락이 없으면, 말하자면 선택하는 자기조차 존재하지 않게 될 것이다. 집단 소속은 일차적 현실이 되어버렸다. 그것을 앗아가면 사람들이 살아가고 이해하는 세계를 박탈하는 셈이 된다.

시민들이 공화정에서 공존하는 데 필요한 요건들과 갈등을 빚는 '심층' 집단 소속이라는 이 현실을 신공화주의적 관점은 어떻게 상대하는가? 첫째, 기성의 공동체주의나 공화주의 시민권 구상들을 특징 짓던 배타성의 요구들을 포기한다. 신공화주의의 시각에서 보면, 시민권/직이 요구하는 바가 다른 여러 직책과 역할의 책무보다 늘 우선해야 할 필요는 없다. 아울러 신공화주의자들은 (예컨대 네덜란드와 터키와 유럽연합의 시민권을 동시에 갖는 식의) 다중적 시민권이 흔한 일이 되었음을 받아들인다. 동일한 사람 1인이 동시에 속해 있는 서로 다른 공화정의 요구들 사이에서 빚어지는 갈등을 고려함에 있어, 주권 등등의 배타성을 띠는 이데올로기적 용어들을 활용하는 빈도는 점점 낮아진다. 이들 갈등은 여러 협정과 외교적 타협, 법원 판결을 통해서, 즉 세부사항들을 정리하는 귀찮은 일에 누군가 실제로 나설 경우, 실용적으로 조절된다.

그러나 다중적 시민권의 공식적 존재 여부와 무관하게, 공화정 내부 집단들(의 성원들)의 행위와 신념이 시민권에 필요한 최저한도의 요건과 갈등을 빚는 경우에는, 시민권을 재정의하고 탈이데올로기적인 시민권 구상을 채택한다 해도 이들의 입장을 쉽게 수용할 수 없다.

('초청' 노동자, 마피아, 여성, 인디오, 몰몬교도, 이슬람교도, 또는 백인 남성 경영진들처럼) 억압받는 방식과 겁을 불러일으키는 방식, 살아가는 방식과 외양이나 냄새가 인지되는look or smell 방식에 따라 가시적 특징을 부여받는 집단들은, 재정의를 통해 다른 시민들과의 관계를 바꾸거나 사라지려 하지 않을 것이다. 그들이 제기하는 문제는 개념적 수준을 넘어서는 것이다.

하지만 도대체 그들이 공화정에 문제가 되는 이유가 정확히 무엇인가? 다원성의 다문화적 평화 속에서 살아가고 살게 두면 안 되는가? 왜냐하면 이런 식으로 고정되고 분리된 집단의 삶은 다양한 방식으로 시민권과 갈등을 빚을 수 있고, 그 갈등의 장소는 실용적 주변부가 아니라 핵심부이기 때문이다. 공화정은 시민들이 선택하기를, 특히 나름의 생활방식을 선택하기를 원한다. 그러나 선택이 존재하려면, 대안적인 생활방식들(문화들)이 재생산될 필요가 있다. 공화정은 취약한 문화들에 특별 보호를 제공해야 마땅한가? 나는 아무도 구사하지 않는 언어를 구사하겠다는 선택을 내릴 수 없다. 어떤 생활방식이 무엇을 수반하는지 알기 위해서는 기나긴 교육이 필요할 수 있다. 구루나 음악가가 된다는 게 어떤 것인지 알려고 한다면, 한 사람의 인생 전체 또는 적어도 상당 기간을 쏟아 붓는 것 말고는 방법이 없다. 시민들은 여러 생활방식에 자유롭게 드나들 수 있어야 한다. 하지만 생활방식 자체가 선택의 발생을 규정하는 의미 맥락이 될 때, 그리고 그 생활방식에 수반되는 것이 무엇인지 깨닫는 데 수년의 규율이 필요할 때, 이 자유를 어떻게 보장할 수 있는가? 때로 선택을 실현하기 어려운 경우도 있다. 성전환 수술이나 피부색 변경, 새로운 언어를 모어처럼 습득하는 일은 최선의 경우라도(또는 최악의 경우라도?) (마이클 잭슨 같은) 소수에게나 가능할 따름이다. 한 집단의 성원이 되면, (여성의 경우처럼) 아무리 열렬한 환영을 받는다 할지라도, 시민이 겪으면 안 되는 불이익을 당할 수 있다. 집단생활 자체에는, 어떤 이들을 영구히 무력화하고 위협하는 관계들이 포함될 수도 있다. 그들의 처지는 노예상태에 가까운데, 여기서 노예상태란 장기적인 무력함의 상황으로 정의할 수 있다. 그 선택이 아무리 자유로웠다 할지라도, 노예상태는 민주적 시민권의 메뉴에 오를 선택지가 아니다.

운명공동체

이상의 고찰은 특정 형태의 분리된 집단적 삶이 시민권과 양립불가능하다는 점을 예증한다. 신공화주의적 관점이 허용하는 생활방식은 선행하는 시민권 구상들 대다수보다 더 다양하고 폭넓다. 그러나 신공화주의가 수용하는 다원성은, 시민 간 차이의 조직화 자체를 불가능하게 만드는 형태의 처신들까지 확대되지는 않는다. 그러나 다시 돌아오는 질문. 부합하지 않는 집단들을 각자 내버려 두면 안 되는가? 만인이 각자의 길을 가면 안 되는가? 그들이 각자의 '공화정'에서 각자의 생활방식을 영위하게 두면 안 되는가? 왜냐하면 집단 구성원들의 삶과 다른 시민들의 삶이 운명공동체 안에서 (역사나 우연, 이전의 선택이나 미래의 전망에 의해) 연결되어 있기 때문이다. 그들은 자신의 생활방식에서 본질적인 것(가령 물 공급과 존립가능한 경제, 학습 제도와 군사적 보호, 사법 제도와 영토)의 상실을 감수하지 않는 한 서로를 피할 수 없다. 그들은 운명공동체를 공유하지만, (공화정의 구성원인 시민들이 바라는) 공화정으로 운명공동체를 변형할 수 있는 조건들에 관해서는 의견을 달리 한다. 우리가 '정체성'이라고 부르는 수준, 우리 인격의 수준에까지 깊게 미치는 소속의 의미에 관해서는 불일치가 있다.

　운명공동체는 사람들이, 신체적으로(또는 신체적 현존처럼 직접 작동하는 상징적 공간에서), 또한 체계적으로(가령 환경적 연결을 통해) 피할 수 없는 방식으로 연결되어 있을 때 존재한다. 운명공동체는 우리가 그것을 피할 수 없다는 의미에서 '여건'이다. 그러나 그것은 특수한 문화적 해석을 경유해야 비로소 나타나고 경험된다. 영토 위에 있는 사람들은 여건이다. 그들이 동료시민으로 대접받을 것인지, 아니면 추방당하고 가스실에서 살해당할 것인지 여부는 문화에 따라 가변적이다. 일차적 여건은 서로 맞닥뜨리는 사람들이다. 이 여건, 다른 식일 수도 있었을 이 우연한 사건에 대한 대답이 시민권인데, 이 대답은 여건을 선택된 것, 또는 적어도 수용된 것으로 변형한다. 시민권은 선택의 영역들을 발생시키는데, 솔직히 말해 이 선택은 보통 선택된 것이 아니라 차라리 주어진 것이다. 당신이 어쩌다 보니 태어나게 된 나라, 또는 제2차 세계대전 중 유럽에서 싸운 미군들의 경우처럼, 당신의 조부모들이나 예전 주인/노예소유주들이 태어난 곳을 위해 죽어야만 한다고 할 때, 여기에 무슨 선택의 여지가 있는가? 공화정의 시민들은 우연을, 프로이트식으로 말하자면, 그들의 운명을 결정할 가치가 있는 것으로 간주한다(Rorty, 1989 : 22/61쪽).[1] 되풀이되는 시민의 과업은, 사람들 사이에서 '주어진' 마주침들을 시민들이 수용하는 관계들로 변형하는 것이다. 이를 달성하기 위해 시민들은 시민권과 시민권이 발생할 수 있는 조건들을 누차 재생산해야만 한다.

그러나 논리적으로 이 변형은 '주어진' 운명공동체에 대한 지각에 반드시 후행해야 한다. 이런 공동체들이 주어지는 방식은 돌덩이나 비행기 추락사고가 주어지는 방식과 같지 않다. 사람들은 다른 사람들을 알아채지 못하기도 한다. (인권을 침해했다고, 또는 인권 침해를 막기 위해 아무것도 하지 않았다고 이런 개인들을 고발할 때, 그들은 이 같은 맹목을 이유로 들어 인권 침해가 일어나고 있었음을 알지 못했다고 회고적으로 말할 수 있다.) 사람들이 서로를 '맞닥뜨리다'라는 지각이 지각자의 문화에 좌우된다는 것은 사실이지만, 일단 지각이 되고 나면 그것은 소망이나 정의를 통해 없애는 것이 불가능한 여건으로 **존재한다**. 그렇다면 공화정들은 시민들로 변형되어야 할 사람들의 공동체를 어떻게, 그리고 어디에서 지각하는가? 가입과 배제의 실천/관행들에서, 곧 누군가를 시민으로 가입시키거나 배제할지를 결정함으로써, 공화정들은 시민이 된다는 것이 무엇인지를 정의할 뿐만 아니라, 운명공동체, 즉 지구와 역사 안에서 그들이 점하는 자리 때문에 시민 후보 자격을 얻는 사람들의 집합을 획정한다. 시민권의 주어진 실체를 형성하는 운명공동체를 추가로 정의하는 것은 시민 후보들이 포함되는 방식이

---

1) 여기에서 휜스테런은 리처드 로티(Richard Rorty)의 『우연성 아이러니 연대성』을 경유하여 프로이트의 「레오나르도 다빈치의 유년의 기억」 결론 부분(프로이트, 2004 : 201~202쪽)을 언급하고 있다. 해당 부분에서 프로이트는, 한 인간의 운명이 자신의 의지와 무관한 우연에 좌우된다는 점, 다빈치의 경우라면 그가 서자로 태어났고 첫번째 의붓어머니가 불임이었다는 사실에 좌우되었다는 점을 주장한다. 이때 우연이란, 자연의 법칙들과 필연성에서 벗어나 있다는 뜻이 아니라, 인간의 욕망이나 환상과 무관하다는 뜻이다. 이는 프로이트가 자신을 코페르니쿠스와 다윈에 견주면서, 세 사람 모두 인간의 나르시시즘에 심대한 상처를 입혔다는 공통점이 있다고 한 유명한 주장과 궤를 같이한다.

다. 그들은 특별수용소에 배치될 수도 있고, 경찰의 심문을 받을 수도 있으며, 언어 강좌 수강을 요구받을 수도 있고, 가치 있는 전문가나 근무시간 후 사무실 청소원으로 환영받을 수도 있다. 요컨대 시민 후보들은 사회적·행정적 계서제 안에서 하나의 자리를 획득한다. 그러나 그들이 시민이 되려면 이 계서제 안에 그들이 평등한 일원이 되는 하나의 영역, 접근이 결코 장기간 차단되지 않는 하나의 영역이 반드시 존재해야 한다. 이는 공적·정치적 영역인데, 시민 간 평등은 이 영역에서 계속해서 재구성되어야 한다. 시민권/직은 계서제 내부의 위치이자 직책의 하나로, 이 위치와 직책은 불평등 구조들 앞에서도 묵살당하지 않는 실효적인 평등한 목소리를 개인들에게 부여한다.

배타적 문화들

앞서 필자는, 각각의 집단이 제 나름으로 시민권을 정의하는 것을 공화정이 왜 허용할 수 없는지 설명했다(왜냐하면 각 집단이 영위하는 분리된 삶의 형태들이 존속할 수 있는 것은, 그들이 공유하는 운명공동체의 조직화 덕분이기 때문이다). 그러나 이들 요인으로는 오늘날 여러 운명공동체의 구성원들이 각자의 운명공동체를 이렇게 분열적이고 적대적인 방식으로 지각하는 이유를 설명하지 못한다. 집단으로 나뉜 사람들은 나름의 정체성과 문화를 갈수록 찬양하고 고집한다. 한편 국가들은 시민권에 접근하는 규칙을 더 엄격하게 만들고 국민(문화)의 유일무이함을 고집하고 있다. 종교적 소속은 공적 영역에서 한 사람의 위치를 정의하는 요소의 하나로 부상하고 있다. '세계화하는 중'이라고 간주되던 세계, 계서제의 경직성이 줄어들고 차이들에 대한 관용이 높아진다고 간주되던 세계에서 이렇게 지역적이고 특수한 문화적 유대들이 강화되는 현상이 나타나는 이유가 무엇일까? 놀랍게도, 프랑스를 비롯한 꽤 많은 나라들에서 시민권 가입의 문제가 가장 극렬하게 제기되는 곳은 가장 문제될 것이 없는 곳, 그러니까 이미 영토 안에 들어와 있고 노동시장과 사회보장체계 내부에 있는 이들과 관련된다 (Brubaker, 1992 : 181). 잠재적 이주자들과 달리 실제의 이주자들의 경우에는, 복지국가에서 선망 받는 위치들에 접근하기 위해 시민 지위를 필요로 하지 않는다. 그들에게 시민권을 부여한다고 해서 기존 시민들이 돈 한 푼 '지불하는' 것도 아니다. 그렇다면 시민들은 이주자들에게 시민권을 부여하는 것에 왜 저항하는 것일까?

문화와 정체성을 새롭게 강조하는 것은 사회적 관계들의 다원화에서 비롯하는 것이지, 그것과 모순되는 것이 아니라고 이해할 수 있다. 내 논변은 다음과 같다. 계서제적 규칙들과 속박들이 약해지고, 다원성과 개인주의가 한층 팽배해질 때, 주어진 계서제 안에서 자리를 차지하는 것은 더 이상 집단들의 주된 재생산 방식이 되지 못한다. 살아남기 위해 집단들은 끊임없이 스스로를 재정의하고 재확인해야 한다. 집단들을 한데 묶는 것은 신념과 문화, 올바른 생각이다. 세계 안에 있는 자신들의 자리가 안전하지 않고 자동적으로 재생산되지 않는다고 느끼는 집단과 국가들은 이런 식의 문화적 재생산 전략들에 도움을 청한다. 만일 다른 어떤 것도 '우리'를 한데 묶지 않는다면, 응당 하나의 공통된 핵심, 하나의 정체성이 그 일을 해야 한다. 정체성, '우리'가 누구인가에 관한 열띤 논의와 폭력적인 싸움들은, 바로 이런 정체성이 쉽거나 자명한 현실이 아닌 곳에서 일어난다. 이런 갈등들이 일어날 때, 종파들은 다투고 분열하며, 그보다 큰 교회들은 계서제를 확립한다. 종파들은 올바른 생각을 두고 다투며, 참됨에서 동등한 신자들의 공동체, 누구도 다른 이보다 성스럽지 않은 공동체를 유지하려는 바로 그 노력 때문에 분열한다. 각 종파의 구성원들은 올바른 생각만이 집단을 한데 묶을 수 있다고 믿는다. 그에 반해 계서제들은, 온갖 종류의 생각과 불일치에 격실을 제공하는 확립된 규칙들과 제도들로써 한데 묶인다. 계서제는 분열하지 않고 분화/차별화한다.

우리 시대 들어 문화와 정체성이 점점 강조되는 현상을 이런 식으로 이해하려는 시도는 물론 설득력이 부족한데, 이런 이해가 반증가능성이라는 포퍼적 기준을 충족시키지 못하기 때문이다. 이런 접근은 다원화와 그 외양적 대립물인 새로운 문화적 배타성을, 탈계서화라는 동일한 지속적 추세의 견지에서 이해한다. 하지만 이런 접근에는 우리 시대의 특징이 된 문화와 정체성에 대한 굳센 강조라는 현상을 어쨌든 다소나마 해명한다는 장점이 있다.

다문화적 실천/관행의 원칙들

문화적 다양성과 배타성에 대처하는 문제와 관련하여 신공화주의의 관점은 어떤 연행목록을 제공하는가? 첫째, 신공화주의는 문화적 배타성의 소용돌이로 끌려들어가는 것을 정면으로 거부한다. 그리고 유일무이하다고 가정되는 국민 문화가 공존의 기반이 되어야 마땅하다는 요구를 거부한다. 둘째, 신공화주의는 다원성을 동시대 사회들의 기본적 여건으로 수용하면서, 다원성이란 시민들의 요구와 행위를 통해 완화하거나 제거하기를 원하는 대상이 아니라 조직해야 하는 대상이라고 본다. 이 출발점 때문에 신공화주의자들은 1989년 이전의 시민권 구상들을 고수하는 이들보다 다중적 시민권을 더 쉽게 받아들인다. 셋째, 신공화주의자들은 옳기만 한 원칙보다는 다원성을 조직하는 실천적 능력에 초점을 맞추는데, 이런 접근 덕에 (실천들의 새로운 결합물들을 발명하는) 혁신의 즐거움과 실천에서 배우려는 열의를 얻는다. 이런 실용적 유연성은 구래의 시민권 관념들에는 흔히 빠져 있는 것인데, 기존 관념들에 따르면 이론과 실천이 분기할 수 있긴 하지만, 이런 분기를 사고할 여지가 이론 자체에는 마련되어 있지 않았다. 반면 신공화주의의 관점에는 실천적 활동들과 행위하는 시민들의 발전적 능력들을 위해 마련된 이론적 자리가 있다.

시민권과 여타 문화적 충성심 사이의 반영구적 양립불가능성을 상대하기 위해 발전했던 실천적/관행적 처리방식들은, 그 원칙 면에서 연구의 대상이 되기도 하지만, 이들 원칙을 유발하기 위한 요건, 그리고 사람들이 이들 원칙을 공동생산한 **방법** 면에서도 연구의 대상이 된다. 예컨대 양심적 병역거부나 예방접종 거부에 대한 처리방식들, 네덜란드의 다극공존형 제도들, 그리고 교회들과 국가들의 관계들을 생각하면 된다. 여기서 일차적으로 흥미로운 것은 원칙들이 아니라, 결정적 원칙들에 관해 의견이 일치하지 않는데도 타협을 이끌어 낸 모든 관련자의 능력이다. 러시아에서는 정치인들이 연정 구성을 원한다 하더라도 실패하기 일쑤인데, 이 실패는 그들에게 실천적 비결이 없다는 단순한 이유에서 부분적으로 연유한다. 물론 신공화주의적 관점은 원칙을 완전히 거부하지는 않는다. 이 책에서 필자는 실천적 방향제시를 위한 지침이자, 어떤 종류의 다원성을 관용해야 하는가에 관한 제한으로 활용될 수 있을 여러 원칙을 정식화한 바 있다. 그러나 실효성 있는 시민권을 방해하는 병목은 원칙들보다는 다양한 실천적 상황들, 서로 '맞닥뜨리는' 다양한 사람과 집단들 속에서 원칙들을 능수능란하게 활용하는 쪽에 있다.

어떤 이들은 시민 개인의 권리와 구별되는 '정체성' 집단 자체를 위한 특별한 공적 권리를 지지하는 주장을 펼친 바 있는데, 이 권리에는 문화적 권리, 정치에서 집단 대표에 대한 권리와 자치에 대한 권리 등이 속한다. 예컨대 킴리카[Will Kymlicka](1995 : 26~33/54~69쪽)[2])는 집단차별적 권리의 세 가지 형태로 다종족적 권리, 특별 대표권, 자치권을 구별한다. 여기에서도 신공화주의적 관점은 실천적 능력과 타협을 강조한다. 신공화주의는 앞서 언급한 권리를 원칙적으로는 거부하는데, 여기서 원칙적이라 함은 만일 신공화주의에 선택의 자유가 있다면 엄밀한 의미의 시민들에게만 권리를 부여하고 싶어 할 것이라는 뜻이다. 하지만 그런 선택의 자유는 이론에서나 존재하는 것이다. 시민들은, 통치자건 피통치자건 할 것 없이, (그들이 선택하지는 않았지만, 만인을 위한 시민권을 지침 삼아 작업을 가해야 하는) 주어진 다원성과 차이들의 상황에 늘 처하게 된다. 신공화주의적 관점은 제1 원칙들의 중요성을 절대화하는 대신, 다원성을 조직하는 실천적 능력의 원칙을 강

---

2) 원문에는 p.27부터라고 되어 있는데, 킴리카의 책에서는 관련 논의가 p.26부터 시작되므로 착오로 보여 바로 잡았다.

조한다. 신공화주의는 특별 문화권 때문에 새로운 불평등과 갈등이 지나치게 많이 생겨나지만 않는다면 이 권리를 자못 선선히 받아들일 것이다. 특별 관행, 가령 종교적으로 올바른 도축은 허용될 것이나, 타인에 대한 불쾌감과 가시성이 최소화되는 건물과 환경에서만 허용될 것이다. 네덜란드에서는 특수한 교육적·종교적 견해들을 중심으로 조직된 사립학교들이 공교육과 동등한 자격으로 공적 재정을 지원받는다.

신공화주의의 관점에서 보면 정치적 대표에서 특별 집단권을 받아들이는 것이 더 어렵다. 집단을 형성하는 것은 마땅히 시민들 자신이어야 하고, 집단에서 탈퇴하는 것도 자유로워야 마땅하다. 만일 공적-사회적 영역들 및 공적-정치적인 영역들에서 이루어지는 집단 생활이 충분히 많은 자유 시민의 활동들로 뒷받침되지 않는다면, 다른 경로에 따른 집단 유지를 지지하는 알맞고 설득력 있는 이유들이 있을 것이다. 이런 이유로 들 수 있는 것은 미래 세대를 위한 생활방식과 문화 보존일 수도 있고, 공적-정치적 영역 자체로 확대되는 구성원들의 구조적 불리함일 수도 있으며, (남아프리카에서처럼) 시민적 평화를 유지할 수 있는 대안적 방식의 부재일 수도 있다.

마지막으로 자치권은 신공화주의적 관점에서 보면 영 내키지 않는 권리다. 이 권리는 운명공동체가 이미 쪼개진 곳, 또는 쪼개는 것이 너무 어렵지 않고 비용이 많이 들지 않으며 불의하지 않은 곳에 한해서 알맞을 따름이다. 운명공동체가 온전하고 친밀한 곳에 자치를 부여하는 것은, 유고슬라비아에서 목격한 바와 같이 비효율성과 갈등을 낳는 비법이라 할 것이다. 그런 정책은 소수자/약세자의 목소리들을 보호하는 일이 가장 필요한 바로 그곳에서, 참여자들의 평등한 시민 지위를 앗아간다.

　신공화주의적 관점이 선호하는 상태는, '심층' 집단들의 구성원들이 **시민 자격으로** 참여하는 것이다. 여기에는 정치적이고 법적인 논증 및 결정을 통해 해당 집단에서의 위치를 변화시킬 수 있는 구성원들의 권리가 포함된다. 또 여기에는 정치적이고 법적인 논증 및 결정을 통해, 공적이고 법적인 영역들 자체의 규칙들, 그리고 궁극적으로는 널리 통용되는 시민권 구상을 변화시킬 수 있는 권리 역시 포함된다.

6장 _ 공직에 있는 시민들

1992년에 체코슬로바키아 대통령 바츨라프 하벨(Havel, 1992 : 6~8)
은 효과적인 정치적 지도력의 요건에 관해 다음과 같이 썼다.

당신에게 필요한 것은 재치와 적절한 본능, 뛰어난 감식력이다. '고위
급 정치'에서 얻은 놀라운 경험 한 가지는, 뛰어난 감식력이 정치학
석사학위보다 더 중요하다는 점을 발견했다는 것이다. 감식력은 본
질적으로 형식의 문제다. 말의 적당한 길이와 시작하고 마무리하는
시점을 아는 법, 상대방이 듣고 싶지 않을 법한 것을 정중하게 말하
는 법, 주어진 순간에 언제나 가장 본질적인 것을 말하고 본질적이지
않거나 흥미롭지 않은 것을 말하지 않는 법, 상대의 기분을 상하게
하지 않으면서 본인의 입장을 역설하는 법, 복잡한 협상을 보다 수월
하게 만드는 우호적인 분위기 같은 것을 창출하는 법, 꼬치꼬치 캐묻
는 것도 아니고 그렇다고 냉담하지도 않게 대화를 이어가는 법, 심각
한 정치적 주제와 더 가볍고 느긋한 화제의 균형을 맞추는 법, 여정
을 사려 깊게 계획하는 법과 어딘가를 가지 않는 것이 더 적절한 시

점을 아는 법, 툭 터놓을 때와 입을 다물 때, 그리고 그 정도를 아는 문제인 것이다.

이렇게 시민다움을 강조하는 것이, 정치에서 그렇게 흔하다고들 하는 폭력과 거짓말, 꼴사납고 이기적인 처신과는 어떻게 연결되는 가? 하벨의 대답은 간단했다. "정치인이 거짓말을 하거나 음모를 꾸미지 않으면 안 된다는 것은 전혀 사실이 아니다. 이것은 순 헛소리인데, 다른 이들이 공무에 관심 갖는 것을 (어떤 이유에서건) 막고 싶어 하는 사람들이 이런 헛소리를 자주 퍼뜨린다. … 몰인정한 냉소가와 거만한 자, 성마른 자와 천박한 자만이 정치에서 성공을 거둘 수 있다는 말은 진실이 아니다. 이런 사람들이 모두 정치에 끌리는 것은 사실이나, 결국에 언제나 더 중요한 것은 예의와 뛰어난 감식력이다."

그러나 하벨은 자신의 답변을 재고해야 했다.

이상은 대통령직에 있을 때 얻은 경험을 되새기면서 (몇 달 전에) 내가 쓴 것이다. 당시 나는 저런 길로 가는 것이 정말이지 어려울 때가 있음을 곧 깨닫게 될 줄은 알지 못했다. … 그러나 여전히 나는, 정치가 그 본질에서는 비도덕적 처신을 반드시 요구하지는 않는다고 믿는다. 하지만 최근의 경험을 통해, 몇 주 전까지만 해도 제대로 깨닫지 못하던 어떤 진실을 확인한바, 진정으로 도덕적인 정치의 길은 단순하지도 않고 쉽지도 않다.

동료시민들을 통치하기

하벨의 경험은 공직을 맡아 공화정에 봉사하고자 하는 시민들이 경험하는 문제들의 본보기가 된다. 이 장의 초점은 일반적 시민권/직과 특수한 공직을 결합하는 특별한 기회와 문제다. 만일 시민권/직이 동료시민들에 의한 피통치를 수반한다면, 이들 동료시민이 공적 권위를 행사하는 방식은 극히 중요하다. 시민의 능력이 진면목을 드러내야 할 곳이 있다면, 여기가 바로 그곳이다. 하지만 시민권/직과 공직의 결합은 중심적일 뿐만 아니라 문제적이다. 특별한 공적 권위를 행사할 때 시민들에게 허용되거나 요청되는 일들은, 그들이 평범한 시민일 때에는 금지되는 것들이다. 경찰은 폭력을 사용하고 동료 시민들의 자유를 박탈한다. 판사는 생사가 걸린 문제를 결정한다. 국회의원들이 개정하는 법률은, 그들이 평범한 시민의 처지일 때에는 반드시 복종해야 하는 것이다. 그리고 장군은 부하들을 비상한 위험에 노출시킨다. 시민의 책무와 공직자의 책무가 서로 다르다는 점을 감안하면, 양자를 밀접히 결합하는 문제가 좀처럼 강조되지 않은 것도 무리는 아니다.

　양자를 연계하는 것은 보통 민주주의와 법의 견지에서 고려된다. 시민은 투표를 하고, 선출된 대표자들은 결정을 내리며, 이 민주적 결정들은 공직자들이 시행하는데, 공직자들은 필요한 경우 법정을 통해 시민들(과 회사 등 여타 법적 주체들)이 교정할 수 있다는 식이다. 필자가 보기에 이 모형은 칭찬받을 만하지만 제시해 주는 것이 너무 적다. 이 모형이 고려에 넣지 않는 것은, 공직을 맡아 동료 시민들에게 강제력을 행사하는 이들의 시민권/직이다. 시민권/직은 공적 범역의 모든 부문에서 이루어지는 권위 행사에 영향을 주어야 마땅하다. 그리고 그렇게 하기 위해서는 '평범한' 시민들에게 거부와 저항의 권리를 제공해야 함은 물론, 공직의 담임자들이 각자의 직무를 수행하는 동안 시민권/직을 행사하는 것 역시 허용해야 마땅하다. 시민권/직은 공직에 **맞서서** 출현하고 작동해야 할 뿐만 아니라, 공직 **내부에서도** 출현하고 작동해야 한다. 시민권/직에는 통치의 요령과 피통치의 요령이 공히 포함된다. 특수한 공적 권위가 시작되는 곳에서 시민권/직이 멈춘다면, 시민권/직은 별다른 효력을 발휘하지 못할 것이다.

　이런 식으로 공직자의 시민권/직을 강조하는 경우는 흔치 않다. 통상 초점의 대상은 '평범한' 시민인데, 이때 평범하다는 것은 바로 해당 시민이 아무런 특정 직책도 맡고 있지 않다는 뜻이다. 유명무실한 무방비 상태의 시민은 공직담임자의 반의어로 상정된다. 만인을 위한 시민권/직이 아직 헌정적 원칙으로 확립되지 않았던 역사적 상황들에서는 이런 식의 개념화가 일리가 있었는데, 가령 구체제 하 프랑스나 1968~89년 사이의 체코슬로바키아가 그랬다. 하지만 일단 원칙이 수용되고 나면, 이런 식의 개념화는 역효과를 내고 시민권/직의 가장 중요한 요점을 놓치게 된다. 역효과를 내는 까닭은, '평범한' 시민의 지위를 향상하려는 노력이 일반론의 차원을 결코 넘어설 수 없기 때문이다. 평범한 시민은 정의상 특별한 권력이 없는 시민이다. 그에게 특별한 권력을 주려는 노력이 성공하는 한에서, 그는 정의상 평범한 시민이 아니게 된다. 시민을 관형사 '평범한'으로 개념화하면 시민의 역할과 공직자의 역할을 에누리 없이 분리함으로써 중요한 요점을 놓치게 된다. 이런 식의 분리가 편리할지는 모르지만, 이렇게 되면 (시민권/직이 작업의 대상으로 삼게 되어 있는) 갈등하는 충성심들과 다원성의 조직화라는 문제 자체가 정의定義에서 사라져 버린다.

신공화주의자들에게 있어 시민권/직이란 안전하고 분리된 소유물이라기보다, 성가시고 놀라운 차이들을 상대하면서 장시간 논의 끝에 타결에 이르고 구체화되는 것이다. 시민들이 조직하는 다원성은 공적-사회적 공간의 개인들과 여타 독립체들 사이뿐만 아니라, 공적-정치적 공간의 직책들 사이에도 존재한다. 이들 직책이 각각 요구하는 바는 서로 갈등을 빚을 수 있으며, 이 갈등을 상대하는 방법을 결정함에 있어 응당 지도적 원칙이 되어야 하는 것은 시민권/직이다. 이를 강조하기 위해 필자는 시민권/직을 여러 직책 중에 있는 하나의 **직책**으로 개념화한 바 있다.

시민권/직은 시민권/직 관련 특별 제도와 규칙에 의해서뿐만 아니라, 여타 직책들을 행사하는 가운데에서도, 그리고 주된 중심이 시민권/직 이외의 관심사에 있는 제도들 속에서도 정의·구체화된다. 우리는 직책들의 다원성을 조직하는 가운데 시민권/직이 무엇인지 (계속해서) 보여 주고 학습하며 발견한다. 시민권/직은 시민권/직(의 직책)의 요구사항들과 여타 공직들의 요구사항들이 갈등을 빚을 때뿐만 아니라, 여러 특별 공직자들(가령 내각의 장관과 장군, 또는 첩보기관 수장)이 그들이 맡은 바를 놓고 의견을 달리할 때에도 발전한다. 이런 관점에서 볼 때 시민권/직은 공적 제도의 설계 및 공적 직책의 행사 시 방향을 설정하고 평가를 내리는 기준이다.

1992년 네덜란드정부정책학술위원회는 이상의 관점을 구체화하고 시험하는 연구를 의뢰하였다(Van Gunsteren and Den Hoed

1992). 다양한 분야의 실천/관행에 관한 전문지식을 갖춘 학자들에게, 각자 관여하는 특수한 실천/관행에서 신공화주의적 시민권/직 구상이 (그런 게 있긴 하다면) 어떤 지향을 제공하는지 보고해 줄 것을 요청하였다. 질문 및 보고 내용은 대부분 (세무조사관, 군인, 경찰, 외세강점기의 공무원, 홍보담당관, 국내보안기관 수장 등) 공적-정치적 영역의 실천/관행 및 역할에 관한 것이었다. 일부 보고는 (기자, 교사, 실업노동자 등) 공적-사회적 영역의 실천/관행 및 역할에 관한 것이었다. 이하의 논의에서 필자는 이들 선행연구를 활용했다. 필자는 기타 사회적 실천/관행 및 역할(가령 마약중독자, 정신장애인, 또는 아동)에 관한 연구는 제외하였는데, 이 경우 관련자들은 통치 능력이 불충분하고 따라서 '온전치 못한' 시민들이다. 그들의 처지는 다른 문제를 제기한다.

시민들과 공직의 관계에서 관건이 되는 것은 무엇인가? 역사적으로 보면, 자의적 통치로부터의 보호 요구가 보통 처음으로 왔고, 곧이어 법 앞의 평등 즉 모든 사람에게 평등하게 적용되는 성문법 체제에 대한 요구가 뒤따랐다. 이후 민주주의, 즉 법 내용의 제정과 변경 시 결정권에 대한 요구가 등장했고, 곧이어 정책입안 및 법을 이행하는 행정에 대한 민주적 통제 요구가 뒤따랐다. 이런 식의 원격 통제가 현재로서는 시민에 대한 시민의 통치를 보장하는 데 불충분하다는 점이 많은 사람들에게 분명해졌다. 격동적 상황에서 행정가들은 그야말로 너무 많은 여지와 재량권을 갖는다. 따라서 행정이 공화주의의 궤도에서 이탈하지 않을 수 있도록, 자신들의 시민권/직을 완전히 괄호 안에 넣기보다는 통치를 하는 중에도 통치받는다는 것이 무엇인지 잊지 않는 동료시민들, 격랑 속을 항해할 때조차 시민권/직의 항로를 유지할 수 있는 동료시민들이 행정을 담당하기를 우리는 원한다. 민주적 지배구조를 연구하는 학자들의 경우, 통치자들에게 회고적으로 책임을 묻는 것으로는 이제 통치자들의 공적 활동 대부분을 충분히 인도할 수 없다고 역설하는 이들이 늘어나는 추세다. 평범한 시민들은 통치자들이 시민권/직을 미지의 항해에서 나침반으로 사용하되, 그들의 특수한 직책에 수반되는 특별 규칙과 요건을 등한시하지 않기를 기대한다. 지금보다 평온하던 시절에는, 저런 규칙과 요건을 고수하는 것이 시민권/직을 실현하는 최선의 방안이기도 할 것이라는 추정이 아직 가능했다. 오늘날, 그러니까 행정가들이 예기치 않은 미지의 사태를 한층 빈번하게 맞닥뜨리게 된 이때, 시민권/직의 요구사항과 특별직책의 요구사항 사이의 갈등은 더 날카롭고 더 빈번하다. 이런 갈등을 상대하기 위해 특별직책을 맡은 시민들의 상태는 어떠한가?

극단적 상황들

제2차 세계대전 중 독일에 점령당한 네덜란드의 공무원이라는 극단적 사례에서 시작하면 도움이 될 것 같은데, 회고적으로 이 사례를 보면 문제의 윤곽이 뚜렷해진다. 종전 후 수많은 공무원들이 외세 치하에서 공무원으로서 부정행위를 저질렀다는 혐의로 법정과 조사위원회에 출두했다. 그러나 그들이 저지른 잘못은 정확히 무엇이었고, 어떤 규칙에 따라 무슨 자격으로 재판에 회부되었던 것인가(Den Hoed, 1992)? 많은 경우 그들은 형법을 어기지 않았고, 반(反)인도적 범죄를 저지르지 않았으며, 해당 직책을 규정하는 명시적 규칙을 위반하지 않았다. 그런데도 전쟁 중 그들의 처신은 잘못으로 치부되었고, 징계와 강등, 해고 처분이 그들에게 내려졌다. 무슨 근거로 이렇게 한 것일까? 소송절차와 처벌을 시민권/직의 견지에서 보면 이해가 가기 시작한다. 공무원들은 특수한 상황, 곧 외세 점령 및 통치 하 공무원이라는 상황에 처한 시민에게 요구된 바를 저버린 시민이라는 자격으로 책임을 진 것이었다. 운명은 그들을 어려운 상황으로 몰아넣었는데, 이 상황에서 그들은 시민들 사이에 존재하던 운명공동체를 유지하는 데 필요한 일을 하지 못했다. 유죄가 인정된 공무원 다수에게 그런 선고가 내려진 것은 특정 부역자 조직에 소속되어 있었다거나 외세 권력에 봉사했다는 이유에서가 아니라, 시민들의 '방패와 칼'로서 적절하게 행위하는 데 실패했다는 이유에서였다. 판사들의 주장인즉, 공무원들은 독일 당국에 맞서 시민들을 더 실효적으로 보호했어야 했다. 법원이 거론한 공무원들의 또 다른 잘못은, 나쁜 본보기를 보여 시민들을 잘못된 길로 이끈 것이었다. 점령자들에게 부역함으로써 공무원들은, 이런 처신이 옳은 것이고 이런 일을 해야 한다는 인상을 만들어 냈다. 공무원들은 모범시민으로 행위하는 데 실패한 셈이다.

다른 극단적 사례는 내부 전복에 맞서 공화정을 주시·보호하기로 되어 있는 첩보기관이다. 여기서 쟁점은 외세의 점령이 아니라, 법과 그 무력으로 통치되어야 마땅한 또는 통치되는 것으로 보이나 실은 그렇지 않은 '접근 금지' 구역들이다. 네덜란드 첩보기관의 책임자는 1992년에 「사점死點에 이른 시민권/직」이라는 강한 제목의 글을 작성했다(Docters van Leeuwen 1992). 첩보기관은 최악의 수단, 예컨대 시민들에게 서로를 밀고하라고 요구한다거나, 반박 기회도 주지 않은 채 어떤 이에 대한 정보를 유포하는 따위의 수단을 사용하는데, 이런 수단을 통해 지향하는 것은 칭찬받을 만한 목표, 곧 민주국가와 법치의 안전보장이다. 민주국가와 법치는 다시 시민권/직의 행사가능성을 규정하는 틀을 이룬다. 그러나 첩보기관들은 시민을 보호하기는커녕 정반대로 행동하기 일쑤였다. 첩보기관들의 악명이 높은 까닭은, 나폴레옹과 푸셰^{Joseph Fouché} 또는 동독의 슈타지처럼, 자국 시민들의 적법한 활동에 **맞서** 국가를 보호하는 데 쓰였기 때문이다.[1]

첩보기관이 존재한다는 것과 첩보기관의 일원으로 살아간다는 것에는 역설과 딜레마가 가득하다. 민주적 과정을 보호하기 위해서 첩보기관을 창설한 것인데, 첩보기관의 활동을 둘러싸고 있는 기밀은 결국 민주적 개방성과 공적 논쟁에 역행한다. 시민들의 삶을 심각하게 침해할 소지가 있는 첩보 작전을 개시할 수 있는 시점은 언제이고 근거는 무엇인가? 한낱 소문으로는 충분하지 않다. 그러나 만약 사실일 경우 매우 심각한 문제들과 관련이 있는 소문이라면 어떻게 할 것인가? 작

---

1) 조제프 푸셰(Joseph Fouché)는 프랑스혁명기의 정치가다. 그는 프랑스혁명 초기 지롱드파였다가, 1793년 루이 16세의 처형에 찬성표를 던진 이후부터 급진적인 자코뱅파로 돌변하여 '리옹의 도살자'라는 악명을 얻을 정도로 공포정치에 앞장섰다. 그러나 불과 1년 만인 1794년 테르미도르의 반동에 가담하여 로베스피에르를 축출하고 총재정부를 세우는 데 크게 기여했으며, 총재정부하에서 우여곡절 끝에 1799년 파리의 경찰장관에 임명되어 반대파 탄압에 앞장섰다. 같은 해 나폴레옹이 쿠데타를 일으키자 그는 나폴레옹을 지원하는 대가로 직책을 유지하였고, 나폴레옹이 제정을 선포하고 황제로 등극한 후에도 나폴레옹을 섬겼다. 하지만 나폴레옹이 몰락하자 왕정복고 세력에 합류하여 1815년 (자신이 처형에 일조한) 루이 16세의 동생인 루이 18세의 경찰장관이 되어 백색테러를 주도하다가, 결국 축출되어 1820년 유배 중 사망하였다. 이상에서 보듯 푸셰는 일생에 걸쳐 정치적 배신을 거듭하였으나, 특정 시점의 집권 세력 및 질서 보위라는 관점하에 그에 반대하는 세력을 잔혹하게 탄압하는 데 탁월한 능력과 일관성을 보였는바, 이것이야말로 가히 '불사조'에 비견할 만한 그의 정치적 생명력을 뒷받침한 비결이었다 할 것이다.

전을 중지해야 하는 시점은 언제인가? 이상은 모두 비례의 원칙에 관한 문제로, 이는 판단과 '잠재적' 시민권/직(즉 시민권/직과 공적 논쟁의 온전한 전개가 불가능한 상황 속에서 시민권/직과 공적 논쟁을 기준으로 생각하는 것)을 요구한다. 민주적 입헌 국가에서 첩보기관에 대한 시민의 협력은 자발적이다. 그런데 이 협력 때문에 시민들이 충분히 자각하지 못한 극심한 위험에 처하게 될 경우, 첩보기관은 이런 협력을 받아들여도 되는 것인가? 첩보기관의 보고 대상은 누구이고 그 방식은 무엇인가? '인가범위' 안에 있는 이들에게만 통지된다면, 조작될 여지가 다분하다. 적어도 기관 외부 인사 약간 명이 개요를 파악하고 온전한 정보를 통지받아야 한다. 이렇게 할 경우에도, 극소수가 '모든 것을', 소수가 많은 것을, 보다 많은 수는 약간을 알며, 많은 이들은 아무것도 알지 못하는 상황에 이르는 것은 마찬가지다. 이런 상황은 아주 바람직하지 못하다. 따라서 첩보기관이라고 해서 공적 논쟁을 면제받아서는 안 된다. 공개와 기밀이라는 진퇴양난 사이를 헤쳐 나가는 일은 쉽지 않다. 그러나 시민권/직이 필요한 곳, 우리를 통치하는 이들이 동료시민들이라는 것을 느끼고 싶어 하는 곳은 다름 아닌 이런 상황, 곧 민주적 과정에 결함이 있고 판단과 기만의 여지가 지대한 상황인 것이다.

얼마나 정상적인가?

여태껏 살펴본 공직자 시민의 사례들은, 직무 규칙을 포함한 공화정의 정상적 기능이 제대로 이루어지지 않거나 중단되어 버린 극단적 상황들과 관련된다. 이런 상황에서 시민권은 공화정의 재구성을 가능케 하는 일종의 대체부지나 건축자재로 기능한다. 그러나 시민권은 정상적 상황들과 어떤 관계가 있는가? 아주 많은 관계가 있다. 무엇보다, 정상적으로 보이는 상황들 안에 도사리고 있는 위험을 예리하게 자각할 수 있게 해준다. (이렇게 되면 사람들이 지나치게 의심이 많아지고, 이 때문에 공화정의 근간이 허물어질 수도 있다. 그러나 지각하거나 자각한다고 해서 자동으로 행위가 이어질 필요는 없다. 판단력과 지혜는 반응하지 **않아야** 할 때를 아는 데 있다. 첩보기관에 대한 반성이 보여 줄 수 있는 것이 바로 이것이다.) 두번째로, 극단적 상황들에서 차이점들이 부각되는 것을 목격함으로써, 시민들은 보다 고요하고 일상적인 상황들에서도 더 섬세하게 구분 짓고 판단하는 법을 배울 수 있다. 세번째로, 정상적인 것은 더 이상 예전처럼 정상적이지 않다. 우리가 살고 있는 세칭 격동기에는, 전통이나 자명한 맥락, '일상다반사'가 행위의 지침으로 미덥지 못하거나 불충분한 것으로 판명되는 일이 점점 잦아진다. 많은 사람들에게 있어 구조화되지 않고 비상하며 놀랍고 알려지지 않은 것은, 일상생활의 일부로 기대할 수 있는 정상적인 일이 되어 버렸다. 그렇다고 해서, 마치 우리가 늘 극단적 상황에 처한 양 행위하면서, 전통적인 절차를 폐기해야 한다거나, 공직의 운영을 통제하는 규칙을 가벼이 여겨야 한다는 뜻은 아니다. 사람들에게 그런 식으로 살도록 요구하거나 강요하는 것은 가능하지 않거나 적어도 온당하지 않다. 그보다 이 주장의 요점은, 사태가 공화정의 (규범적이면서 일상적이라는 이중적 의미에서) '정상적' 경로에서 벗어나지 않도록 하는 데 시민권을 더 창조적이고 빈번하게 사용하라는 것이다.

공화정에서 시민권/직과 여타 공직의 관계는 사실 오랜 주제다. 무장할 권리와 시민군에서 복무할 권리, 공정한 재판과 피고가 원고 및 판사와 동등한 주장적격을 가지는 대심 절차에 대한 권리, 그리고 대표 없이 과세 없다는 원칙은 앞선 공화정들을 수립함에 있어 중심적이었다. 시민들은 공적 권위에 맞서 일정한 주장적격을 획득했는데, 과거 이 권위는 신민들^subjects로서의 시민들을 **대상으로** 그들의 동의 없이 행사되었다. 그러나 신공화주의의 관점에서 오늘날 주로 문제가 되는 것은, 공적 권위의 행사 **내부에서의** 시민권/직, 공직의 설계와 판단에서 구성적 원칙 노릇을 하는 시민권/직이다.

자크 판 도른^Jacques van Doorn(Van Doorn, 1992)이 「제복 입은 시민들」이라는 연구에서 주장한바, 군인이 되기로 결정한 시민, 따라서 그의 시민권/직에서 비롯하는 가장 극단적인 귀결(즉 죽음)을 감수할 각오가 되어 있는 시민은 특별한 지위를 선택한 것이다. 시민권/직은 어쨌든 일정 정도의 자유와 독립성을 보유하는 데 반해, 군인의 경우에는 자조직에 대한 충성심이 우선순위를 점한다. 판 도른은 징병제를 시민권/직의 의무로 간주하는 것이 온당한지 여부에 관해 질문했다. 일반적이고 의무적인 병역 제도는 정치공동체를 유지하는 책임이 균등하게 분배되는 것을 보장한다. 병역은 이 동일한 공동체의 중대 활동에 대한 헌신적 참여의 발로發露로 간주되고, 책임 있는 시민들이 되기 위해 젊은이들이 받는 교육의 일부가 된다. 이런 시각에서 보면 징병제는 시민적 의무다. 그러나 다수의 민주정은 징병제 문제로 곤란을 겪고 있거나, 심지어 징병제를 거부한다. 병역은 시민권/직의 발로라기보다는 국가의 도구로 간주되는 것 같다. 많은 사람들은 이토록 많은 시민의 권리들이 유예되는 조직에 복무하는 것을 시민의 의무로 인정하지 않는다. 오늘날의 사회 발전은 이를 확인해 준다. 시민과 군대 사이의 유대는 느슨해지고 있으며, 전문화된 무력이 나라의 방위를 맡고 있다.

형식상 군인은 시민이다. 그러나 현실에서는, 군 내부에서 시민권/직을 실천하는 것은 극히 문제적으로 보인다. 군대의 목표는 대규모 폭력(의 위협)을 경유하여 적에게 자신의 의지를 강요하는 것이다. 군대의 구조는 이 목표에 맞추어 있어, 계서적·규율적·형식적·목표지향적·고립적이다. 경험이 보여 준바, 이렇게 중앙집중적으로 통솔되는 조직들은 구성원의 시민권/직 표출을 가로막고 제한하는 경향이 있는데, 아닌 게 아니라 군대에서는 조직 내외부를 막론하고 구성원들이 시민권/직을 행사할 수 있는 여지가 거의 없다. 그러나 병역과 시민권/직 사이에서 관찰되는 긴장은 수용해야만 할 것인데, 군대는 시민권/직이 너무 적을 때만큼이나 너무 많을 때에도 공화정에 거대한 위협이 될 수 있기 때문이다. 만일 군대가 효율적인 전투력이 되고자 한다면, 구성원들이 주어진 임무의 합법성이나 정당성을 개별적으로 평가하고 그에 따라 행동하는 것을 용납할 수는 없는 노릇이다. 이렇게 보면 군대 내 시민권/직의 정도가 낮은 것이 실제로 공화정을 위기에 빠뜨리는지 여부는, 군대 자체보다는 군대의 기능을 규정하고 군대가 대행하는 정치 질서의 성숙도에 필연적으로 더 크게 좌우된다. 그렇기는 하지만, 우리는 군 복무 중인 우리의 동료시민들이 군사적 규칙과 정치 당국에 복종하는 동시에 자신들의 시민권/직을 잊지 않기를 기대하며, 반인도적 범죄나 민주정에 반하는 정치적 지시 같은 경우처럼 자신들이 군사 규칙 및 정치 당국과 갈등을 빚는 상황에서 시민권/직의 요구들을 우선시하기를 기대한다.

마찬가지로 우리는 경찰과 검사가 그들의 직책을 통제하는 법규를 따르기를 기대하지만, 통치를 받고 있는 시민이 된다는 것이 무엇인지를 잊지 않는 것 역시 기대한다. 다시 말해 그들은 규칙을 진지하게 대해야 하지만, 이 규칙을 절대적이고 배타적인 지침으로 대해서는 안 된다. 이는 쉽지 않은 임무다. 범법혐의자를 동료시민으로 대해야지, 법질서의 보호 바깥(으로 제 발로 걸어 나간) 사람들로 대해서는 안 된다는 경찰과 검사의 책무 역시 이행이 쉽지 않다. '범죄자'가 마치 다른 종류의 존재인 양 쉽게들 말하지만, 이는 잘못이다. 법질서에는 '범죄자'라는 개념이 없으며, 다만 법을 위반한 시민이나 법적 주체라는 개념이 있을 뿐이다. 위반자는 법질서 내부에 있으며, 따라서 책임을 져야 하는 시민이라는 자격으로 처벌을 받는 것이다. 어떤 결함 때문에, 어떤 면에서는 다른 존재인 까닭에 책임을 질 수 없는 사람들은 처벌을 받지 않고, 정신병원처럼 그들을 치료하고 보호하는 특별 기관들에 수용된다. 경찰 업무와 기소의 일차적 요점은 배제가 아니라 법질서의 유지다. 직책의 저편에 있다는 것이 무엇이고 직책의 통치를 받고 있는 이들 사이에 있다는 것이 무엇인지 더 이상 기억하거나 상상하지 못해 이를 지침으로 삼지 못하는 각급의 공직자가 너무나 쉽게 잊는 것이 바로 이 점이다('t Hart, 1994). 그들이 잊어버린 것은 공통의 시민권/직이다.

군인이나 경찰처럼 오늘날의 세무조사관은 전문가로서, 그들의 소득은 과거와 달리 왕의 신민들에게서 쥐어짜는 세금 총액에 좌우되지 않는다. 그들은 공무원으로서, 의회에서 시민의 대표들이 만든 규칙들에 따라, 동료시민들이 응당 지불해야 하는 세금을 결정한다. 그러나 격동하는 세계에서는 이들 규칙을 둘러싼 해석과 재량의 여지가 다분하고, 이 여지는 늘어나는 추세다. 그랬을 때 조사원들은 어떻게 행동해야 하는가? 지난 수십 년간 네덜란드에서 제시된 대답은, 효율적으로 관리되고 '생산적인' 조직을 기준으로 삼았다. 국세청은 자기 재조직 시 지침이 되는 모형으로 기업을 택했다. 에드 판 데르 아우데라Ed van der Ouderaa(van der Ouderaa, 1992)의 지적에 따르면, 그 결과 세무조사관은 독립적 지위를 상실하고, 그와 함께 그들의 직책 내에서 시민권/직을 행사할 가능성도 상실한다. 재설계된 국세청에서 시민들은 고객으로 간주되었고, 직책의 수행에서 조사원의 시민권/직은 망각되었다. 그러나 직책의 수행에서 시민권/직이 일정한 역할을 하려면, 해당 직책의 설계와 (재)조직에 있어서도 시민권/직이 원칙 노릇을 해야 마땅하다.

최근까지 정치 무대를 대체로 지배한 힘은 말과 칼, 돈이었다. 20세기에는 다른 두 종류의 힘이 전면에 부상하였는데, 조직과 지식이 그것이다. 조직의 힘을 알아본 것은 레닌 같은 혁명가, 사업가, 그리고 자신의 정당을 조직한 정치가들이었다. 조직의 관리자 자리에 있는 시민에게 어떤 책임이 있는가 하는 질문이 귀를 아프게 할 정도로 소리 높게 울려 퍼진 계기는, 나치 지도자이자 유대인 학살의 조직가인 칼 아돌프 아이히만Karl Adolf Eichmann이 전범 혐의로 기소된 상황에서 스스로를 변호한 사건이었는데, 당시 그가 변호 논리로 언급한 것은 개인적으로는 유대인들의 불운을 바란 적이 결코 없었다는 점, 자신이 직접 유대인을 살해하지 않았다는 점, 법규와 규정을 따랐을 뿐이었다는 점이었다. 한편 지식의 힘은 부상하는 중이며, 그 힘은 지금 개막되고 있는 정보의 시대에 더욱 커질 것으로 예상된다. 로버트 라이시Robert Reich(Reich, 1991)는 상징을 이해하고 재배열할 수 있는 상징적 분석가들이 (그들 자신과 다른 이들을 위해) 경제 성장과 소득을 주로 산출하는 것으로 간주한다. 기술적 지식에 접근할 수 있는 시민들의 책임도 뜨거운 쟁점이다. 독일 로켓 과학자들의 사례가 좋은 예인데, 개중에는 제2차 세계대전 이후 미국이 자국으로 데려와 차세대 무기 개발의 대가로 미국 시민권을 수여한 베르너 폰 브라운Werner von Braun이나, 최초의 원자폭탄을 개발한 팀을 이끌었으며 후에는 비非미국적 품행이라는 명목으로 기소된 로버트 오펜하이머Robert Oppenheimer가 있다. 두드러진 또 다른 예는 러시아 과학자이자 반대파인 안드레이 사하로프Andrei Sakharov다.[2] 이 지도적 과학자들이 시민으로서 지니는 책임에 관한 질문은 도덕적인 용어로 다소 명쾌하지 않게 논쟁되곤 하는데, 필자의 생각에 시민권/직을 공직으로 정의하고 나면 질문을 다루기가 더 수월할 수 있다. 다른 상징적 분석가들, 가령 공중에게 중요한 전갈을 전하는 전달자들과, 이들 매체를 다루는 새로운 수사법 전문가들이 맡고 있는 유사한 책임도 막중하기는 마찬가지다. 미국

---

[2] 안드레이 사하로프는 구 소련의 핵물리학자로, 소련 최초의 수소폭탄 개발에 참여·성공하여 1953년 32세에 소련과학아카데미 최연소 정회원이 된 당대 최고의 핵물리학자다. 동시에 그는 1960년대 이후 핵확산에 반대한 것을 시작으로 1970년대에는 소련 인권운동을 주도하는 등 정치적 반대파로 나서 1975년 노벨평화상을 수상하고 1980~1986년 국가반역죄로 가택연금을 당한 활동가이기도 하다.

대통령 로널드 레이건Ronald Reagan은 '위대한 전달자'로 칭송받곤 했다. 하지만 독일 수상 헬무트 콜Helmut Kohl은 미하일 고르바초프Mikhail Gorbachev가 소통 면에서 거둔 유사한 성공을 파울 요제프 괴벨스Paul Joseph Goebbels, 곧 나치 선전부 장관의 성공에 빗대기도 했다. 전달자 괴벨스, 과학자 폰 브라운, 조직가 아이히만 이상 3인방은 히틀러 독일의 기록된 경험을 반성하는 일이 오늘날 고위 공직에 있는 시민들의 책임을 명료히 하는 데 어떤 식으로 도움이 될 수 있는지를 보여 준다.

　시민권/직의 문제를 제기할 수 있는 대상에는 공적-정치적 공간의 직책 담임자들뿐만 아니라, 사회, 우리가 앞서 공적-사회적 공간이라고 부른 곳에서 사람들이 수행하는 역할 및 기능도 포함된다. 기자, 변호사, 재단이사회 성원, 축구 심판, 핵발전소의 일상적 작동과 안전을 담당하는 기술자, 또는 계열사 중 한 곳에서 무기제재나 기본적 안전 조치를 위반한 재벌 총수를 생각하면 된다. 각각의 경우에 사람들은 갑자기, 그리고 본인의 선택과는 무관하게, 동료시민들의 요구에 직면하거나 사후적으로 직면할 상황에 처할 수 있는데, 요구의 내용인즉 자신들이 시민이라는 점을 잊지 말아야 하고, 각자의 특별 임무를 수행하는 방식에 시민권/직을 가해야 한다는 것이다. 다들 알다시피 이런 요구들이 달가운 경우는 많지 않다. 혹자는 적절한 대응을 만들어 내기가 너무 어렵다는 이유를 들어 이런 요구를 무시하거나 듣지 못한 척할 것이다. 이런 직책들에서 시민권/직을 실천하는 것은 투표소에서 시민권/직을 실천하는 것보다 훨씬 어렵다. 그러나 공적-사회적 공간의 행위자들은 (시)민법과 법원 판결에서 분명 방향을 찾아내는데, 여기에 담긴 판례의 풍성한 만화경은 행위자들이 상대방과 자기 자신에게 합리적으로 기대할 수 있는 것들이 무엇인지 말해 준다. (시)민법은 타인들을 시민다운 상호작용의 평등한 참여자들로 대할 때 무엇이 수반되는지, 어떤 식으로 타인의 인격과 재화를 고려해야 마땅한지를 행위자들에게 말해 준다.

성가신 요구들

이 장에서 제시한 것은 공적 직책과 역할에서의 시민권/직을 총망라한 개관은 아니다. 그러려면 나라와 시대에 따른 의미의 차이에 더 주의를 기울이고 관련 연구를 진행해야 할 것이다. 이상의 내용은 무엇이 관련되어 있는지에 관한 착상 일부를 발전시키는 데 도움이 될 따름이다. 아울러 통상 무시된 각도에서 접근한 최초의 연습이다. 이상의 탐색으로부터 결론 몇 가지가 나온다.

정상성이 없다면, 당연시할 수 있는 것들이 없다면, 알맞은 상호작용과 안전한 실존은 가능하지 않다. 그러나 이 귀중한 통찰은 당연시되는 것 중 어느 것이, 더 정확하게 말하자면, 누구의 것이 우세하게 될지를 보여 주지 않는다. 정상성을 정의하는 권력은 평등하게 분할되지 않는다. 정상성에 관해 두번째로 관찰할 수 있는 것은, 정상성이 시간이 지나면서 변한다는 점이다. 한때 정상이던 것이 나중에도 정상일 필요는 없다. 시민권의 관점에서 보면, 정의하는 권력의 불평등과 시간에 따른 변화라는 이 두 관찰은 우리로 하여금 정상성을 문제시하게 만든다. 네덜란드어 사용자 모두가 언어의 운반자인 것처럼, 시민은 모두 정상성의 정당한 공동정의자다. 정상성은 시민들의 개입에 의해 조정될 수 있으며, 시민들의 입장에서 볼 때 결정적 여건이 아니다. 정상성이 지닌 조직화의 힘이 대부분 그 명증성에서 비롯한다는 사실 때문에, 정상성을 문제시하는 일은 긴장을 야기하지 않을 수 없다.

사회에서 완제품 상태로 솟아나는 단수의 도덕, 한 가지 유형의 '자연스러운' 시민적 책임은 존재하지 않는다. 대신 우리가 발견하는 것은 다중적인 도덕들로, 이 도덕들은 시민들이 참여하는 다양한 실천/관행들과 연결되어 있다. 시민들의 과업은 시민들의 재생산을 저해하지 않고 심화하는 방식으로 이 도덕들을 결합하는 것이다. 이 과업에서 성공을 거둘 수 있는 완제품 상태의 공식은 없다. 갈등을 빚는 요구 집합 두 가지, 즉 시민권/직의 요구 집합과 특수한 직책의 요구 집합에 한정한다 해도, 어느 한 쪽의 완벽한 우위는 없다. 신공화주의의 관점에서는 시민권/직도, 그렇다고 직책의 규칙도, 절대적인 것으로 간주될 수 없다. 물론 정상적 상황이라면, 통상 특수한 직책의 규칙이 우위를 점하는 것이 당연하다. 만일 그렇지 않다면, 직책을 다시 설계해야만 한다는 뜻이 될 것이다. 공화정에서 하나의 직책이 합리적으로 잘 설계되어 있다면, 그 요구들은 보통 시민권/직의 요구들과 일치하거나 부합할 것이라고 추정해도 될 것이다.

아무리 설계가 잘 이루어졌다 하더라도, 때로는 단일한 공식으로 해결할 수 없는 심각한 갈등들이 나타난다. 이 경우 우리는 차이의 조직화라는 시민 특유의 능력을 실천/실습할(실행하면서 습득할) 필요가 있는데, 이 능력에는 판단력, 동료시민들과의 공동생산, 선택할 용기와 자신의 선택을 옹호할 용기 등이 속한다. 이는 쉽지 않은 일인데, 올바른 행동 경로가 명징하지 않을 뿐만 아니라, 관련자에게 끼칠 결과들이 몹시 불쾌할 수 있기 때문이다. 내부고발자가 조직에서 직면하는 운명을 생각해 보면, 모종의 적폐를 용기 있게 폭로할 당시 아무리 존경을 받더라도, 그들의 개인적 인생과 경력은 파탄에 이르고 마는 것이 다반사다.

시민권/직의 요구들이 **성가신** 까닭은, 시민권/직의 규범성이라는 이름으로 정상적 상태로 간주되는 것을 교란하는 일을 요구할 뿐만 아니라, 진실로 비극적인 선택을 제기할 수도 있기 때문이다. 비극적 상황이란, 어느 쪽 길을 택하든, 소중하고 논란의 여지가 없는 가치를 지닌 무언가가 희생의 대상이 되는 그런 것이다. 비극적 선택은 고통스럽다. 우리는 그런 선택을 피하고 싶어 한다. 비극적 선택을 피할 수 없을 때, 우리는 보통 그 선택을 개인이 아니라 정복을 입은 공무원들, 그 활동이 규칙의 제한 아래 놓이고 직책의 의례로 뒷받침받는 이들에게 맡긴다. 따라서 시민들이 비극적 선택에 직면하게 되는 것은 바로 특수한 공직을 수행할 때이고, 특히 시민권/직의 요구가 직책의 규칙 및 의례가 제공하는 안전지대를 넘어가도록 종용할 때이다. 우리는 두 가지 악 중 차악을 선이라고 바꿔 부름으로써 비극적 선택을 회피하려고 애쓰기도 한다. 실제 상황에서 이런 기만은 소용이 없다. 다른 열 명의 생명을 구하기 위해 한 사람을 죽이는 것은, 해야 할 일일지언정 그 일이 악하다는 사실에는 변함이 없다. 이 진리를 포착했던 이가 성 아우구스티누스Saint Augustine of Hippo로서, 그는 초기 기독교인들에게, 설사 국가에 봉사하면서 더 많은 죄를 지을지언정 국가에 봉사할 의무가 있다고 말했다.

이 장에서는 공직의 수행에서 시민권/직이 관건이 된다는 점과 어떤 식으로 관건이 되는지를 보여 주었다. 시민권/직의 요구사항과 특수한 직책의 요구사항 사이의 문제적 관계들을 다루는 바로 그 과정에서, 직책 담임자들과 그들을 상대해야만 하는 시민들은 공화정에서의 시민권/직이 수반하는 것이 무엇인지를 보여 주고 학습한다. 시민들이 형성되고 시민권/직이 구성되는 장소는 여러 곳이 있겠지만 특히 이곳이다. 시민권/직이라는 이념은 직책 수행을 위한 지침이고, 직책의 '정상적' 요구를 교정하는 수단이며, 공화정의 직책들 사이의 헌정적 관계들이 이미 교란되거나 불안정해진 혁명적 상황들의 안전판이다.

3부

시민들은 어떻게 형성되는가

7장 _ 교육

2부에서 시민들이 하는 일, 자유의 실천을 살펴보았으므로, 이제 시민들이 형성되는 방식, 문화적 재생산과 해방 쪽으로 눈을 돌려 보자. 시민들은 완생完生의 상태로 갑자기 태어나는 것이 아니라, 교육과 경험을 통해 형성된다. 시민의 재생산은 주로 성년의 사회 구성원들이 자유를 실천하면서 이루어진다. 하지만 시민의 재생산은 새내기들과 준準노예적 처지의 사람들, 그리고 특수한 문화·정치 체제에 입장하기 위해 교육받는 중인 아동들이 구성원으로 가입하는 문제이자, 자유인으로 해방되는 문제이기도 하다. 이 장에서는 시민권에 접근하는 경로 중 하나인 아동 교육을 다룬다. 시민이 형성되는 다른 방식들, 가령 이주나 직업 수행의 규율은 후속 장에서 고찰할 것이다.

오늘날의 교육에 대한 불평불만은 흔하다. 비효율적인데 고비용이고, 교과과정과 교수법이 구식이라 탈산업 경제의 삶에 대비하는 수월성 교육은 적절히 이루어지지 못하는 데 반해 재능과 특권이 부족한 학생들은 읽기, 쓰기, 셈하기 같은 기본기를 익히지 못한 채로 학교를 떠나기 일쑤라는 것이다. 제도와 교과과정을 아우르는 교육 개혁이 의제로 올라 있다.

정치에 대한 불평불만도 못지않게 흔하다. 정치인들은 미숙하거나 부패하거나 둘 중 하나라는 것, 정치 과정은 타성과 정체에 물들어 있다는 것, 평범한 시민들은 일상적 정치를 외면하고 사적 향락이나 정치적 극단주의를 향한다는 것이다. 중부유럽과 유럽연합, 이탈리아와 일본 등지에서 정치의 재건이 의제로 올라 있다.

마찬가지로 도덕에 대한 불평불만도 나타난다. 상대주의와 냉담함이 만연하고, 사회적 응집력과 공동체, 책임감과 시민다움이 실종 상태라는 것이다. 그리하여 도덕적 갱생도 의제로 올라 있다.

도덕 개혁과 정치 개혁, 교육 개혁의 의제들이 서로 결합하면서 시민권 교육에 대한 관심이 일었다(Pangle, 1992; Steiner, 1994; Gutman, 1987; De Winter, 1995). 이런 교육을 통해 정치적 능동성과 충성심이 있고, 도덕적 가치와 규범을 보전·존중하며, 격동하는 최첨단 시장에서 너끈히 한몫하는 능숙하고 유연한 시민들을 길러낼 수 있을까? 이 질문에 대한 답을 시작할 수 있으려면, 교육의 어떤 특성이 시민권의 효과적 실천에 필요한지를 반드시 검토해야 한다.

위험한 질문들

이상의 질문들은 위험하다. 왜 그런가? 시민권을 연구할 때 교육으로 선회하는 것은 늘 의심스러운 데가 있는데, 이런 태도가 성인들 사이의 시민적 상호작용을 이해하고 개선하는 데 실패했다는 사실을 종종 숨기기 때문이다. 시민권의 문제들은 성인들이 응당 자체적으로 해결해야 하는 쟁점들과 관련된다. 정치 과정 자체가 가장 중요한 시민권 교육이다. 시민권 교육에 대한 관심은 흔히 무책임한 희망사항을 먹고 사는데, 그 내용인즉 만약 사람들이 지금과 달랐다면 지금 겪는 문제들을 겪지 않았을 것이니, 새로운 인간을 만들어 보자는 식이다. 만일 이런 식의 변형이 속할 만한 자리가 어딘가 있다면, 그곳은 종교와 예술의 영역일 것이다. 정치에는 이런 변형이 들어서지 못하게 해야 마땅한데, 정치에서 이런 변형은 보통 주입과 죽임을 초래하기 때문이다. 따라서 교육과 양육을 시민권 문제의 해결 수단으로 사용해서는 안 된다. 교육과 양육은, 더도 덜도 아닌, 있는 그대로의 시민권에 접근할 수 있게 해야 한다.

아동 교육은 성인들이 겪는 문제들을 해결하는 데 사용해서는 안 된다. 그러나 읽기, 쓰기, 셈하기, 상급의 기술적 숙련에 배타적으로 집중하는 '중립적' 수업을 고집한다고 해서 교육이 이런 식으로 오용되는 일을 피할 수 있다고 생각한다면 오산이다. 교육적 실천/관행에서 불평등과 의존관계는 불가피하다. 따라서 불평등과 의존관계를 상대하고, 차이와 불평등한 취약성을 조직하는 일 역시 불가피하다. (만인이 존중받는 자리와 목소리를 가지게 하는 방식으로) 차이를 조직하는 것이 시민권의 목적이라는 점을 상기한다면, 시민권이 교육적 실천/관행에서 늘 관건이라는 점, 관련자들이 이 사실을 알고 있는지 여부에 관계없이 그렇다는 점을 깨닫게 된다. 학생들은 성인들 특히 교사들이 차이와 의존을 상대하는 방식을 통해 배우고, 교사들이 공동체 구성원들의 상대적으로 약하고 불분명한 목소리들에 주의를 기울이면서 그들의 능력을 북돋는 과업을 계속하는 방식을 통해 배운다. 교육은 불가피하게 시민권의 실천적/관행적 행사/연습 exercise이다.

중립적 학교교육이 선택지가 아닌 두번째 이유는, 시민들이 시민 사회의 나무에서 저절로 자라나는 것이 아니기 때문이다. 가지치기, 즉 정치적 본성을 골라내는 일이 여러 전환점마다 필수불가결하다. 이런 선택을 내리는 사람은 학부모와 교사, 여타 교육 관련자다. 그들의 재량권은 시민권(에 대한 접근)의 요건들에 의해 제약된다. 이때 실정적 요건은 교육적 실천/관행이 정치적 평등의 지위에 대한 접근(의 적정한 기회)을 제공하기 위해 필요한 최저한도를 응당 내놓아야 한다는 것이고, 부정적 요건은 교육의 목적이 무엇이건 간에 교육자들은 시민권의 기초적 요구에 배치되는 수단을 사용하거나 그런 식의 실천/관행들에 관여하면 안 된다(가령 노예제는 어떤 형태라도 안 된다)는 것이다.

문화 교육

교육이 무엇을 수반하는지에 대한 관점들은 다양하다. 여기서는 이들을 모두 검토하지는 않고 필자 나름의 교육관을 대략 보여 주는 정도로 그칠 것이다.

교육은 문화라는 획득[습득—옮긴이]형질의 라마르크적 유전이다. 사람들은 문화에 극도로 의존하고 문화 없이 지낼 수 없다. 근대인에게 있어 생존이란 '문화이거나 아무것도 아니거나' 하는 문제다. 문화들은 가변적이다. 문화 일반을 습득하는 것은 불가능하고 특수한 문화를 습득할 따름이다. 하나의 문화를 습득하려면, 자명하게 주어져 있고 의미의 출현 가능성을 규정하는 하나의 맥락 안에 사는 것이 필요하다(Bruner, 1990). 맥락이 없으면 의미도 없고 문화도 없다. 맥락을 안정시키는 것은 제도들로, 제도들은 우리가 보고 느끼고 생각하는 대상과 방식을 대부분 결정한다. 제도들은 지각과 가치평가, 경험을 구조화한다(Douglas, 1992). 근대 공화정들에는 개인들을 '생산하는' 제도들이 있다. (예를 들어 개별 학생은 **나름의** 과제물을 쓰고 **나름의** 답변을 내놓을 것을 요구받긴 하지만, 이 과제물과 답변은 **제도적** 요건들을 충족시켜야만 한다.) 개인들은 자신들의 제도적 착근성을 망각하고 '태초에 개인이 있었다'고 생각하게 될 수도 있다. 그러나 이런 건망증은 머지않아 개인들의 진정한 개(인)성을 상실하는 것으로 이어진다. 공인된 제도적 계서제가 없으면, 개별 시민의 목소리가 들릴 수 있게 하고 실효적일 수 있게 하는 질서도 없다. 개(인)성이 번성하려면 제도적 계서제라는 맥락이 필요하다. 교육 제도들의 기왕의 계서제가 파편화된 이래 학교의 자리가 불확실해지긴 했지만, 학교는 여전히 문화, 더 정확히 말하면 개(인)성의 문화의 중요한 안정장치이자 전승 기관이다.

이제 이와 같이 파악된 교육과 다양한 시민권 구상 사이의 관계들을 고찰해 보자. 계산적 개인이자 권리의 담지자라는 시민관은, 기술적이고 도구적인 본성을 지닌 개별적 숙련들의 습득, 그리고 개인적 선택과 계산에 기초한 개인적 이해관심의 타당한 이해 같은 차원을 교육에서 강조할 것이다. 공동체주의자는 도덕성과 공통의 가치들이 중요하다고 강조할 것이다. 공화주의자는 공적 봉사 및 정치 참여를 위한 준비태세를 강화할 것이다. 그러면 신공화주의자들의 대답은 무엇일까? 당연한 것이지만, 차이의 조직화를 포함하는 차원의 교육을 강조할 것이다. 이런 관점을 정교하게 만드는 것이 이 장의 주요 과제다. 이를 탐색할 때 다른 시민권 구상들 및 그에 대응하는 교육관은 대조배경 노릇을 할 것이다.

모범시민인 교육자

시민권은 교육의 실천/관행에서 어떤 방향을 제시하는가? 신공화주의자들의 교육관은 무엇인가? 교육적 실천/관행에 참여한다면 그들은 어떤 식으로 행동할 것인가?

신공화주의자는 시민권/직과 교육이 나름의 권리를 갖는 두 가지 구별되는 실천/관행이라고 본다. 신공화주의자는 시민권의 요건을 정식화한 다음 그에 복무하는 교육을 연역적으로 설계하지 않는다. 이들 두 실천/관행의 요건을 결합하고, 필요한 경우에는 한 쪽을 선택하는 것이야말로 교육에 관여하는 시민들이 응당 떠맡아야 하는 어려운 과업이다. 이는 판단을 요하는데, 이론적 공식을 적용하거나 한 실천/관행을 다른 실천/관행에 종속된 것으로 정의한다고 해서 이 판단을 회피할 수는 없다.

교사들은 시민권 요건의 일차적 수신인이다. 그들은 교육적 상황 안에서 자신의 시민권을 실천할 의무가 있는 온전한 성년 시민이다. 교사들은 시민인 동시에 교육자로서, 그들이 양 직책을 결합하는 방식은 시민권/직을 행사하는 유익한 본보기를 학생들에게 제공하지 않으면 안 된다.

다원적 사회에서의 삶을 대비하는 교육은 필연적으로 정치적이다. 시민권의 핵심 덕목이나 능력이 다원성의 조직화라면, 이런 교육은 본성상 시민권을 대비하는 교육이다. 따라서 시민윤리 과목에서 이루어지는 시민권에 대한 명시적 가르침뿐만 아니라 교육 일체가, 통치와 피통치를 형성하는 연습이다. (빠져 있는 것은 통치자 위치와 피통치자 위치의 교대다. 이 어려움은 뒤에서 검토할 것이다.) 교실에서 합류하게 된 사람들은 자신들의 운명공동체를 모든 구성원 각자에게 자리와 목소리가 부여되는 연합으로 변형하는 법을 배운다. 이를 달성하려면 서로의 차이를 조직하지 않으면 안 된다. 실연實演과 학습의 주된 대상은 다원성이 조직되어야 한다는 사실 자체라기보다, 조직화를 이룰 수 있는 **방식** 곧 조치들의 연행목록과 조치들의 적용 지점에 대한 판단들, 이 연행목록이 여타의 연행목록에 부합하게 하는 방식에 대한 판단들이다. 성공적일 경우 이런 식으로 다원성을 조직하면 공동체 성원으로서의 충성심과 정체감이 부산물로 생겨날 수 있다. 하지만 이런 결과를 직접적 목표로 삼는 교육은 효과적이지 않을 것이다. 그런 교육은 충성심과 정체성의 기반이 되는 여러 경험과 능력을 산출하지 못할 것이다.

신공화주의적 시민들은 시민적 능력을 요청하고 예증하는 교육적 상황들 **내부의** 쟁점들에 초점을 맞출 것인데, 가령 폭력적 분쟁을 언쟁으로 변형하는 방식, 다른 관점 사이의 논쟁과 의견교환을 조직하는 방식, 이를 의사결정 및 권위와 관련짓는 방식 등이 그것이다. 그들은 교육적 상황들을 정치의 '프랙털fractal'1)로 볼 것이다. 적어도 어느 지점까지는 그렇게 볼 것인데, 왜냐하면 교육은 일부 대목에서는 정치를 닮았지만, 다른 결정적 대목에서는 정치와 다르기 때문이다. 교육이 청소년들에게 비교적 안전하게 배우고 실험하고 실패하며 예행할 수 있는 보호구역을 제공하는 이유는, 다름이 아니라 청소년들이 온전한 성년 시민들의 능력을 갖추고 있지 않기 때문이다. 청소년들은 성년의 삶에 존재하는 여러 귀결과 함의를 상대하는 데 필요한 자원 및 통찰력을 갖추고 있지 못하다고 생각되는 한에서, 부분적으로 보호받는다. 청소년들은 성년의 세계 및 그 거래관계에 직접 노출되지 않으면서 관련한 이야기를 들을 수 있다. 청소년들은 그곳에서 벌어지는 정치에 관해 배우고, (청소년들이 장차 그 일원이 되겠지만 아직은 아닌) 성년 시민들에게 기대되는 것들에 관해 배운다.

시민권의 관점에서 볼 때 바깥 세상에 대한 이런 식의 가르침에는 두 가지 위험이 도사리고 있다. 학생들은 시민권이 자기 일이 아니라고 생각하게 될 수 있고, 교육적 경험들이 어떤 식으로 자신들의 시민적 능력을 빚어내는지를 알아보지 못할 수가 있다. 그리고 교사들은 더 낫거나 다른 종류의 시민으로 학생들을 빚어낼 수 있다고 생각하게 될 수 있다. 신공화주의의 관점에서 보면, 시민권은 사회적 삶의 제도와 실천/관행 일체에서, 가령 양로원과 정신병원, 첩보기관과 교육 모두에서 관건이 된다. 시민권은 이들 활동을 정리하고 인도하는 하나의 원칙이다. 시민권은 애매하고 격동적인 상황을 대비해 마련한 예비회선으로, 이런 상황에서 시민권은 운명공동체의 모든 구성원을 위한 시민권을 재생산하거나 복원하는 데 기여하는 행위 경로를 선택하도록 도움을 준다. 시민권은 교육 같은 상황, 곧 사람들이 완전히 자율적인 것도, 순전히 노예인 것도 아닌 반쯤 자유로운 상황에서 지도적 원칙으로 작동한다. 시민들의 자유는 주어진 소유물이 아니고, 의존상태에서 자율성을 향하는 운동 **내부에서** 출현하는 것이다. 이 관점을 받아들인다면, 의존상태의 학생들을 능력 있는 성인들로 인도하는 과업을 띤 교육은, 첫 인상과 달리 시민권을 빚어내고 건설하며 실천하는 데 꽤 알맞은 경험이다.

시민권의 고려사항들을 지침으로 삼는 교육적 상황들에서 참가자들은 무엇을 배우는가? 사회적 능력과 의사소통 숙련을 습득한다. 행위들과 결과들이 도덕적·사회학적으로 관련되는 방식을 배운다. 공유지의 딜레마, 과두제화, 사적 악덕과 공적 편익 같은 명증하지 않은 사회적 기제들, 그리고 이들 기제를 규정하는 조건들에 관한 정보를 얻는다. 아울러 차이를 다루는 여러 제도, 가령 위원회, 선거, 대표기관, 판사와 배심원, 그리고 권위를 지닌 모든 직책에 관한 가르침을 얻고 소규모로 참여한다. 이로써 참가자들이 심의적 판단에 쓰이는 수단들을 습득하고, 자의적 주관성과 독단적 충성심이라는 양 극단을 피하는 법을 배울 것이라는 희망을 가질 수 있다.

성숙도의 문제와 여타 딜레마들

이와 같이 신공화주의적인 시민권 구상은 몇 가지 교육적 사안에서 방향과 지침을 제공한다. 그러나 이 구상이 여전히 포괄하지 못하는 주요한 교육적 딜레마가 있는데, 성숙도의 문제가 그것이다. 인간 지식과 학습의 특정 요소들은 준비되지 않은 아동들에게 제공하지 말아야 한다는 것이다. 준비정도는 선행단계의 학습과 발달에 달려 있는 것으로 가정된다. 모든 교육자는 발달단계 관념과 이 발달단계에서 본인의 학생이 점하는 위치에 대한 관념을 어느 정도 가지고 있다. 대부분의 발달 이론에서 단계 하나를 건너뛰는 것은 해로운 것으로 가정된다. 플라톤(Plato, *Politeia* VII:537~540)(플라톤, 1997, 494~502쪽)은 변증술dialectic에 참가하는 것이 30세 이하의 사람들에게는 파괴적일 것이라고 생각했다.[1] 자녀들을 성인으로 대했던 60년대 세대의 부모들이 오늘날 흔히 인정하는 사실은, 그 결과 자식들이 성장을 거부하면서 어린 시절 인정받지 못했던 발달단계에 갇혀 버렸다는 것이다.

성숙도는 교육자들의 주요 딜레마인데, 여기에는 학생들을 시민권의 방향으로 인도하고 싶어 하는 교육자들도 포함된다. 시민권이 요구하는 것은 통치와 피통치의 교대, 다양한 도덕적 신념과 생활양식을 상대하는 일, 통상 당연시하는 것들을 비판적으로 사고하는 일이다. 그러나 이런 활동들에 의미 있게 관여할 능력이 있다면 이전에 분명 통치받는 것이 무엇인지 경험했을 것이고, 일차적인 도덕적 신념들(모어 같은 모태 도덕)을 습득했을 것이며, 사건과 행위에 의미를 부여할 수 있는 안전하고 '자연스러운' 맥락을 제공받았을 것이다(맥락이 없다면 의미도 존재할 수 없다). 시민들 사이에 존재하는 권위와 관용, 비판의 요건들은 이차적이거나 메타적인 성격을 갖는다. 즉 이들 요건의 재조직 대상이 되는 일차적 태도와 책무의 사전적 실존 및 기초훈련을 전제한다. 선행 발달단계에서 시민권의 이차적 요건의 기초훈련은 불

---

1) 원문에는 VIII권으로 되어 있는데 착오로 보여 바로잡았다.

충분하게 마련이지만, 만일 일차적 태도와 책무도 그런 식이면, 시민권의 이차적 요건에 노출될 경우 그 변용·조직화 대상으로 가정된 일차적 재료와 책무는 파괴되고 말 것이다. 아동들은 조숙한 상대주의나 자의적인 독단주의로 미끄러지게 될 것인데, 두 태도 모두 시민권의 책무에 해롭다. 아동이 되는 권리를 인정받지 못한 아동들은 성장할 수 없다.

따라서 시민권의 온전한 요건 및 그에 수반되는 권리를 아동들에게 처음부터 부여해서는 안 된다. 그 적용가능성은 성숙도에 대한 판단에 달려 있다. 이 판단은 결국 교육자의 발달 이론, 그리고 학생의 현 발달단계에 대한 교육자의 추측에 달려 있다. 이런 추측에 근거하여 학생들은 교실별로 묶이고 그에 맞는 대우를 받는다. 교육을 통해 시민권에 접근하는 것은 교육자들의 판단들과 이론들에 크게 좌우된다. 예상컨대 이들 판단과 이론은 편견으로 가득할 것이다. 그러나 편견과 싸우는 통상적 방식이 여기서는 통하지 않는다. 온전한 비판적 시민답게 결정하라는 조급한 요구를 받은 학생들은 이로 인해 온전한 시민권에 대한 접근을 부인당하게 된다. 교육적 이론과 판단들에 대한 실효성 있는 시민적 비판은, 따라서 간접적 방식 위주여야만 한다. 이 비판을 제기하는 이들은 학부모와 그 밖의 학생 대리인들일 것이고, 비판의 성격은 통상 일반적이어서 실제의 교육적 상황들에 간섭하지 않을 것이다. 이런 간섭은 억압과 차별이 분명한 경우, 곧 노예제를 지향하는 교육이거나 노예제적 정신에 따른 교육인 것이 분명한 경우에만 권고될 것이다.

성숙도 외에도 신공화주의적 교육자들에게 계속 문제가 되는 다른 교육적 딜레마가 몇 있는데, 기존의 시민권 구상들을 고수하는 이들에 비해서는 문제가 되는 정도가 덜하긴 하다. 기존 시각에서 충성심, 규율, 평등 같은 일반적 태도와 합의는 학생들이 습득해야 하는 것으로 되어 있던 시민적 자질이자 최종적 가치였다. 신공화주의의 시각에서는 다원성의 조직화를 강조하기 때문에, 이런 자질이나 가치는 온전한 시민권의 중심 성분은 아니다. 이들은 시민권으로 향하는 도정에서 이루어지는 교육의 일부 단계에서는 필수적인 지지대이지만, 온전한 시민권의 핵심 요건은 아니다. 온전한 시민권의 단계에서 이들은 상대화와 비판, 변용의 대상이다.

합의와 관련하여 이를 예증해 보자. 다수의 이론에서 합의는, 시민들이 평화롭게 더불어 행위하는 데 필요조건으로 간주된다. 이 추정을 4장에서 비판했는데, 거기서 필자는 합의가 조건이 아니라 시민들이 공을 들여 해결해야만 하는 문제라고 주장하였다. 합의는 시민 활동의 전제조건이라기보다 그 바람직한 결과다. 따라서, 교실에서 이루어지는 시민 교육의 요점은 확정적인 방식으로 존재하게 될 가치와 의미의 통일체를 제공하는 것이 아니라, 합의라는 결과를 이끌어 낼 수 있는 방식으로 차이를 상대하는 능력을 습득하는 것이 될 것이다.

비슷한 논증이 교육에서의 충성심, 규율, 평등의 딜레마에 적용된다. 충성심, 규율, 평등은 신공화주의 시민권의 일반적 가치도 아니고 필요조건도 아니다. 시민 활동들이 얻고자 하는 특정적 결과는 충성심 일반이 아니라 공화정에 대한 충성심이고, 일반적 복종이 아니라 통치의 직책을 이행하는 시민들에게 복종하는 규율이며, 사회적 평등이 아니라 정치적 평등의 지위에 대한 만인의 접근권이다. 시민권에는 질서/명령order의 규칙 수용이 포함되는 동시에, 규칙을 비판하고 바꿀 자유도 포함된다. 시민들이 실효성 있는 목소리를 갖고자 한다면, 시민들의 목소리를 듣고 유념할 수 있는 확립되고 존중받는 질서, 곧 계서제가 있어야 한다. 그런 계서제가 없다면 어떤 목소리도 들리지 않는다. 다른 목소리처럼 시민의 목소리는, 들릴 수 있고 그 뜻이 통할 수 있는 질서가 필요하다. 다만 공화정에서 특별한 점은, 시민의 목소리가 이 목소리를 떠받치는 계서제 자체에 정당하게 도전할 수 있고 그 변용을 꾀할 수 있다는 것이다. 그러나 시민의 목소리가 계서제에 의존한다는 사실을 완전히 잊는다면, 목소리는 머지않아 들리지 않게 될 것이다. 개인이 자신의 '독립성'을 떠받치는 제도적 지지대를 잊는다면, 머지않아 자율성을 잃게 될 것이다.

파편화와 경험의 회피

이상의 고찰에서 우리는 학교와 가족이라는, 보호받는 교육적 상황을 전제하였다. 그러나 동시대 사회에서 학교와 가족은, 한때 그랬던 것처럼 과점적이고 총체적인 제도들이 더 이상 아니다. 교육적 경험은 다수가 이들 제도 바깥에서 일어난다. 아동들은 소비를 하고, 디스코장에 가고, 해외여행을 가며, 컴퓨터 게시판에서 폭탄 제조법을 배우고, 텔레비전을 시청하고, 광고를 즐긴다. 이런 식으로 교육적 경험의 장소가 이동하면서 두 가지 결과가 나타난다. 첫째, 학교와 가족은 여러 조직 가운데 하나가 되어 버렸다. 교육자들은 다른 조직들 가운데에서 자신의 자리를 조직해야만 한다. 가족들에서는 "언제 식구들끼리 모여서 밥 한 번 먹자" 같은 얘기가 심심치 않게 흘러나온다. 둘째, 학교와 가족이 아동들에게 경험을 강제하고 그로부터 배울 것을 강제하는 자명한 환경이라는 것은 옛날 얘기가 되어 버렸다. 동시대 사회의 학생들에게는 불쾌한 경험들을 회피할 수 있게 해주는 탈출구가 여럿 있다. 이렇게 해서 학생들은 불행과 고통, 잔혹을 회피할 수 있지만, 마찬가지 이유로 실전 경험에 동반되는 학습 역시 회피할 수 있다.

학생들이 실생활이라는 학교에 폭넓게 접근하게 되면, 교실과 가족에서 경험하고 배우는 것이 이렇듯 부족하더라도 보충이 되지 않을까? 만델라와 하벨, 도스토예프스키F. M. Dostoyevsky는 실생활이라는 학교에서 명성의 비결을 배우지 않았던가? 그렇기는 하지만, 다수의 청소년은 실생활이라는 학교에서 이런 식으로 이득을 볼 수 없다. 그들에게는 선택지, 즉 학습으로 이어지는 경험에서 달아날 기회가 차고 넘친다. 그리고 선택의 여지가 거의 없는 곳, 가령 시카고 남부의 어떤 열 살짜리 소년들처럼, 죽거나 깡패 무리에 들어가거나 따위의 선택지밖에 없는 경우 학습은 너무 일면적이어서 시민권에 필요할 능력을 망가뜨릴 수 있다.

난로에 손을 데는 아이에서 보듯 경험은 학습에서 필수적이다. 선택지가 많고 경험에서 달아날 구멍이 많을수록 학습은 줄어든다. 가족과 학교에서 이루어지는 교육은 학습에 필요한 보호된 환경을 제공했다. 일부 경험, 따라서 어떤 종류의 학습은 배제되었다. 그러나 다원적 소비자 사회 역시 경험과 학습에서 달아날 수 있는 기회를 풍부하게 제공한다. 가용 정보가 막대하지만, 사람들을 묶어 주고 정보와 의미를 연결하는 자명한 맥락은 빠져 있다. 맥락의 희소함은 의미와 경험의 희소함(희박함)으로 이어지고, 이는 결국 빈약하거나 피상적인 학습으로 이어진다. 필자가 보기에는 이런 것이, 교실에서 규율과 도덕성을 강화해야 한다고 부르짖는, 전체적으로 번지수를 잘못 찾은 외침에 담긴 일말의 진실일 것 같다.

누가 교육자를 교육하는가?

신공화주의 교육자들은 유소년에게 있어 일차적인 모태 도덕의 필수 불가결성을 인정할 것이다. 그보다 연령대가 높은 아동의 경우에도, 도덕성과 가치 보유의 중요성을 계속해서 강조할 것이다. 가치(우리가 소중하게 간직하는 것)가 없으면, 고통스러운 경험과 지각, 가치평가는 좀처럼 발달할 수 없다는 것이다. 하지만 신공화주의 교육자들은 도덕 교육과 시민권 교육 사이의 등식을 거부할 것이다. 다수의 도덕성에 대하여 시민권은 메타적 지위를 갖는데, 여기서 메타적 지위라 함은 상위 질서가 아니고 **다른** 질서를 뜻한다. 시민권은 갈등을 빚는 도덕성들과 관련되고 다양한 도덕적 신념들의 조직화와 관련되는데, 이 갈등과 다양성은 사람들 사이에도 나타나지만, 동시에 한 사람이 이행하는 역할들이나 직책들 사이에도 나타난다. 종교의 자유 이후 도덕성의 자유는 확립된 원칙이 되었다. 혹자가 생각했던 것처럼 종교나 도덕성의 중요성이 낮아져서가 아니라, 그 중심성이 아주 강한 까닭에 이들의 차이를 평화적으로 조직하는 법을 최선을 다해 배워야 하기 때문이다. 이는 통일성이나 합의를 부과하거나 전제한다고 될 일이 아니다.

통일성은 상이한 당사자들이 스스로의 손으로 창출해야만 한다. 공화정의 여러 제도는 시민들에게 통일성을 창출할 수 있는 환경과 수단을 제공한다. 교육 제도들은 응당 이 제도적 현실에 대한 접근을 촉진해야 하는데, 그러나 교육에 특정적인 제도적 성격을 약화시키지는 않으면서 그렇게 해야 한다.

익히 예상할 수 있는 것처럼, 교육자들은 이 과업에서 때로 실패를 겪을 것이다. 교육자들은 잔혹함이나 게으름 때문에 학생들에게 해를 끼칠 수 있다. 그러나 심지어 의도가 선하다 할지라도, 교육에서 실질적인 피해가 발생하는 것을 방지하기에는 불충분하다. 학생들이 학습하고 성장하는 데 필요한 바로 그것을 교육자들이 주지 않는 경우도 있는 것이다. 시민권과 교육에 대한 다른 모든 접근법처럼 신공화주의는, 일이 잘못 돌아갈 때, 권고가 작동하지 않거나 예상대로 이행되지 않을 때 무엇을 할지 반드시 고려해야 한다. 교육과 시민권에 대한 하나의 접근법을 판단할 때, 밝은 면뿐만 아니라 어두운 면, 즉 일이 잘못 돌아갈 때 어떻게 피해를 줄일 것인가 하는 문제도 반드시 고려해야 한다. 가령 교육자는 누가 통제하고 교육할 것인가?

당연한 얘기지만, 신공화주의 시민권 이론이 영원히 결정적인 이 질문에 최종적인 답변을 내놓을 수는 없다. 하지만 신공화주의는 이 질문을 다룸에 있어 경쟁 관계에 있는 다른 이론들에 비해 두 가지 이유에서 다소 유리하다. 첫째로 **정치적** 평등(에의 접근)으로서의 시민권이라는 제한된 구상 때문이고, 둘째로 교육적 실천/관행을 포함한 삶의 모든 실천/관행에서 벌어지는 비상사태에 대비하는 예비회선으로서의 시민권이라는 관념의 광범한 적용가능성 때문이다. 시민의 재생산은, 교실에서 의회까지 모든 수준에서 이루어지는 교육의 정치에서 중요한 가치다.

시민권에 대비하는 프로그램을 설계하고 운영하는 것은 이론과 실천 모두에서 곤란하고 골치 아픈 일이다. 시민권을 행사하는 데 요청되는 숙련들은 선천적으로 주어진 것이 아니라, 특정 문화를 실천하고 명시적으로 교수·학습하면서 습득되는 것이다. 시민권 접근의 궤도는 어떤 형태를 띨 수 있을까? 여기에서 시민권의 자유들이 온전히 적용될 수 없다는 것은 당연한데, 관련자들이 요청되는 능력을 결여하고 있(는 것으로 되어 있)기 때문이다. 따라서 궤도의 진입부는 이 궤도가 향하게 되어 있는 최종 상태 즉 시민권에서는 금지되는 제약들(규율과 강제와 설득의 혼합물)을 특징으로 할 것이다.

시민권을 향한 궤도에는 시민적이지 않은 특성들이 있다. 장래의 시민들이 이 궤도 안에 머물러야 하는 기간은 얼마나 되고, 이 궤도의 끝에는 어떤 시험용 관문을 설치해야 하는가? 온전한 시민들이 실제로 충족시키는 요건을 초과하거나 여기에서 벗어나는 요건은 어떻게 하는가? 그리고 응당 가르쳐야 하는 내용은 실제로 무엇인가? 이런 질문들에 일관성 있는 답변을 내놓아야만 아동들은 그들에게 필요(하다고 우리가 생각)한 것을 얻을 수 있을 것이다. 소비자 사회의 기쁨과 정치적 갈등의 쓰라림을 배우는 것과는 다른, 진정한 교육 말이다. 답변들이 전반적으로 동일할 필요는 없지만, 개별 교육 제도와 궤도 내에서는 일관성이 반드시 필요한데, 신뢰와 훈련은 안정성과 확고함을 요청하기 때문이다. 동시에 우리 모두 알다시피 교육은 불가피하게 문화적이기 때문에, 이런 '국지적' 일관성은 교실과 특수한 교육 제도 바깥에서는 도전받을 수 있다. 시민권의 사회적·문화적 조건에 관해서는 알려진 바가 거의 없으며, 따라서 시민권에 접근하기 위한 학습 프로그램을 설계하려는 일체의 시도는 극도의 위험을 안게 된다.

8장 _ 가입과 배제

화제를 학부모 시민들의 아동 교육에서 이방인들의 가입으로 전환하면, 시민권 준비 프로그램 자체만이 아니라, 사람들에게 종내 온전한 시민권을 허가할 것인지 여부를 결정하는 문제 역시 다루어야만 한다. 시민권은, 집을 마련하는 것과 마찬가지로, 불가피하게 국지적이고 문화 면에서 특정적이기 때문에, 세상 사람 모두를 동시에 시민권에 가입시킬 수는 없는 노릇이다. 시민들이 사용해도 되는 선발 원칙은 무엇인가? 이는 사소한 문제가 아닌데, 선발을 통해 시민들이 운명공동체의 윤곽을 그리기 때문이다. 시민들이 (우연, 운명, 역사, 또는 선택에 의해) 관련을 맺고 있는 사람들의 집합을 정의하는 방식들은 구속력이나 규정력이 대단히 강하기 때문에, 시민들 사이에 존재하는 평등으로 변형되어야 마땅하다.

가입 결정은 시민으로 관련을 맺을 자격이 있는 이들의 공동체를 정의할 뿐만 아니라 '무자격자들', 곧 시민들이 적으로 간주하는 이들, 또는 시민들이 관심이 없거나 자신들과는 희박하고 피상적인 관계만 있다고 간주하는 이들을 배제하기도 한다. 아늑한 내부, 차가운 외부.

배제는 시민권과 결부된 고귀한 관념들의 어두운 이면이다. 만인을 위한 평등과 자유라는 전제에서 출발하여 배제를 정당화하기는 어렵다. 시민권의 반대말은 노예제와 독재다. 일부가 누리는 시민권의 대가가 다른 이들이 겪는 노예제와 부자유라는 점을 일단 인정하게 되면, 시민권의 기쁨에는 오점이 생긴다. 이 때문에 일부 사람들은 국지적인 수준에서 세계적인 수준으로 초점을 옮겼다. 그들의 목표는 세계 시민권이거나 만인이 국지적 시민권에 접근할 수 있는 세계 질서, 또는 관국민적 소속과 국제이주의 권리들이다(Bauböck, 1994; Soysal, 1994). 이런 노력들은 만인을 위한 시민권을 만방에서 확보하려 한다는 점에서 칭송할 만하지만, 시민권의 차별성과 예리함을 잃게 만들기 쉽다는 난점이 있다. 지혜와 실효성은 무리한 확장과 배타성 사이 어딘가에 있는데, 거기가 정확히 어디인지는 아무도 모른다.

이 장의 전반부 두 절에서는 규범적인 논증과 실제적인 정책들에서 제기되는 가입 문제를 고찰한다. 3절과 4절에서는 시민권 배제의 여러 형태를 간략히 다룬다. 배제는 가입의 거울상으로 간주되곤 하는데, 이런 생각은 가입 기준이 배제 기준과 동일하다는 추정에 근거한다. 그렇다면 어째서 배제를 다루는 별도의 절을 두는가? 거울상이 적용되는 것은, 문제가 되는 특정 정체의 시민이었던 적이 전혀 없는 이들을 배제하는 경우에 한하기 때문이다. 현재 시민이거나 한때 시민이던 이들을, 부분적이든 총체적이든, 배제하는 일은 완전히 다른 문제로, 새내기들의 가입을 다루는 규칙들에 따라 이 문제를 규제하는 것은 옳지 않다. 반역자, 부역자, 미치광이, 그리고 사기꾼들을 배제하는 일은 고려의 여지는 있지만, 애초에 가입 자격이 없었을 것이라는 가정을 배제의 근거로 삼을 수는 없다. 게다가 시민권을 일단 획득한 다음이라면 시민권에서 추방하는 것은 결코 정당화할 수 없다고 주장할 충분한 근거가 있다.

당연한 일이지만, 가입과 배제를 하나의 장에서 다루는 데에도 상당한 이유가 있다. 양자는, 때로 고통스럽게, 이 특정 정체의 시민이 된다는 것이 무엇이고 되지 않는다는 것이 무엇인지 보여 줄 뿐만 아니라, 상황에 따라서는 불편한 방식으로 부득불 서로를 건드리기 때문이다. 이래야 하는 이유가 무엇인가? 가입의 목표는 사람들을 평등한 시민으로 포함하는 것이다. 이런 식으로 포함되는 것, 즉 이런 식으로 정치적 평등의 지위에 접근하는 것을 보장하기 위해서는, 한편으로 시민권을 행사하는 데 요건이 되는 최저한도의 자질을 갖춘 사람들과 다른 한편으로 현재로서는 (아직) 갖추지 못한 사람들을 범주별로 구별 짓고 구획하는 일이 때로 필요하다. 새내기들의 가입을 즉시 허가하는 일은 좀처럼 일어나지 않는다. 대개는 온전한 시민권 앞에 놓은 마지막 장애물이 해제되기 전까지 다양한 절차와 '검문검색'을 통과해야만 한다. 이 절차들이 진행되는 동안 새내기들은 따라서 시민권에서 배제된다. 시민들의 정치에 적정하게 접근할 수 없는 소수자/약세자의 일원, 재소자, 정신질환자, 아동의 예에서 우리는 비슷한 구획 및 배제와 마주치게 된다. 이들 모두에게는 평범한 시민들 사이에서 통용되는 것과는 다른 특별 대우가 필요한데, 그 이유는 바로 이들이 시민권 행사에 요청되는 최저한도의 자질을 결여하고 있기 때문이다. 이런 구획은 새내기들과 당분간은 '정상적' 기능을 할 수 없는 이들에게 공히 적용되는데, 여기에는 해방을 향한 운동을 빙자한 반영구적 불평등과 계서제, 은밀한 배제의 위험이 따라붙는다. 시민권/직 및 (6장에서 고찰한) 여타의 소위 '고위급' 또는 특별 직책의 사례와 마찬가지로, 시민권/직의 최저 요건에 '미달한다'고 가정되는 사람들의 경우에도, 지배적 가치는 시민권/직에 대한 접근권이다. 차이가 있다면 여기에서 시민권/직은 여러 가치 중 하나라기보다 장차 극대화해야 하는 가치다. 이는 다른 대우를 받는 사람들의 위치가 시민권/직에 정반대되는 특성들을 갖기 때문이다.

가입 청구권들과 거절의 근거들

특정 공화정의 새로운 시민으로 가입하기 위해 개인들은 여러 가지 청구권을 주장한다. 신공화주의의 관점에서 일견 수용가능한 청구권은 세 가지 범주로 정리할 수 있다. 첫번째 원칙은 시민 후보와 공화정의 상호동의다. 두번째 원칙은 운명공동체의 원칙이다. 이 원칙은 가입 청구의 근거를, 시민권 후보자들이 구성원이 되고 싶어 하는 국가의 권력에 이미 종속되어 있다는 사실에 둔다. 세번째 원칙은 부정적인 것인데, 이에 따르면 시민 지망자의 청구가 타당한 이유는 그가 이곳이 아니면 세계 어느 곳에서도 시민권에 접근할 수 없는데, 어딘가의 시민권은 응당 만인에게 가용해야 하기 때문이다. 이런 사람의 시민권 신청을 거절하게 되면 이 사람을 무국적자로 만들어, 이 세계에서 그의 시민권을 사실상 부인하는 셈이 된다는 것이다.

첫번째 원칙인 상호동의는 쉽고 단순해 보인다. 쌍방의 의견이 일치하는데 문제될 게 무에 있는가? 그러나 다른 당사자들은 의견을 달리할 수도 있다. 제3자 입장에서는 새내기를 들이지 않았다면 자기 몫이 되었을지 모르는 일자리 때문에 박탈감을 느낄 수도 있다. 가입을 허가받지 못한 이들은 가입을 허가받은 이들 때문에 불공평하다고 느낄 수도 있다. 그리고 제2차 세계대전 중 자기네 조국을 위해 일했던 독일 과학자들을 전쟁이 끝난 뒤 미국 시민으로 받아들여야 할 까닭이 무엇인가, 그것도 이들 새내기 미국 시민이 등진 황폐한 나라에서 집 없는 고아들이 생계를 꾸려나가야 하는 상황에서? 실전에 적용할 때 이런 어려움들이 있긴 하지만, 그 원칙 자체는 신공화주의의 시각에서 보자면 나무랄 데가 없다. 선택과 자유는 공화정의 중심된 가치다. 시민들이 새로운 구성원을 받아들이겠다고 선택한다면, 가입을 허가할 이유는 충분한 것이다.

더 문제는 두번째 원칙인데, 이에 따르면 사람들이 일상생활과 중기 전망 면에서 그 국가 권력에 종속되는 것을 피할 수 없을 때 그들은 시민이 될 수 있는 청구권을 갖는다. 이 원칙이 문제적인 까닭은 운명공동체라는 다툼의 여지가 있는 생각에 근거를 두기 때문이다. 이런 공동체는 사람들이 피할 수 없는 방식으로 연결되어 있을 때 존재하는데, 그 연결방식은 신체적이고(또는 신체적 현존처럼 직접적으로 작동하는 상징적 공간을 무대로 하고) 체계적이다(대기를 오염시키는 공장은 시민과 외국인 체류자를 구별하지 않는다). 그러나 사람들은 무엇이 피할 수 있는 것인가 하는 논점에서, 경험적으로나 규범적으로나 견해를 달리한다. 어떤 이가 강조하는 체계적 연결을 다른 이는 볼 수 없거나 무시하고 싶어 하는데, 이유인즉 이를 적절하게 상대하는 방법을 찾아낼 수 없기 때문이다. 운명공동체는, 사람들이 그들의 생활방식에서 본질적인 것을 끊어 내지 않고서는 서로를 피할 수 없을 때 존재한다. 그러나 무엇이 본질적인 것인가에 대한 견해는 다르다. 그리고 서로를 피하지 않는 것이 당신의 생활방식을 파괴하는 것이기도 하다면 어찌 할 것인가? 첫번째 원칙처럼 두번째 원칙도 신공화주의의 관점에서는 나무랄 데가 없지만, 이 원칙을 실전에 적용하는 일에는 훨씬 더 많은 문제와 갈등이 따라붙는다. 운명공동체의 윤곽을 정의하는 일 자체가 정치적 갈등의 대상이 되곤 하기 때문이다.

시민권 접근 청구의 근거가 되는 세번째 원칙은 신공화주의의 관점에서 보자면 가장 취약한데, 공화정의 지평과 힘을 넘어서는 원칙이기 때문이다. 세계의 모든 사람에게 양질의 시민권을 부여하는 공화정이 존재해야 한다는 요청은 세계적 수준에 위치하는 데 반해 실효적 시민권은, 현재까지 우리가 아는 바로는, 국지적이다. 공화정의 실효적 사정권을 벗어나 세계적 수준에 적용될 경우 시민권은 예리함을 잃어버린다. 여러 제도에 의한 뒷받침과 실현이 충분하지 않은 이상이 되는 것이다. 세계 시민권을 발전시키려는 여러 노력은, 생래적으로 국지적인 시민권의 성격 때문에 좌초되고 말았다. 세계 무대, 이른바 국제 사회는 기껏해야, 왈저Michael Walzer(Walzer, 1994)식으로 말하면 얇거나 최소주의적인 도덕 논증의 장소이다.[1] 두꺼운 도덕 논증들

---

1) 공동체주의 성향의 미국 정치철학자 마이클 왈저는 1994년 *Thick and Thin : Moral Argument at Home and Abroad*라는 제목의 책을 발표했는데, 제목에서 보듯 두꺼움(Thick)은 국내(Home) 곧 특수성, 얇음(Thin)은 국외(Abroad) 곧 보편성에 대응한다. 이로써 왈저는 특수성과 보편성의 관계를 두꺼움과 얇음의 관계에 비유할 수 있다는 것, 즉 나름의 깊이를 품고 있는 차원들이 겹쳐서 얇은 공통 부분이 만들어지듯, 보편성은 특수성에 선행하는 것이 아니라 특수성들의 공통 부분으로 후행한다는 것을 주장한다. 여기서 휜스테런은, 시

은 대내 공화정의 영역과 그 직접적 환경 안에서는 존재하지만, 이들 논증을 세계적 수준에서 사용하면 효과가 없고 오해를 야기한다.

세번째 원칙은 추상적으로는 수용되지만, 사실 공화정에서 적용되는 것은 이 원칙이 두번째 원칙의 아종亞種으로 재구성될 수 있는 경우, 즉 운명공동체를 닮은 무언가 특별한 관계가 시민 후보와 특정 공화정 사이에 존재하는 경우에 한정된다. 그 '특별함'은 퍽 얇아 보일 수 있지만(가령 이 공화정이 어쩌다 보니 정치적 난민들이 처음으로 피신한 곳이라는 사실이 특별함의 요체일 수 있다) 난민들이 처음 도착한 곳이 이웃 공화정이라는 근거를 들어 난민들을 거절하는 나라들의 '두꺼운' 논변들에 의해 재빨리 강화될 수도 있다. 당연한 말이지만, 신공화주의자들은 공화정에서 누리는 시민권이 세계의 모든 사람에게 가용해야 마땅하다는 견해에 동의하지 않을 수 없다. 하지만 이 원칙을 발효하기 위해 신공화주의자들이 할 수 있는 행위의 범위는 세계적이 아니라 국지적일 따름이고, (자신들과 국지적이고 특수한 방식들로 연결되어 있는) 일부 개인들을 위한 것일 뿐 그렇지 못한 다른 사람들까지 포괄하지는 못한다.

일견 수용가능한 가입 청구권이 늘 결정적일 필요는 없다. 이들 청구권을 진지하게 고려하는 것이 공화정의 의무이긴 하지만, 후보자들이 시민권의 요건을 충족시키지 못한다거나 그들을 받아들일 공간이 없다는 이유를 들어 그들을 거절할 수도 있는 노릇이다. 이처럼 가입

민권이란 국지적일 수밖에 없기 때문에 세계적 차원에서 시민권을 설립하려는 시도는 비현실적이라는 자신의 주장을 뒷받침하기 위해 왈저를 원용한 것으로 보인다.

을 거절하는 근거들에 포함되는 것은 무엇이고 타당성은 있는가? 수용 조건으로 흔히 네 가지가 제시되는데, ⓐ 일반적인 시민 능력, ⓑ 이 특정 정체의 구성원으로서 행위할 수 있는 능력, ⓒ 지역 문화의 수용, ⓓ 새로운 시민을 받아들일 충분한 공간이 그것이다.

요건 ⓐ는 다소 자명하다. 시민이 되고 싶은 이들은 필히 대화 수행 능력을 갖추어야 한다. 그들은, 어느 정도까지는, 다른 시민들과 논쟁을 하고 말을 주고받으며 이런 대화에 근거하여 판단을 형성할 준비가 반드시 되어 있어야 한다. 또한 그들은 스스로의 행위를 말과 (적어도 어느 정도까지는) 일치하게 만들 능력과 의지를 필히 갖추어야 한다.

요건 ⓑ는 공화정의 정치적 생활방식, 그리고 갈등을 상대하는 공화정의 법적·정치적 제도들에 대한 쓸모 있는 지식 및 존중과 관련된다. 이 정체의 삶에 참여하기 위해 시민 지망자들은 공적 의사소통에 쓰이는 언어들 가운데 적어도 하나를 반드시 이해해야 하고, 이 정체의 법 특히 법을 바꾸는 법을 반드시 존중해야 한다. 일단 시민 지망자가 시민이 되고 난 다음에는 정치문화를 바꾸는 정치 활동에 참가할 수 있을 것이지만, 새내기일 때는 그 문화를 수용할 때에만 입장이 가능하다. 이 요건은, 언뜻 보기에는 명백한 것 같지만, 지배적인 정치문화의 요건들이 새내기 나름의 '심층적' 믿음 일부와 갈등을 빚을 경우 새내기에게 심각한 문제가 될 수 있다. 5장에서 우리는, 공화정이 어떤 식으로 시민들 사이에서 생겨나는 '심층적인' 집단간 차이를 담아낼 수 있는지 검토하였다. 공화정 자체의 지속이나 시민들의 재생산을 위험에 빠뜨리지 않는다면, 공화정은 할 수 있는 모든 일을 해야 마땅하다. 일견의 시민 가입 청구권을 보유한 새내기들의 경우에도 동일한 결론이 적용된다.

시민 후보들이 (국민적이건, 전통적이건, 또는 다른 무엇이라 불리건 간에) 지역 문화를 수용해야 한다는 세번째 요건은 신공화주의자들이 정면으로 거부하는 것이다. 시민권에서 문제는 문화적·사회적 차이들을 상대하는 방법들을 수용하는 것이자 관련 능력을 갖추는 것이지, 어쩌다가 지배적이 되거나 유행하게 된 생활양식 하나를 수용하는 것이 아니다. 이 점에서 신공화주의자들은 시민권에 관해 공동체주의적인 관점을 견지하는 이들과 뚜렷하게 다르다.

네번째 요건은 나라가 '만원'滿員이라는 이유를 들어 일견 수용가능한 입장 청구권을 가진 시민들을 거절하는데, 이 요건은 늘 의심스러운 것이긴 하지만 세번째 요건과 달리 반드시 부당하다고는 할 수 없다. 심지어 주어진 운명공동체 안에서도 구성원 모두를 위한 항구적인 자리가 존재하지 않을 수 있다. 일례로 1944년 연합군의 노르망디 상륙 작전이 진행되는 동안 어떤 이들은 먼저 나아가 죽어야만 했다는 것을 기억하자. 공화정은 만원이거나 더 정확히 말하면 '흘러넘칠' 수 있는데, 이는 일부 사람들의 자리를 부인하지 않으면 공화정이 살아남을 수 없다는 의미다.

근거 ⓒ는 즉각 거부해야 한다. 나머지 근거들은 원칙적으로 타당한데, 근거의 적용 시에는 상황적 판단이 필요하다. 이들 근거가 모든 상황에서 동등한 정도의 설득력을 갖는 것은 아니기 때문이다. 예컨대 가치를 인정받은 축구 선수나 관리자, 과학자의 경우처럼 상호동의에 근거하여 입장을 청구할 때, 거절의 근거로 들 수 있는 것은 ⓐ와

ⓑ, 또는 ⓓ다. 입장 청구의 근거가 운명공동체, 국가 권력에 대한 사실상의 종속일 때, 거절의 근거는 일반적이고 특정적인 시민 능력의 결여 곧 ⓐ와 ⓑ이지만, 새내기가 들어올 자리가 없다는 논거 ⓓ는 아니다. 반대로, 가입 청구의 근거가 이곳 말고는 세상 어디에도 시민 지망자들을 위한 자리가 없다는 사실일 경우에는, 자리가 없다는 논거(ⓓ)는 원칙적으로 타당한 데 반해(공화정이 세계 인구 전체를 구성원으로 받아들이는 것은 불가능하다), 시민 능력이라는 논거(ⓐ, ⓑ)의 설득력은 이상에서 살펴본 다른 상황들에서보다는 훨씬 약화된다. 여기에서 일차적 관심사는 이 사람이 시민 노릇을 할 수 있는 자리를 확보하는 것이지, 그가 장래에 시민권을 얼마나 잘 행사할 수 있는지가 아니기 때문이다.

가입 정책들과 실천/관행들

이상이 신공화주의의 원칙들이다. 실천/관행에서는 어찌 되는가? 원칙이 실천/관행에 방향을 제시하고 정정을 가하는가, 아니면 원칙과 실천/관행적 정책이 너무 달라서 정책을 입안하고 실행하는 이들을 전혀 사로잡지 못하는가?

　실상 유럽과 미국에서 시민권을 신청하는 신규 지원자와 새내기들은 자산이 아니라 문제로 간주된다. 받아들이는 입장에 있는 정체는, 가능한 많은 이들을 들어오지 못하게 하고 가장 자격 있는 이들만을 들이려는 방향으로 노력한다. 지원자 중 유자격자와 무자격자를 분리하는 여러 가지 규칙과 방책이 있다. 또 이주의 흐름을 감시하고 통제하는 방책도 있다. 양자 모두 효과적이지 못한 것으로 악명이 높다.

이런 실패를 설명하는 (여러 방식 중) 하나는, 시민권 지원자 중에서 유자격자와 무자격자를 분리하는 여러 규칙과 실천/관행은 판단과 시간의 투여를 요하는 데 반해, 이런 투여는 이주의 집단적 흐름을 통제하는 데 필요한 약식의 의사결정과 양립불가능하다는 것이다.

유럽연합 회원국들은 자국 영토 진입과 추방 정책을 더 엄격히 만드는 것을 점점 강조하고 있다. 이들 정책에서 공통된 구성요소는 신속한 의사결정, 경제적 난민 불허, 국제적 조정이다. 신속한 의사결정은 해당 영토에 사실상 정착하는 일을 방지하기 위해서는 필수적이라고 간주된다. 경제적 난민은 '진정한'(즉 정치적) 난민 몫으로 마련해둔 장소들을 차지하지 않아야 한다. 국제적 조정은 지나치게 관대하다고 여겨지는 나라들이 어찌할 바 모르는 상태에 이르는 것을 방지하고 (그들이 보조를 맞추게 해야 한다), 서유럽 나라들 전반에 걸쳐 난민들을 적정하게 분배하며, (이탈리아나 암스테르담 공항 같은) 통제 체계의 '누수 지점'을 수리하기 위해 필요하다.

이런 정책들은 상당한 난관에 부닥친다. 이렇게 중요한 사안들에 대해 신속한 의사결정을 내리는 것은, 정보가 희소하고 신뢰할 수 없을 때, 언어와 문화 장벽이 현저할 때, 그리고 관련된 파트너들이 서로를 시험해 볼 수 있는 적정기간이 주어지지 않을 때, 냉혹한 일이 아닐 수 없다. 또 경제적 난민과 정치적 난민은 무슨 차이가 있는가? 정치와 경제는 주지하듯 서로 맞물려 있다. 정치적 난민의 유일한 확증은, 해당자가 이미 죽었어야 했는데 신묘한 기적의 힘으로 구조되었다는 사실인 것 같다. 국제적 조정은 불투명한 업무다. 정부 장관과 공무원의 회담은 공지성公知性이 없고 선별된 결과만이 공표된다. 구멍이 숭숭

뚫린 서유럽 여러 나라의 국경이나 취약한 유럽연합 공통의 가입 정책을 돌아가며 관리한다는 것은 어려운 일이다. 특히 생존 투쟁을 벌이고 있는 먼 나라 사람들을 납득시키고 싶은 것이라면 더 그렇다.

여러 정부는 개별적 가입에 관한 의사결정 과정의 속도를 높이기 위해 필사적으로 노력한 바 있다. 그들의 이상은 '공항에서의 결정', 즉 새내기의 도착 시간 및 장소와 가능한 근접한 지점에서 입국이냐 추방이냐를 결정하는 것이다. 정부들의 이런 노력은 그 결과 면에서 성공적이지도 않고 정의롭지도 않은 것으로 악명이 높다. 입장권은, 누구는 당첨되고 누구는 떨어지는 복권이 되어 버린다. 신속한 의사결정에서 근거가 되는 것은 흔히 불충분하거나 잘못된 정보이고, 때로는 뇌물이다. 입장 문제를 결정하는 관리들은, 규칙이나 지침이 아무리 많다 하더라도, 늘 나름의 재량권을 발휘한다. 그들의 판단은 자의적일 수 있고, 따라서 재판정에서 이루어지는 도전에 반드시 열려 있어야 한다. 그렇지 않으면 관리들은 입국자들에게 (법의 견제를 받지 않는 자의적 권력이라는 의미에서) 폭정을 행사하게 될 것이다. 그러나 법 절차에는 시간이 걸린다. 그리고 지원자들이 해당 나라에 체류하는 시간이 길어질수록, 영구적으로 체류할 기회도 커진다. 법 절차 자체가 일종의 운명공동체를 창출하는 셈이다. 지원자들의 항소가 결국 무효화된다 하더라도 이들을 정체의 영토에서 몰아내는 일이 어렵다는 것은 익히 알려진 바이다.

다수의 유럽 나라는 공식적인 이주 기회를 사실상 제공하지 않는다. 사람들이 해당국에 들어올 수 있는 것은 정치적 난민이거나, 해당국에 이미 합법적으로 거주하는 사람들의 가족 구성원인 경우에 한한다. 해당국에 오고 싶어 하고 이주 경로가 열려 있었다면 틀림없이 그 길을 밟았을 사람들도, 달리 선택지가 없기 때문에 불법으로 들어오거나, 무력한 난민 또는 가족 구성원 자격으로 들어오는 것이다. 이런 승차권을 지참하고서 공화정의 새로운 구성원으로 여정을 개시한다면 전도가 밝을 리 없다. 무력한 사람으로 행세하지 않으면 안 되는 것이, 자율적인 시민으로 시작하는 좋은 방식일 리가 없는 것이다.

이런 식으로 시민권 가입 문제가 제기되는 곳은 정체의 국경에 한정되지 않는다. 공화정의 국경 내부에서 예전부터 살고 있는 많은 비非시민들이 있다. 그들의 체류가 합법적이건 아니건 간에, 동일한 영토 위에서 이렇게 장기간 살게 되면 운명공동체가 구성되고, 따라서 시민 자격을 인정받을 수 있는 청구권이 구성된다. 이들 외국인 체류자에게는 시민권을 취득할 권리가 있는가, 또는 심지어 시민권을 '선택하도록 강제되어야' 하는가? 이들이 이 땅의 관습과 지배적 문화에 맞춰 사는 것은 당연지사인가? 신공화주의의 관점에서 보면, 첫번째 질문에는 원칙적으로 긍정의 답을 내놓아야 한다. 운명공동체의 일부 구성원이 2등급의 구성원 자격을 영구적이거나 최종적인 지위로 지닌 채 살아가는 일이 허용되면, 공화정 내 정치적 평등의 요구를 위배하는 게 될 것이다. 신공화주의의 관점에서 볼 때 장기 거주자들은 시민권을 수락하라는 요청을 받을 수 있지만, 이때 그들의 '예전' 시민권을 포기해야 한다는 조건이 따라붙지는 않는다. 신공화주의 입장에서 다중적 시민권을 받아들이는 것은, 다중적 시민권이 운명공동체로 분류될 수 있을 만큼 강력한 결합관계에 기초해 있는 한에서, 퍽 쉬운 일이다. 근래 들어, 새내기들이 새로 가입한 나라의 문화에 통합되어야 한다고 요구하는 목소리가 점점 높아지고 있다. 가령 아동들은 복장을 통해 학교에서 종교적 신심을 내보여서는 안 된다거나, 새내기들은 응당 지역적 관습과 기독교적 가치를 익혀야 한다는 식이다. 이런 식으로 순응하라는 요구 일체가 신공화주의의 관점에서는 잘못이다. 규범에 값하는 것은 다중적 시민권이지 단수의 지배적 단일문화가 아니다. 하지만 문화적 차이를 조직하는 정치적 규칙들은 모두가 받아들여야 마땅하다. 예컨대 무슬림 소녀들은 학교에서 자유롭게 히잡을 착용할 수 있어야 하지만, 본인 의사에 반해서 히잡 착용을 강요받아서는 안 된다는 것이다.

이 연구의 도입부에서 우리는 신공화주의의 관점에서 볼 때 시민권 가입을 규제하는 지침으로 적절할 규칙과 원칙 몇 가지를 진술하였다. 그런 다음 가입 실천/관행들을 간략히 살펴보면서, 여기서는 얘기가 전혀 다르다는 것을 확인하였다. 규칙과 원칙은 현실적 영향력이 아주 미미하고, 실천적/관행적 문제들의 안내자 노릇을 거의 하지 못한다. 우리는 성인의 시민권 가입이 신공화주의의 관점에서 보자면 다소 자의적인 상태를 벗어나지 못하고 있다는 결론을 내리지 않을 수 없다. 신공화주의적 관점은 공화정 내부에서는 온전하고 잘 작동하지만, 공화정의 국경 바깥에서는(그리고 주위에서는) 그렇지 못하다. 이는 신공화주의 이론의 치명적 실패를 나타내는가? 그렇지는 않은데, 왜냐하면 시민권 이론을 완전한 정의 이론으로 간주해서는 안 되기 때문이다. 시민권의 범위는 제한적이고 국지적이다. 세계화와 이주가 진행 중인 우리의 세계에서, 시민권의 가치를 역설한다고 해서 세계적 정의의 요구와 국지적 시민권의 요구 사이에서 빚어지는 비극적 갈등을 예방할 수 있는 것은 아니다. 이런 비극적 딜레마 상황에서 이루어지는 결정을 특정 정체의 관리들과 시민들에게 맡기면, 내부자의 관점에 유리한 근시안적이고 안이한(정의의 관점에서 보면 너무나 안이한) 결정을 내릴 수 있다.

세계 시민권, 관국민적 소속, 이주의 권리 같은 생각들을 발전시켜 이 개운치 않은 상황을 바로잡으려는 시도도 일부 있었다(Bauböck, 1994; Soysal, 1994). 이런 이상적 방책들은 확립된 제도들이 뒷받침하지 않는 한 무력한 상태를 벗어나지 못한다. 유럽연합 시민권을 다룬 마스트리흐트 조약이나, 상당수 회원국의 상호 국경 통제를 철폐하려는 솅겐Schengen 조약의 사례에서처럼, 이런 제도들을 설립하려는 시도들이 있기는 하다. 그러나 이들 시도는 조약에 서명한 바로 그 국민국가들의 당국 때문에 실천적인 난점과 노골적인 방해에 거듭 부딪친다.

세계 시민권은 세계 전역을 자유롭게 여행하고 의사소통과 금융, 여가의 세계도시에 접근할 수 있는 사업가와 스타, 과학자 등 국제 엘리트에게는 현실이다. 신공화주의의 관점에서 볼 때 이런 것은 시민권이 아니다. 신공화주의가 사회적 평등을 요구하는 것은 아니라 하더라도 정치적 평등을 요구하는 것은 분명하기 때문인데, 여기서 정치적 평등이란 의사결정의 실질적 중심에 대한 정치적 통제에 접근할 수 있는 권한을 특권적 소수만이 아니라 만인이 갖는다는 것을 뜻한다.

시민들의 배제

이 절에서 우리가 살펴보려는 시민권에서의 배제에는, 새내기의 가입을 거절한 결과만이 아니라, 문제가 되는 정체의 시민이거나 언젠가 시민이었던 사람들이 포함된다. 이런 배제의 형태는 세 가지로 구별할 수 있을 것인데, 첫째는 제거나 추방, 둘째는 이등 시민권, 셋째는 '평범한' 시민들과 (왕, 재계 지도자들, 여타 엘리트 등) '특별한' 사람들 간의 강한 구별짓기다. 차례로 살펴보자.

노골적인 배제는 시민권을 박탈할 때, 그리고 사람들을 영토에서 몰아내고, 처형하거나, 법적 보호 없이 강제로 억류할 때 발생한다. 시민권을 공식적으로 박탈당한 것은 아니나 일체의 실천적 목적으로 활용할 수 없는 경우에도 배제가 존재한다. 일례로 국가가 아무런 법적 보호를 제공하지 않는 '접근 금지' 구역(대도시의 특정 지역이나 마피아의 비호 아래 있는 활동)에서 삶을 꾸려나가는 사람들이나, 신념을 이유로 정치에서 사실상 배제당한 사람들(냉전 시기 미국의 공산주의자들, 오늘날 알제리의 무슬림 근본주의자들, 그리고 국민주의적 '합의'의 과장된 합창에 가담하기를 거부하는 세계 곳곳의 사람들)이 그 예다. 이런 비공식적 배제는 총체적일 수도 있고 부분적일 수도 있다. 후자의 예로는, 평범한 법 위반자와 구별되는 강력범에 대한 특별 조치를 들 수 있다. 강력범 딱지가 붙은 범죄자들은 정당한 절차에 따른 일정한 보호를 일상적으로 부인당한다. 심지어 법조문이 이런 구별을 명시적으로 허용하지 않는 경우에도 말이다. 이렇듯 비공식적이고 부분적으로 시민권에서 배제하는 사례는 앞서 구분한 두번째 형태의 배제, 즉 이등 시민권으로 차츰 변해 간다.

이등 시민권은 정신질환자, 실업자, 홈리스의 경우처럼 비자발적인 것일 수도 있고, 격리집단, 어수선한 사람chaotics, 중독자의 경우처럼 얼마간 선택한 것일 수도 있다. 첫번째 범주에서 문제는, 이런 상황에서 접근가능한 최고치의 시민권을 확보하기 위해 특별한 보상조치를 취한다고 할 때 그 정도가 어디까지냐 하는 것이다. 일정량의 격리와 보상이 권고되지만, 얼마가 충분량이고, 어디서 선을 그어야 하며, 실질적으로 보상할 양이 충분치 않을 때는 무엇을 해야 하는지가 문제다. 두번째 범주의 사람들, 곧 온전한 시민권에서 얼마간 자발적으로 퇴장해 버린 사람들의 경우, 그들에게 어느 정도까지 재통합을 강제해도 되는가 하는 골치 아픈 질문이 제기된다. 퇴장이라는 애초의 선택이 일면 자유로웠다 할지라도, 현 상황에 이르러서는 선택 역량을 상실해 버린 데다 보상과 도움 없이는 재진입을 자력으로 선택·이행할 수 없는 경우라면 더 골치 아픈 형국이 된다. 예컨대 약물중독자들과 그들을 노동인구로 '재통합'하려는 목적의 강제 조치 및 특례 규정을 생각해 보면 된다.

세번째 형태의 배제를 실행하는 이들은 특별한 기능이나 자질을 이유로 자신들을 이른바 평범한 시민들 위에 또는 그들과 별개로 놓는다. (이 분류를 따르는 평범한 시민들도 이 배제를 실행하는 셈이다.) 이런 형태의 배제는 근대의 능력주의 사회들에 널리 퍼져 있다. 이는 잘못이다. 6장에서 주장한바, 시민권/직은 장관과 판사, 최고경영자 같은 특별 직책들이 들어서는 곳에서 멈추지 않으며, 정반대로 이런 직책들의 집행이 우리가 함께 살기 위해 결정한 방식(서로를 통치하는 시민들)과 단절되지 않게 하는 데 필수적이다. 평범한 시민이라는 상태가 특별한 권력이나 직책, 재능이 없는 상태(능력주의 사회에서 잔여적 범주 상태)로 간주된다면, 그리고 직책을 차지하고 특별한 권력을 가지는 것이 '일개' 시민 상태에서 벗어났다는 표시로 여겨진다면, 시민권/직은 무력함의 상태를 벗어나지 못할 것이다. 이는 잘못된 관점인 것이, 사실상 시민을 무력함의 상태에 머물러 있어야만 하는 존재로 정의하기 때문이다. '평범한' 시민은 특별한 권력을 획득하는 한에서 '평범한' 시민이 아니게 된다. 시민이 가진 유일한 일반적 권력은 선거 투표권인데, 이는 그 결과가 특별한 권력과 결정으로 번역될 수 없는 한 헛된 것에 불과하다. 시민권은 평범한 사람들의 문제이면서, 그에 못지않게 특별한 권력을 행사하는 특별한 사람들의 문제다. 시민권/직의 지도적 가치 역할이 필요한 곳은 바로 양자가 대결하는 곳, 그리고 양자가 거북하게(때로는 심지어 비극적으로) 결합하는 곳이다. 바로 여기에서 시민권/직은 예리함을 발전시키고, 사람들은 시민이 되기 위해 필요한 조건(의 실제 비용)을 (고통스럽거나 즐겁게) 배운다.

두번째 형태의 배제인 이등 시민권은, 원칙 면에서는 매한가지로 잘못된 것이지만, 실전에서 이를 가늠하고 방지하는 것은 더 어렵다. 사람들에게 밤낮없이 시민이 되어야 하는 의무가 있는 것은 아니며, 자기배제는 허용되지만 그 기간이 영구적이라거나 실제적 시민권으로 되돌아가는 것이 불가능해지는 경우에는 허용되지 않는다. 시민권에 대한 접근을 보장하거나 회복하기 위해서 사람들을 차별화하는 일은 필요하지만, 인간 집단들의 해방을 지나치게 강조하다 보면 기실 그들을 더 영구적으로 배제할 수가 있다. 다중적 충성심을 존중하는 일은 다원적 사회에 맞는 시민권의 요건이다. 그러나 이런 존중의 귀결이, '특별' 대우를 제공하지 않는 여경 본인이나 친척을 그 '출신' 민족 성원들이 폭력으로 위협하는 탓에 경찰직을 사임하는 네덜란드의 모로코 여성들 같은 사건이라면, 뭔가 지독하게 잘못 돌아가고 있는 것이다.

시민권 배제의 첫번째 형태인 추방이나 제거는, 제2차 세계대전을 겪고 시민권의 기본적 보호를 박탈당한 사람들의 끔찍한 경험을 거친 후인 오늘날에는 더 이상 옹호할 수 있는 선택지가 아니라는 게 확실하다. 모든 인간은 어떤 정체, 어떤 장소에 터잡은 시민권에 대한 권리를 갖는다. 실제로는 이 권리를 실현할 수 없는 이들이 다수이지만 말이다. 문명적이라고 자처하는 정체들 출신의 시민들이 할 수 있는 최소한은, 자기네 동료시민들의 시민권 지위를 박탈하여 이 '다수'의 숫자를 늘리는 일을 삼가는 것이다. 시민들의 '처신이 방정하지 못할' 때, 유일하게 정당한 선택지는 그들을 일시적으로 격리하고 그들에게 특별 조치를 제공하되, 온전한 시민권에 대한 그들의 접근권을 회복시킨다는 관점을 한시도 잊지 않는 것이다.

이렇듯 가입과 배제는 뒤얽힌 한 쌍이지만, 그렇다고 양자가 서로의 거울상은 아니다. 양자 모두 누가 내부자이고 누가 내부자가 아닌지를 대상으로 삼는다. 양자 모두 이 정체의 시민이 된다는 것의 의미를 정의하고, 이 정체가 책임을 느끼면서 보살피고 문명화하려는 운명공동체의 윤곽을 정의한다. 그러나 가입과 배제가 동일한 논리 및 규칙을 따르지 않는 것은, 후자의 대상은 시민들이고 전자의 대상은 시민이 되기를 소원하지만 아직 시민이 아닌 이들이기 때문이다. 여기에서도 시민 여부가 차이를 만들어 내는 것은 분명하다.

9장 _ 일과 제3기 인생의 시민들

다수의 근대적 연구는 일과 시민적 참여의 상관관계를 확립한 바 있다. 유급 일자리를 가진 사람들이 더 많이, 그리고 더 책임감 있게 참여한다는 것이다. 이 같은 발견은, 더 많은 사람들이 일자리를 가졌더라면 시민권의 생명력이 진작되었을 것이라는 생각을 뒷받침한다. 일자리는 사람들을 규율하고 활성화한다는 것이다. 포스트1989 민주정들의 많은 정책입안자가 보기에, 일과 좋은 시민됨의 밀접한 연결은 너무 자명해서 논쟁이 필요치 않고, 시민권 이념을 처음으로 표명한 사회의 죽은 지 오랜 사람들과 논쟁한다는 건 당치 않은 일이다. 고대 그리스인들은 일이 시민권을 활성화하는 것이 아니라 방해한다고 보았다. 일하는 것이 의무였던 이들에게는 정치에 쓸 시간이 없었다. 정치 활동은 일의 부담에서 자유로운 이들의 몫이었다.

재산에서 사회권으로

100년 전까지는 일자리를 갖는 것보다는 재산을 소유하는 것이 시민권의 일차적 조건으로 간주되었다. 재산 특히 토지 재산은 사람들에게 공동체에 대한 지분을 부여하고, 이 지분은 결국 건전한 판단과 충성스러운 태도의 가능성을 높인다고 가정되었다. 소유권은, '나의 집은 나의 성'이라는 속담이 가리키는 것처럼, 시민들이 요로要路에 있는 사람들을 향해 '아니오'라고 말할 수 있는 성역聖域으로 여겨지기도 했다. 시민권의 핵심 요소들, 곧 판단력, 충성심, 자율성, 통치자들의 권력에 휘둘리는 노예가 되지 않는 것 등의 존재는 소유권과 밀접한 관련이 있다고 생각되었다.

이런 관념은 당연히 비판 대상인데, 아주 많은 사람들을 시민권에서 배제할 뿐만 아니라, 시민권의 조건 중 하나인 재산을 시민권의 핵심으로 격상시키는 위험을 무릅쓰기 때문이다. 이렇게 되면 공화정에서 벌어지는 시민 행위는 사유 재산을 확립하는 수단에 불과한 것이 되고 말 것이다. 시민권의 조건 중 하나인 재산이 시민권의 목표이자 요체가 되어 버릴 것이다. 그리하여 시민권은 그 의의와 호소력을 대부분 잃고 말 것이다.

시간이 지나 시민들의 집합이 확장되면서, 재산을 소유하지는 않지만 일에서 소득을 얻는 노동자들을 포함하게 되었다. 재산이 제공하는 안정성에 필적하는 안정성을 근로소득에 부여하기 위해 소유권의 기능적 등가물들이 단체보험의 형태로 창출되었고, 이로써 실업, 질병, 장애, 노령 상황에서 대체소득을 제공하게 되었다. 그리하여 무산자들조차도, 보험에 가입된 한에서, 어떤 의미에서는 부유해질 수 있게 되었다. 가령 책임보험에 든 자동차 운전자는 50만 달러를, 65세 노인은 40년의 연금혜택을, 부상당한 피고용인은 수년의 장애수당을 '수

령할' 수 있다. 또는 본인 생각에 자신의 가족이 진작 누렸어야 마땅한 몫을 주기 위해 본인의 죽음을 꾸며내 생명보험회사를 속이는 가엾고 불쌍한 사람이라는 영화 주제를 생각해 보면 된다.

(사회정의에 대한 숙고에 기초하여) 비보험자들에게도 소유권의 기본적 특권을 제공하겠다는 소망을 품은 것은 사기꾼들만이 아니었다. 재산을 소유하지 않았고 충분한 수준까지 보험에 가입할 여력이 없던 시민들을 대상으로 다양한 방식의 사회부조가 실현된 바 있다. 가령 (애초에는 순수한 수지상등收支相等 원칙을 근거로 삼고, 보험료와 위험요인의 함수로 수당을 산출하던) 사회보험제도들에 연대적 요소들을 포함시키고, 보험 수급자 집단을 확대하며, 사회적 지원의 형태로 비보험자에게 국가가 특정적·일반적 지원을 제공하였다. 빈민구호는, 고용안정 및 그에 결부된 사회보험에 어떤 이유에서건 접근하지 못하던 시민들에게 적용되는 수당의 권리로 재해석되었다. 이런 발전을 감안할 때 사회보험은, 노동자들의 특별한 권리들의 집합이라기보다는 모든 시민 즉 우연찮게 일자리를 갖게 된 이들만이 아닌 모든 시민이 갖는 (게 마땅한) 권리들의 구조가 되었다. 이들 권리가 일자리와 결부되어 있었다는 사실은 점차 역사적 우연으로, 즉 이들 권리가 처음 설립된 당시의 방식과 관련이 있기는 하지만 그 본질과는 관련이 없는 것으로 간주되었다.

시민권 차원에서 보자면 이런 발전은 T. H. 마셜의 작업(Marshall, 1950)에서 이론화되었는데, 그 주장인즉 오랜 투쟁 끝에 사회-경제적 권리들 역시 마침내 시민권의 일부가 되는 과정에 있다는 것이었다. 이런 식으로 시민권 관념을 확대한 것은 꽤 오랜 기간 별다른 비판 없이 수용되었다. 사회정의가 국가에 의한 연대의 집행을 정당화하는가를 놓고 약간의 논쟁이 벌어지긴 했다. 그러나 이 질문에 긍정으로 답한 사람들 대다수가 이후 마셜이 확대한 시민권 관념을 지지했다.

재산의 경우에 그랬던 것처럼, 이 경우에도 조건을 본질로, 수단을 목적으로 전환하는 경향이 나타났다. 1960년대와 1970년대에는 사회권을 시민권의 핵심으로 간주하는 이들이 다수가 되었다. 그들에게 있어 시민 간 평등의 핵심은 사회적 평등이었다. 그러면서 정치적 평등은, 민주주의 사회에서 시민들 사이에서 마땅히 존재해야 하는 더 일반적인 평등의 한 측면에 불과한 것이 되었다. 화제가 민주주의 '사회'였다는 점, 공적-정치적 영역만을 가리키는 '공화정'이라는 용어는 좀처럼 듣기 어려웠다는 점이 이를 예증한다.

일하느냐 일하지 않느냐, 그것이 문제인가?

그러나 1980년대에 이들 논쟁의 방향이 바뀌었다. 그 무렵 실업률은 높아졌고, 일자리는 희소해졌으며, 복지국가 제도의 존속이 문제시되었다. 대처식 개혁과 긴축 정책이 모진 신新우파 사상과 더불어 영향력을 키웠고 정치 의제를 지배했다. 시민권/직에 수반되는 사회권의 이행은 갈수록 비판에 부딪쳤다. 미드Lawrence Mead(Mead, 1986)의 주장에 따르면, 이들 권리를 실제로 배정하는 것은 시민권/직을 행사하는 것이기도 해야 했는데, (그가 보기에 해이하고 국가의 권위를 부과하는 데 실패한) 미국적 관행은 이 요건을 충족시키지 못했다. 사회권의 실현이 시민권/직의 실현이라면, 시민들의 권리와 함께 시민들의 의무도 반드시 다루어야 할 것이라는 게 그의 주장이었다.

　이 사회적 의무라는 주제는 서양의 복지국가들에서 널리 논의되었다. 네덜란드에서는 이 논의에서 두 가지 전환이 벌어졌다. 첫번째 전환은 의무의 기초와 관련이 있었고, 두번째 전환은 권리와 의무의 관계를 한층 역동적으로 만드는 것을 수반했다. 미드의 관점에서 볼 때, 사회적 권리와 의무는 시민권/직의 한 부분이었다. 네덜란드에서 사람들은 계약의 견지에서 추론했다. 즉 일에는 대가가 따르는 법이므로, 권리는 '자연히' 의무를 수반한다는 것이다. 의무를 완수하지 못한다면 권리를 향유해서는 안 된다. 그리고 사회권이 시민권/직의 일부인 까닭에, 상응하는 의무를 완수하지 못하면 스스로의 잘못으로 자신의 시민권/직을 훼손할 수 있으며, 이 시민권/직은 (부분적이고 일시적으로) 보류되거나 박탈당할 수 있다. 이런 식으로 시민권/직은 '계약'에 의존하는 것이 되었다(여기서 따옴표는 자발성과 대안의 결여를 의미한다). 이는 미드의 사고 노선에 부합하지 않는다. 미드의 관점에서는 시민권/직이 중심적 장소를 차지하고 의무와 권리는 시민권/직에서 파생되는데, 미드의 추종자 상당수는 이 시각을 뒤집었다. 미드와 갈라지는 계기가 된 네덜란드 논쟁의 두번째 전환은, 의무를 역설하는 미드의 입장과의 거리두기를 수반했다. 네덜란드의 논의들은 상호관계의 역동적이고 활성적인 성격을 강조했는데, 여기에는 권리와 의무의 상호관계뿐만 아니라, 혜택을 얻어내는 시민/피고용자/개인과 혜택을 지급하는 국가/고용주/부서의 상호관계도 포함된다(Langman, 1992).

　마셜이 사회경제적 권리들을 시민권 관념에 포함시킨 것이 일반적으로 수용되고, 여기에 고용과 사회보장의 문제적 발전이 맞물리면서, 고용은 시민권 논의에서 중심적 위치를 차지하게 되었다. 노동의 근심과 부담에서 자유로운 사람들만이 시민권을 실현할 수 있다고 한나 아렌트(Arendt, 1959)는 여전히 믿었으나, 동시대의 논의 다수는 일자리를 갖는 것을 시민권의 **유일한** 열쇠로 제시한다. 기꺼이 일하겠다는 마음가짐은 시민의 최고 의무가 된다. 일은 시민들의 가장 중요한 학습 경로가 된다. 더 많은 사람들을 일에 투입하는 것이 다양한 문제를 동시에 해결하는 방법이거나, 적어도 문제를 견딜 수 있는 크기로 감축시키는 방법이라고들 생각한다. 가령 사회보장은 알맞은 수준을 유지할 것이고(더 많은 보험료, 더 적은 수당), 국민경제는 경쟁력을 유지하면서 번창할 것이며, 법 집행은 개선될 것이고(피고용인들은 준법심이 더 높고 추적이 더 용이하다), 사회 통합은 고무될 것이다(일하는 사람들은 일하지 않는 사람들보다 참여도가 더 높다).

설사 괄호 안의 추정들이 맞다손 치더라도, 고용을 시민권에서 이처럼 중심적인 쟁점으로 만드는 일에 당연히 반대할 수 있다. 이로 말미암아 실업자의 시민적 지위는 한층 주변화되기 때문이다. 무급의 활동들은 가치절하된다. 시간제part-time로 일하는 사람들은 부분 시민part-citizen이 된다. 자격 있는 빈민과 자격 없는 빈민을 구별할 때 수반되는 처치 곤란의 문제들이 모두 정치 의제로 되돌아오는데, 개중에는 사생활 침해, 그리고 피해자를 비난하거나 국가를 비난하거나 하는 비생산적 게임도 있다(어떤 사람에게 일자리가 없을 때, 그것은 누구의 '잘못'인가?). 일에 대한 시민적 의무는 자산소득이 없는 사람들에게 부과되고, 부유한 시민들은 이 의무를 짊어지지 않는다. 이는 정치적 평등과 갈등을 빚는데, 정치적 평등은 사적인 부나 빈곤을 막론하고 견지되어야 하기 때문이다.

시민권의 관점에서 볼 때, 유급노동에 이런 중심적 지위를 부여하는 것에 대한 가장 중요한 이의는, 정치적 발언권과 자유가 공적-정치적 영역 바깥의 다른 곳에서 이루어지는 방정한 품행에 의존하게 된다는 것이다. 앞선 시대에 재산 및 사회권의 경우에 그랬던 것처럼, 수단과 목적(또는 조건과 본질) 사이의 치명적 혼동이 벌어지는데, 이는 사실상 시민권 이념 자체를 무너뜨리거나 부인한다. 시민권의 요체는 공적인 성역을 제공하는 것으로, 이 공적 성역에 의거해 일(의 의무)에의 의존관계 등 다른 곳에 존재하는 의존관계들이 변경될 수 있다. 이때 기준인즉, 어떤 의존관계가 존속함으로써 시민권이 행사되는 공적 성역에 대한 접근이 실질적으로 가로막힌다면 그런 식의 의존관계는 안 된다는 것이다. 이 성역의 접근성이 성역 외부의 품행과 지위에 의존하는 정도는 가능한 작아야 한다. 일을 중심 쟁점으로 만드는 모든 시민권 논의는 이 같은 시민권의 핵심과 충돌한다.

사회권은 시민의 권리가 아니다

이상의 고찰들은 막다른 골목에 이르게 된다. 마셜(Marshall, 1950)과 훗날 다렌도르프Ralf Dahrendorf(Dahrendorf, 1988:148~149)가 만인을 위한 사회경제적 보장이 만인을 위한 시민권의 근거라고 강조한 것은 일리가 있었다. 그러나 사회경제적 권리들을 이렇게 절대적으로 만들다 보니 종내에는 사회경제적 권리들로써 보호하려던 시민권의 기반이 약화되었다. 복지국가 제도를 시행하는 것이 시민권을 모범적이고 표준적으로 행사하는 것이어야 한다는 미드의 강조는 필수적인 정정이었다. 사회보장과 사회부조가 시민권에 복무하기 위한 것이라면, 그 실제적 전달이 시민권의 재생산에 미치는 효과 역시 고려해야 마땅하다. 그러나 의무를 절대화하는 미드의 성향도 시민권의 기반을 약화시키는 것은 마찬가지다. 그렇다면 우리가 취해야 하는 입장은 무엇인가? 사회권은 시민의 권리인가? 이 명제를 긍정하는 쪽과 부인하는 쪽 모두 일리가 있어 보인다. 여기에서 신공화주의가 제시해 주는 방향은 무엇인가? 이 막다른 골목에서 벗어나는 데 도움을 줄 수 있는가?

필자가 생각하기에 일과 소득, 시민권을 사고할 때 발생하는 혼동을 피하려면 정치적 평등으로서의 시민권이라는 제한된 구상을 견지하면 된다. 이 같은 신공화주의의 관점에 따르면, 사회적·경제적 권리와 의무는 시민적 권리와 의무로 간주되지 않는다. 사회적·경제적 권리와 의무가 시민권에서 중요한 것은 틀림없는 사실이나, 그렇다고 이것들을 시민권의 요소로 전환할 이유는 없다는 것이다.

더 자세히 들여다보면, 마셜이 사회권을 시민권에 포함시킨 것은 바람직해 보이지 않는다. 혼란이 일었고, 나중에는 그가 달성하려던 의도와 정반대의 사태가 벌어졌다. 실직이 다시금 시민권 접근을 가로막게 되었다. 사회보장 및 부조의 조직화를 둘러싼 갈등은 이제 시민권의 경험적이고 규범적인 정의를 둘러싼 갈등이 더해지면서 끝장토론으로 치닫기도 한다. 이런 식으로 시민권의 핵심과 근원은 공적-정치적 영역에서 일의 영역으로 이동할 위험에 처해 있다.

이런 관점은 사회보장이 권리와 의무의 문제가 아니(거나 아니어야 한다)라는 것을 함축하지 않는다. 그러나 일(을 하겠다는 의향)에 포함된 권리 및 의무는 시민의 권리 및 의무와 동일하지 않다. 일의 영역에서 이루어지는 제재는 시민권의 권리를 해치거나 축소하는 부작용을 낳을 수 있다. 이런 부작용은 예컨대 빚을 갚지 못해 투옥당하는 것에 비할 수 있다. 이 때문에 시민의 자유가 제한되는 것은 확실하다. 그러나 부과되는 제재의 성격은 엄밀히 말해 시민적 의무의 위반에 대한 반작용이 아니다. (넓게 볼 때 제재는 개인이 법을 준수하지 못한 것에 대한 반작용으로 간주할 수 있다. 그러나 특정 영토 위에 있는 모든 이는, 시민이 아니더라도, 해당 영토의 법을 따를 의무를 갖는다.) 일과 소득의 영역에서 권리를 갖는 것은 시민권과 관련하여 결정적으로 중요하지만, 그렇다고 해서 이런 권리가 시민의 권리가 되는 것은 아니다. 가족과 학교교육의 영역에서 권리를 갖는 것 역시 시민권과 관련하여 결정적으로 중요하지만, 그렇다고 해서 이런 권리가 시민의 권리가 되는 게 아닌 건 마찬가지다. 이런 권리는 시민권 접근의 조건을 보장하는 것을 목표로 삼지만, 이런 권리를 가지고 시민권을 정의하는 것이 용납될 수는 없다. 시민권이 성역과 자유의 장소를 나타내는 데 반해, 이런 권리는 부자유로부터의 석방과 성역에 대한 접근과 관련된다. 동일한 원칙이 이런 권리와 연결된 의무에도 준용된다.

대다수 사람들에게 일과 사회보장은, 가족이나 학교와 마찬가지로, 시민권에 접근하는 중요 경로다. 나아가 이들 접근 경로는, 원칙적으로, 응당 만인에게 열려 있어야 하며, 따라서 가능한 한 국가에 의해 보증되어야 한다. 사람들이 나름의 힘으로 (예컨대 충분한 생존수단의 확보 같은) 시민권의 조건들을 충족시킬 수 없을 때, 국가나 다른 제도에는 그들을 조력할 의무가 있다. 이렇게 할 때 국가는 관련자들에게 능력이 닿는 한 무엇이든 기여하라고 확실히 요구해도 된다. 어쨌든 그들에게 시민권의 요건을 충족시킬 '능력이 없다'는 사실, 더 정확히 말하자면 '독립적으로 [충족시킬―옮긴이] 능력이 없다'는 바로 그 사실 때문에 보장과 부조의 국가 공급이 정당화된 것이었기 때문이다. 복지수급자에 대한 자산조사, 또는 실업 시 진지한 구직활동이나 재훈련의 책무는 신공화주의 시민권과 양립불가능하지 않다. 그러나 시민권의 내용을 이런 것들을 가지고 규정해서는 안 된다. 시민권을 정의하는 힘은, 사람들이 시민권의 요건을 달성하도록 돕는 절차들에 위치해서는 안 된다. 대부분의 사람들에게 일과 사회보장이, 학교와 가족처럼, 시민권에 접근하는 가장 중요한 경로를 제공한다 할지라도, 이들 경로를 절대화해서는 안 된다. 활용 빈도가 상대적으로 낮은 다른 접근 방식들 역시 정당성이 있다.

따라서 신공화주의 시민권은 일반적인 근로의무도, 기본소득의 권리도 함축하지 않는다. 그러나 시민권 접근에 필요한 여러 조건을 독립적이고 온전하게 준수할 능력이 없는 이들을 위한 부조의 권리는 분명 함축한다. 이 부조의 틀 내부에서는, 스스로의 생존 수단이 불충분한 경우 같은 일부 상황에서 근로의무와 소득의 권리를 유지하는 것이 허용된다.

취업과 시민권의 경계구분을 여기서 옹호한다고 하여, 시민권의 관점에서 고용과 사회보장의 쟁점들을 고려하는 것 일체가 금지되는 것은 아니다. 오히려 정반대로 신공화주의의 관점에서는 이런 고려가 정당하고 바람직하다. 그러나 시민권에 미치는 영향을 기준으로 일과 사회보장 제도를 검토할 때 필수적인 평가 지점은, 얼마나 실효성 있게 노예상태를 방지할 수 있는가(즉 노예제적 특성을 제거하는 방식으로 의존상태를 변경할 수 있는가) 하는 문제에 국한된다. 사회보장과 학교교육, 대체임금과 고용은 이 목표를 달성하기 위한 수단이지만, 그 실효성은 상황에 따라 달라진다. 일은 독립을 증진시킬 수 있지만, 당연히 그렇다는 생각은 정확하지 않다. 네덜란드에는 주지하듯 아르바이츠아인자츠Arbeitseinsatz(2차대전 중에 나타난 강제 노동 할당)가 있었고, 온실농업과 성매매의 외피를 쓴 현대적인 노예제 형태들도 있다. 노예상태의 사례를 제외한다면, 일과 사회보장 제도에 대한 평가에서 시민권에 관한 어떤 강제적 결론도 도출할 수 없다. 일은 정치적이고 사회적인 참여를 활성화·자극하고, '정상성'과 공동체적 감정을 창출할 수 있다. 이런 결과들을 고려하여 만인을 위하고 만인에 의하는 일을 장려할 수도 있다. 그러나 만인이나 모든 건강한 성인에게, 시민적 의무로 일을 강제 부과하는 것은 허용되지 않는다.

신공화주의 시민권은 실제적인 정치적 평등과 정치적 참여를 필요로 하고, 평등과 참여에 대한 접근의 보증 역시 필요로 한다. 이 보증의 효력을 발생시키기 위해서 사회적 평등과 사회적 노동 의무를 부과해서는 안 되는데, 이는 보증의 효력을 발생시킬 수 있는 수단적 경로하나를 궁극적 목표로 만드는 것일 뿐이다.

제3기 인생의 시민들

자유민주주의 정부들이, 유급 정규직 일자리가 희귀해지고 있는 바로

이 시기에, 일에 초점을 두고 시민권의 생명력을 증진시키려는 시도를 해야 한다는 것이 내 입장에서는 놀랍고 슬프다. 만인을 위한 시민권을 만인이 접근할 수 없는 수단을 통해 어떻게 실현할 수 있단 말인가? 더 놀랍고 슬픈 점은, 여러 사회에서 수많은 사람들이 일이 없는 채로 또는 시간제 일자리로 살아가는 것이 가능한 시점에 정부들이 이런 시도를 한다는 것이다. 노년층과 장애인, 실업자를 생각해 보면 된다. 이들 중 다수는 피터 래슬릿^{Peter Laslett}(1989)이 '제3기 인생'이라고 부른 바 있는 시기에 속한다. 제1기 인생과 제4기 인생은 의존의 시기, 한편으로 태어나고 자라는 시기이고, 다른 한편으로 시들고 죽어가는 시기이다. 제2기 인생은 책임의 시기이자 생계와 저축을 위해 일하는 시기이다. 제3기 인생에 속하는 이들은 늘 하고 싶어 하던 일을 자유롭게 할 수 있는 사람들이다. 여기에는 연금을 받는 노년층뿐만 아니라, 무한경쟁에 참가하기를 거부하지만 소득을 창출하는 젊은 예술가들과 독립적인 청년층이 포함된다.

현재(언제까지 그럴지는 아무도 모를 일이지만) 다수의 자유민주정들은 다수에게 이런 식의 삶을 가능케 할 만큼 충분히 부유하다. 이들 나라가 다수를 위해 이런 가능성을 실현하는 방식으로 결정을 내릴 수 있을지 여부, 그리고 부를 나누는 방법을 찾을 수 있을지 여부는 다른 문제이지만 말이다. 근로의무를 강조하는 것은 사회적 분할들을 치유하는 데 도움이 되지 않을 것이고, 오히려 취업 능력과 소득 창출 능력이 있는 사람들과 그렇지 않은 사람들의 간극을 확대할 것이다. (자발적이든 그렇지 않든) 제3기 인생에 속한다는 것을 깨닫는 사람들이 점점 늘어나는 상황에서, 이들을 위한 현실적 시민권 문제에 집중하는 편이 낫지 않겠는가? 오늘날의 지배적인 사회 제도와 관습의 견지에서 볼 때 이 사람들은 잉여다. 그들은 휴양지가 텅 빈 비수기에 휴가를 보낸다. 그들에게 봉사를 요청할 때는 보통 매개적 사회조직에서 부수적이거나 장식용 역할을 하라는 취지이지, 실질적 권력과 영향력을 갖는 이사 지위를 제안하는 경우는 거의 없다. 제3기 인생의 구성원들이 팽창하는 바로 이 시점에, 권력과 명망에 대한 접근을 조절하는 사회 제도들은 갈수록 일, 따라서 제2기 인생의 사람들과 연계되고 있는 것이다. 제2기 인생과 제3기 인생에 각각 속하는 이들의 숫자를 균형 있게 맞추려는 것은 정당한 정책이다. 그러나 사회적 제도들과 일의 연계를 더 강화하고, 제3기 인생의 사람들을 (스스로의 사적 창의만을 가지고 채워야 하는) 제도적 사막에 내버려 두는 방식이어서는 안 된다. 이런 방안으로는 새로운 유형의 이등 시민들을 창출할 뿐이다. 만인을 위한 시민권은 이 경로를 따라서는 실현되지 않을 것이다.

10장 _ 도덕적 통일성인가, 갈등의 꾸준한 섭취인가?

앞선 여러 장에서 필자는, 공적 제도들이라는 맥락 속에서 다원성을 실제로 조직하는 것이 시민권의 본질적 차원이라고 주장했다. 필자가 비판한 다수의 연구 경향은 시민권을 그 조건들로 환원시키고, 시민권의 실제적 행사에 초점을 맞추는 대신 시민권의 사회적 조건들 및 시민권에 대한 접근에 초점을 맞춘다. 하지만 그렇다고 해서 시민들이 사회도덕적 공백 속에서 실존할 수 있다는 이야기는 아니다. 조건들은 분명히 중요하다. 요점은 이들 조건의 본성뿐만 아니라 그 소재지 및 작동 방식을 이해하는 것이다. 생명력 있는 시민권을 재생산하려면 시민권 자체의 활동만 가지고는 부족하고, 새내기 시민들을 생성하는 원천에서도 자양분을 얻을 필요가 있다.

사회적·도덕적 조건들은 시민권에 두 가지 방식으로 중요하다. 첫째, 이들 조건이 시민권에 대한 만인의 적정한 접근가능성을 만들어 내는지 여부에 관해 물을 수 있다. 둘째, 이들 조건이 충분히 많은 사람들에 의한 책임 있는 방식의 참여에 이바지하는지 여부에 관해 물을 수 있다. 지금까지 필자는 첫번째 질문의 중요성을 반복해서 강조했는데, 이 장에서는 두번째 질문을 다룬다. "시민들이 하는 일"이라고 제목을 붙인 이 책 2부에서 우리는, 시민권을 행사하는 이들에게 시민권이 갖는 의미를 탐색했다. 그러나 시민권을 행사하는 사람들의 수는 얼마나 되는가? 시민권을 진지하게 대하는 사람들의 숫자는, 공화정의 (재)구성에서 시민권을 사활적인 구성요소로 만들기에 충분한가? 그리고 시민의 권리를 활용하긴 하되, 책임 있는 방식으로, 그리고 순전히 이기적이지는 않게 활용하는 사람들이 충분히 많은가? 이들 질문은 시민권의 생명력과 관련이 있다.

시민권의 생명력은 직접적으로 관찰하거나 측정하기 어렵다. 공화정의 정상적 제도들이 평상시처럼 기능할 수 없는 불규칙한 비상사태에 활성화되어야 하는 예비회선이 시민권이라면, 평온한 시절의 처신을 살펴본들 알 수 있는 게 별로 없다. 신공화주의는 만인에게 날마다 참여하라고 요구하진 않지만, 시민답게 행동하려는 수고를 언제건 마다하지 않는 이들이 극소수에 불과하다면 당연히 작동할 수 없다. 또 참여자들이 너나할 것 없이 비도덕적이고/이거나 이기적으로 행동하는 경우에도 작동할 수 없다. 시민권의 생명력은 관찰이 어렵기 때문에 걱정거리가 되기 쉽다. 많은 사람들, 특히 지배자와 지식인들이 하는 일이 바로 이런 근심걱정이다.

생명력은 이를 촉진하는 사회적·도덕적 조건들에 좌우된다. 따라서 생명력이 위험스러우리만치 낮다는 감이 들 때, 책임 있는 사람들은 이들 조건을 창출하거나 고무하고 싶은 유혹을 느낄 것이다. 필자가 이하에서 논증하겠지만, 이런 노력은 십중팔구 수포로 돌아간다. 시민권의 여러 원천을 보호하고 북돋는 것은 가능하고 바람직한 일이지만, 이런 원천이 없는 상황에서 시민권을 신장시키려는 목적하에 시민권의 원천을 유발하는 것은 보통 가능하지 않다. 이런 식의 노력에 내재한 조작적 본성은, 생명력 있는 시민권에 이바지하는 사회적·도덕적 원천들 대다수의 자생적이고 자발적인 성격과 양립불가능하다.

이런 원천들이 존재한다는 점에는 모두가 동의한다. 그러나 이들 원천의 본질에 관해서는 의견이 갈린다. 마찬가지로 교육과 정치적 행위, 설득이나 행정적 조치들을 통해 이들 원천을 유발·강화하는 것이 가능한가 하는 질문에 대해서도 의견이 갈린다. 이 장에서는 도덕적 갱생과 도덕 공동체 회복을 호소하는 목소리에 초점을 맞추는데, 이런 목소리는 최근 들어 여러 나라에서 등장한 바 있다(Etzioni, 1995와 1996). 이 장에서는 특히 이 운동이 표명되는 두 가지 방식, 그러니까 더 많은 시민적 책임을 지지하는 네덜란드 정치인들의 호소와 국민주의 재평가에 찬성하는 지식인들의 논변에 초점을 맞춘다. 나아가 이들 호소가 목표로 삼는 도덕적 통일성과 (허시먼Albert Hirschman의 말을 빌리자면[Hirschman, 1995 : 243] '갈등의 꾸준한 섭취', 시민들에 의한 다원성의 실제적 조직화를 자양분으로 삼는) 시민사회의 다양성에 내속하는 회복탄력성과 대비시킬 것이다.

4장에서 필자는, 합의가 시민들의 평화공존에 필요조건도 아니고 충분조건도 아니라고 논증했다. 이 결론은 도덕적 통일성에도 적용된다. 그렇다면 도덕적 통일성을 외치는 사람들에게 굳이 신경을 써야 하는 이유가 무엇인가? 이유인즉 도덕적 통일성이 충분하지도 않고 필수불가결하지도 않다는 논지에서, 도덕적 통일성이 생명력 있는 시민권에 대해 아무런 가치가 없다는 결론이 도출되는 것은 전혀 아니기 때문이다. 도덕성이 있으면 당연히 달라지는 게 있다. 게다가 이하에서 필자는, 도덕성이 시민권에 중요하다고 추정할 것이다. 논의의 편의를 위해 필자는, 사람들이 도덕을 갖추는 게 바람직하고, 동시에 사람들 사이에 일정한 도덕적 조화나 통일성이 있는 편이 바람직하다고 추정할 것이다. 의문에 부치려고 하는 것은, 도덕적 통일성을 부르짖어 소기의 도덕성을 회복시키겠다는 시도들이다. 이런 설교는 나름의 차이들을 자유롭게 조직하는 시민들의 공화정에서 역효과를 낳을 뿐만 아니라 적절하지도 않다. 합의나 도덕적 통일성은 여러 시민 활동의 성과일 순 있어도, 시민들이 행위를 시작하기에 앞서 당연히 충족되어야 하는 요건은 아닌 것이다.

시민적 책임을 설교하는 정치인들

네덜란드에서는 1990년대 상반기에 몇몇 지도급 정치인이 네덜란드인들의 시민적 책임에 관해 우려의 목소리를 냈다. 그들은 범죄와 열악한 보건상태 같은 다양한 사회문제들을, 사회에서 그들이 관찰했다고 주장하는 도덕적 표준들의 쇠퇴와 연결시켰다. 정치인들의 우려는 쟁점 두 가지에 집중되었는데, 하나는 네덜란드 사회의 와해, 다른 하나는 법과 민주주의 체계의 과부하였다.

얼마 전까지 존재하던 질서 있고 잘 조직된 사회가 거의 자취를 감추었다는 게 정치인들의 견해였다. 대다수의 사람들은 개인주의가 몰고 온 자유의 증진을 환영한다. 정치인들은 이런 발전에 그늘진 면이 있다는 점을 지적했다. 개인화와 해방, 분화는 사회적 와해를 초래할 수 있다. 와해가 일어나면, 사람들은 자기 자신만을 생각하면서 공동체에 대한 책임감은 느끼지 않는다. 사람들은 서로에게 책임을 묻는 방식으로 사회적 통제를 행사하지 않는다. 필요한 게 있으면 국가에 부탁한다. 사람들은 친지와 이웃을 돌보는 자신의 의무를 보험료 납부를 통해 사들이려 한다. 아니, 심지어는 마땅히 지불해야 하는 비용과 세금을 회피한다. 요컨대 시민들은 이기적이고, 사회의 기본적 표준과 가치를 더 이상 믿지 않는다. 정치인들은 이 같은 와해 추세가 다음과 같은 처참한 결과를 낳는다고 역설했다.

첫번째로 제기된 주장은, 와해가 시민들 자신의 삶의 질에 해롭다는 것이다. 수상인 뤼트 뤼버르스Ruud Lubbers는 점점 더 많은 사람들이 대규모의 익명적인 사회적 돌봄의 수취인이 되어 버렸다고 선언했다. 이 돌봄에 의존하던 사람들은 공동체 바깥으로 밀려나거나 방치된다고 느끼게 될 것이었다. 외톨이가 될 것이고, 복지국가 체계의 일개 고객이 될 것이었다. 이런 일의 발생을 용납한 정치 체계는, 시민들을 국민 공동체에 통합함으로써 시민들로 하여금 사회에서 번영을 누리고 사회적 과정에 참여할 수 있게 한다는 중대 과업을 저버린 게 될 것이었다.

법무부장관 에른스트 히르스 발린Ernst Hirsch Ballin은 와해 추세가 계속되면서 입헌국가의 토대 자체가 허물어지는 결과가 초래되지 않을까 하는 점을 특히 우려했다. **법치국가**Rechtsstaat, 법치하에 있는 체제는 국가를 통한 시민들의 법적 권리 보증을 요청할 뿐 아니라, 법적 권리 유지에 대한 시민들의 적극적 책임감 역시 요청한다. 사회적 와해는 공동체를 대하는 시민들의 책임 있는 태도를 위태롭게 만드는데,

이런 태도가 없다면 형식적 권리들의 실현은 미비한 상태를 벗어나지 못할 것이다.

와해 추세의 세번째 측면을 강조한 이는 에일코 브링크만^{Eelco} ^{Brinkman}이었는데, 당시 그는 기독교민주당 원내대표였다. 그는 와해가 복지국가에 대한 여론의 지지에 미칠 효과를 걱정했다. 시민들이 공동체적 책임 대신 정부의 돌봄에 의존하는 정도가 커짐에 따라, 정말로 돌봄이 필요한 사람들에게 제공되는 필수 수준을 유지하는 일이 어려워진다는 것이다.

이상의 세 가지 우려가 밀접히 연관되어 있음은 물론이다. 복지국가의 정책들이 작동가능하기 위해 꼭 필요한 공동체 의식과 책임감이 시민들에게 부족하다는 게 이들의 시각이다. 그러므로 복지국가의 문제를 해결하기 위해서는 대체로 공동체 자체에서 오는 기여가 꼭 필요하다는 게 연사들의 결론이다. 이 대목에서 정치인들은 입을 모아 시민적 책임을 호소한다. 그들이 보기에 시민적 책임이 바로 능동적 시민권/직인 바, 능동적 시민권/직은 법에 대한 충성심과 좁은 의미의 정치적 참여뿐만 아니라, 자신과 타인에 대한 책임의 수용, 사회적 삶에 대한 기여로 표현되기도 한다. 시민적 책임은 국가 영역에 속할 뿐 아니라, 공적-정치적 영역 외부에서도 지도적 원칙 노릇을 하는 것으로 파악된다.

정치인들이 염려한 두번째 쟁점은 민주주의와 법 체계의 과부하였다. 얘기인즉 위험한 협공이 진행 중이라는 것이었는데, 한편으로 시민들이 자신의 이익과 권리를 증진시키기 위해 정치인과 법정을 향하는 빈도가 높아지고 있었고, 다른 한편으로 시민들이 법과 규제에 복종하지 않는 빈도가 높아지고 있었다는 것이다. 시민들은 법적·민주적 체계를 자기 편할 대로, 소비자 입장에서 활용하면서도, 이들 체계의 지속적 작동에 대한 책임을 받아들이지 않았다. 이들 체계는 과용되고 있었으며 과도한 부담을 떠안고 있었다. 정치인들은 정부 스스로도 잘못이 있다고 인정했다. 법과 규제를 너무 많이 만들어 냈을 뿐만 아니라, 법규의 도덕적 내용을 충분히 강조하지 않았고, 모호한 규제들을 양산했으며, 법을 제대로 집행하지 못했고, 스스로 세운 규칙을 자주 어김으로써, 정부 역시 '기준들의 오염'에 한몫했다는 것이다. 그러나 시민들도 비판에서 예외가 아니었다. 시민들은 계산적 처신을 보였으며, 도덕적 기준을 알고 있는 경우에도 추상적으로 받아들였지 실천/관행으로 지켜 내지 않았다는 것이다. 바야흐로 새로운 공적 도덕이 필요한 시간이었다. 정부에 대해서는 새로운 통치 방식을 배워야 한다는 요청이 제기되었고, 이와 함께 시민에게는 시민적 책임이 응당 중심적 지위를 점하는 생활양식을 발전시키라는 요구가 등장했다. 이 맥락에서 '시민적 책임'이 의미하는 것은, 법규를 준수하고 다른 이들도 그렇게 하도록 책임을 묻는다는 것이었다.

책임과 의무를 강조하는 것은 정부의 공급 비용을 삭감한다거나 준법을 보증하려는 영리한 시도 이상을 의미한다고 정치인들은 역설했다. 개별 시민으로 하여금 자신의 행적과 태만에 책임지게 만드는 것은, 시민들의 인격과 본질에 대한 존중의 신호이자, 그들이 온전한 구성원으로서 공동체에 진정으로 속한다는 표지일 것이라는 게 정치인들의 주장이었다. 의무를 경험·완수하게 되면, 정말로 돌봄이 필요한 사람들을 돌볼 기회를 공동체에 주게 될 것이고, 돌봄의 대상에서 통합과 자유의 주체로 성장하는 기회를 시민에게 주게 된다는 것이다.

정치인들의 이런 개입은 주민 전반, 특히 뉴스 매체에 엇갈린 감정을 자아냈다. 그들이 중요한 문제들을 다루고 있었음을 부인할 수는 없지만, 정치인들이 말하고 있던 내용에는 뭔가 잘못이 있었다. 아니면 정치인들이 말하던 방식이나 위치가 문제였을까? 이런 의혹을 명확히 하기 위해서 필자는 정치인들의 언사를 발화행위로 간주하여 분석할 것이다. 이런 말들을 꺼냄으로써 정치인들은 무엇을 **하였는가**? 필자가 보기에는 세 가지 일을 했다.

1. 그들은 과거에서 영감을 끌어왔다.
2. 그들은 동시대의 다원성을 오해했다.
3. 그들은 현존하는/참석한^{present} 책임 있는 시민들을 향해 부재하는/결석한^{absent} 계산적 시민들에 관해 말했다.

정치인들의 발화 행위에 담긴 이상의 세 측면을 이하에서 분석해보자.

과거라는 나침반. 오물, 위험, 정화 의례

과거에서 영감을 길어오는 것은 정치적 갱신을 위해 구사하는 유명한 전략이다. 여러 혁명과 혁명가는 과거를 본떠 스스로를 빚어낸다. 로마인들에게 있어 권위^{auctoritas}에 호소하는 것은 원천으로 되돌아가는 것, 로마를 정초하는 행위로 되돌아가는 것을 의미했다. 다툼 따위에 발목이 잡힐 때, 우리 역시 우리의 관계를 구성하던 구속력 있는 결정과 합의, 행위들로 되돌아간다. 개신교인들은 성경에 규정되어 있는 사도들의 행위Acts of the Apostles[사도행전 ─ 옮긴이]로 되돌아간다. 원천으로 되돌아감으로써 장차 올 퇴보와 부패에 맞서 싸울 수 있다는 것이다.

그 수단은 견진堅振과 정화 의례다. 견진 의례는 본래적 원천으로 우리를 돌려보내며, 본래적 원천은 우리를 갱생시키고 우리의 공동 행동에 방향과 힘을 준다. 순수한 원천에 도달할 능력과 자격을 갖추기 위해 우리는 반드시 자신과 공동체에서 불순한 요소들을 씻어 내야 한다. 정화가 없으면 갱생도 없다. 정화 의례는 낙서를 지우는 일에서부터 반역자를 처형하는 일까지 다양하다.

오물은 제자리를 벗어난 물질이다. 오물은 (올바른) 질서를 어지럽힌다. 반드시 씻어 내야 하는 오물은 (공동체의 방향 부재와 와해 같은) 위험을 나타낸다. 법무부장관에 따르면 "해외의 논자들은 이구동성으로 네덜란드 대도시 거리가 더럽고 위험하다고 비판한다"(Hirsch Ballin, 1992). 도덕적으로 타락한 처신과 이웃집 난간의 쓰레기, 거리의 개똥과 무신경함에 대한 불평에는, 그런 것들이 겉보기 이상이라는 뜻이 담겨 있다. 이상의 현상들은 위험을 의미한다. 오물은 위험한 질서 파괴자와 오염원이 활동했다는 증거다. 또 오물에는 감염의 위험이 있다. 병의 확산을 막으려면 종양을 절제切除하고 정화하는 것이 필요할 수 있다. 그리고 위험스러운 오물을 이런 식으로 격리하는 것이 불가능할 시에는, 못지않게 위험하고 잠재적 오염원이 되는 약물을 해독제로 쓸 필요가 있다는 게 드러날 수도 있다.

이렇듯 오물, 위험, 병, 갱생 같은 어휘를 시민적 책임에 관한 동시대의 여러 논변에서 발견할 수 있다. 구래의 정치적 갱신 전략이나 어휘와 비교해 보면, 사람들이 현재 갖고 있는 질서 관념이 오염과 위험을 경험하는 현재의 방식을 어느 정도까지 규정할 수 있는지 깨닫게 된다. 어떤 사람이 다원성을 보는 곳에서, 어떤 사람은 쓰레기를 본다. 어떤 사람이 다채로움을 보는 곳에서, 어떤 사람은 무질서를 본다. 어떤 사람이 괴물(켄타우로스 같은 받아들일 수 없는 혼합물)을 보는 곳에서, 어떤 사람은 매혹적인 참신함을 본다. 질서가 장차 붕괴한다는 두려움에 떠는 사람은 여러 가지 위험을 보게 마련이다. 오물이 위험의 신호라면, 이런 사람에게는 씻어 낼 거리가 많을 것이다.

이상을 고려할 때 사람들이 시민적 책임이 부족하다는 우려를 자꾸 표출한다면, 이는 무엇보다도 질서가 장차 붕괴한다는 공포를 내비치는 것이다. 이때의 공포와 질서관은 어떤 누군가의 공포이고 질서관이다. 특정 정치인의 질서 관념에 준거하는 것만으로는, 정치적·사회적 상호작용에서 용인되는 질서가 정말로 위험에 처해 있는가 하는 질문에 결론을 내릴 수가 없다. 이는 정치가 대상으로 삼는 것이 다름 아닌 갈등을 빚는 복수의 질서관 및 이들을 상대하는 복수의 방식이기 때문이다. 갈등을 빚는 복수의 질서관은, 서로에게 위협으로 느껴지기 때문에, 반드시 퇴보와 오염의 경험들을 산출하게 되어 있다. 정치가 다른 여러 인간 활동이나 관계보다 본래적으로 더 더러운 까닭이다.

과거는 엄밀히 말해 되돌릴 수 없는 것이지만, 바로 이 불가능성 덕분에 정치인들은 현재를 손본다는 목적하에 과거를 동원·조작할 수 있다. 예컨대 네덜란드의 '병립화'(서로 겹치지 않는 부분들로 사회를 분할하는 것)는 과거의 일이다. 그러나 그것은 가능한 일, 즉 우리 네덜란드인들이 과거에 할 수 있었고 따라서 당연히 다시 할 수 있어야 하는 일의 보기 노릇을 할 수 있다. 실행가능한 정치 공동체의 모형이자 그 모형이 향하는 목표 노릇을 할 수 있는 것이다. 정치인들은 시민들이 이런 모형들과 일치하기를 원한다.

그러나 이런 소망에는 문제가 있다. 이상의 모형들에서는 시민적 책임의 원천이 전통적으로 공적-정치적 영역 바깥에 있었다. 가령 (드 토크빌의) 엄격한 종교, (뒤르켐Émile Durkheim의) 산업의 작업 리듬, (푸코의) 학교와 다른 제도들의 규율, 또는 가족에 있었다. 정치인들은 시민적 책임의 원천을 공적-정치적 영역 바깥에서 구한다. 하지만 그들의 시선은 어디를 향해야 하는가? 동시대 사회에는 통일된 문화와 생활방식이 거의 없다. 보이는 것은 독실한 사람들과 비非종교인들, '정규직'의 규율에 종속된 사람들과 비정규직 노동을 하거나 일자리가 없는 사람들, 야심찬 학생들과 학교 중퇴자들, 가족들과 여타 동거 형태들이다. 종교와 일, 학교와 가족이 더 많이 달라짐에 따라, 이들 제도가 모두를 아우를 수 있는 여지 역시 줄어들었다.

우리가 사는 다원적 사회에서 시민적 책임이 주로 생겨나는 곳은 공적-정치적 영역들에 속하는 다원성들의 상호작용 **내부**다. 여기에서 정치인들이 할 일이 있는 것은 분명하지만, 설교를 늘어놓고 다른 영역들에 호소하는 것으로는 이 일을 적절히 완수할 수 없다. 공적-사회적 영역들과 사적 영역들은 대부분, 정치인들이 개입 당시 상정한 방식대로는 더 이상 작동하지 않는다. 정치인들이 민주적 복지국가에서 나타나는 와해와 이기심을 우려하는 것은 옳지만, 민주정을 구하겠다는 시도 속에서 그들이 부인하는 것은 다원성 자체다. 다원성을 증진하고 조직하는 것이야말로 민주정의 존재 이유인데 말이다.

스스로의 자유 때문에 파멸하는 민주정이라는 주제는 유구하다. 민주정은, 법의 테두리를 넘지 않는 한, 자신에게 어울린다고 보는 방식대로 살아갈 수 있는 개인의 자유, 원하는 것은 무엇이든 할 수 있는 개인의 자유를 의미한다. 이 자유는 계산적 이기주의나 자아도취로, 또는 자제력과 시민다움의 상실로 이어질 수 있다. 플라톤에 따르면, 자신의 순간적인 욕망들을 쉴 새 없이 충족시키려 하는 자는 자유로운 것이 아니다. 이는 중독이고, 스스로의 욕망에 노예가 된 것이다. 스스로의 욕망에 지배당하는 자는 시민이 아니다. 도를 지나친 민주정, 이런 중독자들이 주로 사는 민주정은 참주정으로 넘어가기 십상이라는 게 전통적인 생각이었다. 인민은 자신들의 욕망을 즉각 만족시켜 주겠노라고 약속하는 선동가를 추종한다. (자아도취에 빠진 자는 선동가가 재현/대표하는 거울에서 자기 자신을 본다. 그는 지도자와 동일시하며, 이 동일시가 지속하는 동안에는, 자신이 완벽하게 재현/대표된다고 느낀다.) 고전적 공화주의에서 시민적 덕목은 이런 탈선을 막는 방어막 노릇을 하는 것으로 되어 있었다.

이상의 여러 위험을 냉정하게 가늠하고 적정한 방식으로 상대하는 것은 쉽지 않은 일이다. 국회의원들이 극우파 동료의원들에 대한 입장을 정할 때 겪는 곤란을 생각해 보면 된다. 그들은 무시와 투쟁 사이의 균형점을 찾으려고 애를 먹는다. 민주정을 수호하겠다는 열의에 휩싸여 쉽게 위험을 발견하는('제때' 위험을 알아보고 싸우려는) 이들이 실제로는 다원성을, 동시에 민주정 자체를 위태롭게 한다. 민주정은 편집증과 의혹, 그리고 불편한 다원성을 적절하게 조직·관용하지 못하는 무능력 때문에 파멸할 수 있다. 시민적 책임이 부족하다는 불평을 후렴처럼 반복하는 모습은 플라톤의 저작에서 볼 수 있는데, 여기에서 플라톤이 인용한 소크라테스Socrates는 다음과 같이 말한다. "실제로 나는 이렇게 들었다네. 페리클레스는 시민들의 봉사에 일당을 지급하는 제도를 처음으로 시행함으로써 아테네인들을 게으르고 비겁하고 수다스럽고 돈을 좋아하게 만들었다고"(Plato, *Gorgias*, 515)[플라톤, 2011 : 195쪽. 번역은 일부 수정].[1]

이처럼 시민적 책임은 무색무취한 화제가 아니라 폭발성이 강한 화제다. 옛날에 존재한 적 있었다고 하는 공동체를 다시 지향함으로써 '병든 사회'나 고삐 풀린 민주정을 치유·구출하겠다는 이들은, 공적 영역의 공상적 개혁가가 될 위험이 있다. 아테네 민주정을 분석하면서 정치적 통찰과 정신분석적 통찰을 독창적으로 결합시킨 동시대의 사상가 엘리 세이건Eli Sagan의 말을 빌리자면, "사회공학의 모든 책략과 전체주의 사회들이 약속한 총체적이고 편집증적인 통제는, 친족 형태의 사회적 연대가 파괴되면서 야기된 끔찍한 상처를 치유하려는 시도들이다. 그들이 환상이나 현실에서 창출한 연대는, 이제껏 존재한 어떤 친족 체계보다 더 경직되고 더 통제적이며 더 위압적이다"(Sagan, 1991 : 146).

---

1) 이 제도에 관한 자세한 내용은 국역본(플라톤, 2011) 역주 303번과 304번(285~286쪽)을 참고하라.

하지만 우리에게 영감과 지향, 정체성의 원천이 필요한 건 분명하다. 그러나 우리는 반드시 현재의 맥락 **안에서** 이 원천을 찾아내 구체화해야 한다. 원천에 호소하는 것이 현재의 사회적 현실을 부인하는 의미일 경우 호소는 효과가 없다. 이런 식의 부인은 현재 벌어지는 잘못의 대척점에 원천을 놓는다. 그러면 이상理想은 동시대 사회에서 그 결점을 뺀 것이 된다. 이런 이상은, 오늘날 사회의 작동 방식에 대한 원한, 그리고 현재(와 그 다원성, 이주자들, 무관심한 사람들)를 받아들이지 못하는 실패에서 자양분을 얻는다. 원한과 향수는 좋은 지침이 아니다. 현재는 가능한 신속하게 제거될 수 있거나 마땅히 제거되어야 하는 변칙이 아니다.

연설을 늘어놓는 정치인들이 바라보는 동시대 사회란 못마땅한 사실이자, 자신들이 해법을 꾸며내야만 하는 문제들의 원천이다. 정치인들이 원하는 것은 있는 그대로의 현실이 아니라, 자신들의 개입 덕에 개선된 형태로 모습을 드러낼 현실이다. 정치인들은 궁금해 하는 것 같다. 왜 시민들은 자신들에게 좋은 일에 참여하지 않을까? 왜 시민들은 그토록 완고하거나 무관심할까? 그들이 시민적 책임을 보여 주기만 했더라면, 우리의 과업은 덜 버거웠을 텐데. 옛날에는 사람들이 참여하곤 했지. 옛날에는 말이야, 그랬어…. 사회적·문화적·규범적 과거 지향과 실용-기술적 미래 지향이 결합할 때 나타나는 보수주의는, 처음에는 합당해 보일지 모르지만, 쓰라린 경험을 통해 우리가 알고 있다시피 실은 변덕스러운 혼합물이다.

단수의 최종 기준이 없는 다중적 계산들

과거 지향은 동시대의 다원성을 관찰하는 데 [부정적인—옮긴이] 결과를 초래하는데, 과거에 어땠는지를 기준으로 동시대의 다원성을 보게 만들기 때문이다. 우리는 이 지향이 동시대 사회 및 그 가능성들을 오인·오판하는 것으로 이어진다는 점을 보게 될 것이다. 아닌 게 아니라 동시대 사회는 불쾌함과 흥미를 동시에 자아내고, 분명 와해 경향을 보이고 있다. 오래된 단체들은 조각나고 있거나 영향력을 잃고 있다. 사람들은 이제 이들 단체에 신뢰를 보내거나, 구성원들의 처신에 묵시적으로 의존할 수 없다. 임시직파견업체, 선물시장, 노인단체, 범죄조직, 그리고 다양한 저항적 사회운동 같은 신생 단체들은, 기성의 의사결정 구조들과 수집된 자료 범위에서 수용가능하고 인지가능한 자리를 확보하기 전 생겨났다 사라진다. 우리가 현실을 분류하고 관리가능하게 만들 때 수단으로 삼는 범주들, 가령 중앙통계청이나 정당들의 범주들은 여러 차례 무너져 내린다. 이들 범주로는 우리가 파악하고 싶은 것을 충분히 포착할 수 없다. 역동적이고 다형적인 사회적 현실(또는 '현실들'이라고 말해야 할까?)은 의회나 기타 대표기관들 안에서도, 경제학자와 사회학자, 여타 과학자들의 분류 작업 안에서도 순조롭게 재현/대표되지 않는다.

이 난해한 다원성을 관리가능하고 수용가능한 상태로 유지하는 정초적 원칙, 확실한 이야기가 존재하는가? 사람들은 (애덤 스미스 Adam Smith의) '보이지 않는 손', (헤겔Georg Wilhelm Friedrich Hegel과 맑스 Karl Marx의) 역사변증법, (계몽주의의) 편견과의 전투, 토의와 쌍방 청취, 기술적 실용주의 등에서 이런 안심책을 찾곤 했다. 그러나 오늘날에는 이런 정초적 원칙이 존재한다는 믿음이 사라져 버렸다. 권위 있는 메타이야기를 구성하려는 시도 하나하나가 의심을 산다. 그런 이야기를 하려는 시도 하나하나가 은폐된 참주정이라는 불신을 받는다.

정치의 과업과 장소도 더 이상은 메타이야기 속에서 보증받지 못한다. 정치, 즉 우리 다원적 사회의 참여자들은 스스로 정당성을 유지·갱신해야만 한다. 정치의 장소와 과업은 '유일한'the 네덜란드 문화의 여러 기준에 의해 보증되지 않는다. 저 문화가 단일하지 않고 다원적인 것이다. 따라서 시민적 책임에 호소하는 것은, 그 존재가 당연시되는 공통의 문화적 기준에 준거할 수 없다.

과거의 상상적인 안정성에 오도된 정치인들은, 계산적 시민과 책임 있는 시민을 그릇되게 대립시킨다. 그들은 다원성의 조직화에서, 또는 근대적 형태의 모든 사회 질서에서 계산이 수행하는 필수불가결한 역할을 오인한다. 심지어는 노예라 할지라도 일부는 자기 일을 하기 위해 계산이 필수였다. 하물며 시민은 어떻겠는가. 시민들더러 기준을 고수하고 계산적 태도를 취하지 말라고 호소하는 것은 두말할 필요 없이 부적절하다. 계산하지 않음으로써 이 호소를 따르는 시민은 다원성의 조직화를 자주 방해하고 말 것이다. 어쨌든 계산은 변화하는 다원성을 조직하고 기준들을 분별 있게 적용하는 것의 본질이 무엇인지 판단하는 데 필수불가결하다. 우리는 서로의 계산을 신뢰한다. 계산이 없다면, 동시대의 다원성을 조직한다는 것은 상상도 할 수 없는 노릇이다.

계산과 도덕적·법적 기준의 고수는 반대말이 아니다. 기준이 없다면 계산도 없다. 계산의 전제는 계산의 일부를 이루는 요소들에 대한 가치 부여, 아울러 이들 요소를 결합하는 규칙들이다. 특정 상황에서 계산의 유용성과 적절성을 평가할 때, 기준들과 계산은 일정한 몫을 담당한다. 게다가 계산은 기준들 및 그 적절성에 관해서 유효하다. 가령 불가항력과 정당방위라는 사법적 교의의 경우, 사람들에게 위험요소와 위험에 대한 양적 추산에 기초해 판단할 것을 요청한다. 위협과 반응 사이에서 비례의 원칙을 확립하려면, 필히 비율을 계산해야 한다. 계산은 허용될 뿐만 아니라, 시민들의 정상적 처신의 일부인 것이다.

법은 계산을 촉진하기도 하고 제한하기도 한다. 예를 들어 법이 허용하는 정부의 행위라는 학설의 경우, 정부의 행위에서 초래된 (계산된) 손해를 지불하는 한에서 정부의 특정 행위는 법에 어긋나지 않는다고 언명한다는 점을 생각하면 된다. 따라서 계산은 책무성을 조직하는 데 사용된다. 계산은 귀결과 '~를 참작할 때'라는 용어법에 따라 사고하는 것이다. 컨설턴트, 법률가, 실업 관련 기관의 직원이나 회사는, 자신의 시민/고객 편에서 계산을 함으로써 그들을 돕는다. 계산은 사회적 상호작용을 규범적으로 조직함에 있어 필수불가결한 요소다.

역설적 의사소통과 '백지 수표'의 윤리학

시민적 책임의 호소가 청중으로 삼는 사람은 정확히 누구인가? 능동적인 시민들인가, 아니면 무관심한 시민들인가? 기업, 컨설턴트, 아동, 그리고 코쿤족들이 청중에 포함되는가? 시민 지위를 획득하지 않은 상태로 국내에 사는 사람들은? 시민들의 이해관심 부족을 비판하는 연설들의 청중은, 사실 연설을 듣겠다고 찾아올 만큼 관심이 있던 사람들이다. 그러나 정치인들의 비판이 겨냥하는 이들은 정치인들의 성명을 듣지 않는 사람들, 들으러 오지 않던 외부자들이다. 따라서 연설자들이 하고 있는 일은 본질적으로, 무관심한 외부자들에 맞서 내부자들을 결집시키는 것이다. 무관심한 시민들에 관해서는 자세히 후술할 것이다. 여기에서는 우선 정치인들의 호소가 주로 염두에 둔 사람들, 호소를 들으러 왔던 선한 시민들을 살펴본다. 이들을 향한 호소에도 문제가 있는데, 말하자면 역설적 의사소통과 생활세계의 식민화가 그것이다.

역설적 의사소통은, 의사소통의 대상인 전언의 내용을 의사소통 행위가 부인할 때 발생한다(Elster, 1983). "자발적이 되어라"에서, 명령하는 행위는 전언의 내용과 갈등을 빚는다. 이런 의사소통은 청중에게 당혹감을 남기고, 자신들이 이중구속 상태에 놓여 있음을 감지하게 만든다. 자유로운 시민들에게 시민적 책임을 부과하거나 설득하는 일을 다수의 사람들은 부적절한 것으로 경험한다. "그건 내가 판단하겠어"라는 말은 시민적 책임을 호소할 때 흔히 듣는 반응이다.

혹자는 이런 식의 반응이 부적절하다고 주장할 텐데, 이유인즉 이상의 호소들은 시민들이 동료시민들을 설득하려는 시도라는 것이다. 그러나 일이 그렇게 간단치는 않다. 동료시민들을 설득하겠다고 나선 이들은 어쨌든 공직자로서, 이들과 청중의 관계는 강제적이고 권위적이기 때문이다. 많은 이들이 보기에, 연설을 하고 있는 장관은 단순한 동료시민이 아니다. 하지만 자유롭고 평등한 시민들이 논쟁하는 경우라 할지라도 시민적 책임이 부족하다고 비난하는 것은 문제가 있다.

이런 비난을 통해 화자는 청자의 시민권, 곧 자유롭고 평등한 지위를 묵시적으로 의문시하기 때문이다. 어느 쪽으로 보든, 거의 모든 상황에서 시민적 책임의 호소에는 역설적 측면이 담겨 있다. 시민권은 시민들 사이에서 신념과 호소가 전개될 수 있게 해주는 기반이다. 호소를 통한 침식에 맞서 이 기반 자체를 보호하기란 극히 어렵다.

'생활세계의 식민화'는 하버마스가 사용한 문구다(Habermas, 1981:476/499쪽). 보건, 금융, 고등교육, 기타 등등의 체계들은, 적정한 통제가능성을 확보하고 체계의 산물을 제공하기 위해 평범한 사람들에게 체계순응적인 처신을 요구한다. 이런 처신을 신뢰할 수 있으려면, 이 처신이 관련자들의 생활세계에 뿌리를 내려야만 한다. 그러나 생활세계는 근대적인 체계-관리의 요건에 들어맞지 않는 (전통적이거나 비전통적인) 기준과 처신을 만들어 내곤 한다. 이렇게 해서 전통적 윤리나 생활세계의 윤리는 근대적인 체계 윤리와 갈등을 빚는다. 이런 갈등이 아주 뚜렷하게 표출되는 곳이 환경 쟁점이다. 환경 보존과 체계 보존이라는 목적하에, 체계의 전문가들은 우리에게 자신들의 (종종 충분한 시험을 거치지 않은) 고안품을 믿고 그에 맞게 행동해 달라고 요청한다(Wildavsky, 1995). 우리는 우리의 생존을 좌우하는 체계들을 보전하는 데 필요한 일을 할 것을 요구받는다. 그 본질에 있어 우리가 요구받고 있는 것은 '비어 있는' 윤리를 채택하는 일, 백지 수표를 제공하는 일이다. 구체적으로 말하자면, 어쩌면 우리의 가장 깊숙한 신념에 반하여 행동하는 일일 것이다. 전통적인 실체적 가치들과 체계의 요건에 대한 형식적 순응 의지를 연결 짓는 것은 문제적이다. 이렇게 되면 시민적 책임의 호소가 애매해지게 된다. 그러니까 어떤 종류의 시민적 책임성을 요청하는 것인가? 내용 면에서 전통적인 시민적 책임인가, 아니면 체계운영을 뒷받침하는 시민적 책임인가?

무관심한 시민

이제 정치인들의 연설에서 애물단지로 그려지는 무관심한 시민을 살펴보자. 시민이 무관심하다는 것이 사실 왜 문제가 되는 것일까? 어쨌든 제2차 세계대전 이후 민주주의 이론에서 냉담함은 긍정적인 것으로 간주되곤 했던 것이다. 세간에서는 다수의 열광적 참여가 양극화와 이데올로기화, 불관용으로 이어지기 쉬울 것이라고들 했다. 전체주의적 민주정을 만들어 내거나 내전을 초래할 것이라는 예상도 회자되었다. 한편으로 실용주의적이고 타협을 꺼리지 않는 정치 엘리트, 다른한편으로 비교적 소극적이고 순종적인 대중들이 안정적 민주정의 조건으로 여겨졌다. 오늘날 이 이론은 아무런 해법도 제시해 주지 않는데, 왜냐하면 현대의 무관심한 시민들은, 1950년대 당시 그랬던 것과달리, 자발적으로 '단정하게' 즉 선한 시민들에 맞추어 행동하지 않기때문이다. 그들은 '처신이 방정하지 않다'. 한때는 냉담함이 민주정에이로운 것으로 여겨졌다면, 이제는 이해관심의 부족이 민주정의 기반을 약화시키는 것으로 간주된다.

　네덜란드 정치인들은 연설에서 주요한 문제 네 가지를 거론하는데, 시민들이 무관심하면 이들 문제에 대한 해법은 좌절될 것이라는게 그들의 생각이다.

1. 법을 지키고 사회를 통치가능한 수준으로 유지하는 것

2. 복지국가에서 국민적 연대를 보존하고 서로 돌보는 것

3. 정치 참여와 민주정의 존립가능성

4. 고용 참여와 사회적 시장경제의 존립가능성

정치인들은 이해관심의 부족과 싸우고 시민적 책임을 장려함으로써 이들 문제를 해결하는 데 기여하기를 희망한다. 이는 실행가능한가, 그리고 허용가능한가? 먼저 실행가능성 여부를 검토해 보자.

앞서 살펴보았듯, 동시대의 사회에는 더 이상 (통일되고 능동적인 시민집단을 길러낼 수 있는) 기독교적 훈육 같은 단수의 원천이 없다. 오늘날 위 네 가지 사항에 필요한 자질들을 낳는 학습방식들은 과거에 비해 서로 연계되어 있지 않다. 봉사심이 많은 사람이 된다고 해서, 준법정신이 투철하거나 정치적 능동성이 높은 사람이 되는 건 아니다. 폭넓은 정치 참여를 하게 되면, 시장市場이 요구하는 신속한 의사결정과 작업에 쓸 시간이 거의 남지 않는다. (법, 돌봄, 정치, 고용이라는) 앞서 언급한 영역들은, 서로 뒤얽혀 있긴 하지만, 나름의 독립성과 논리를 발전시켜 왔다. 시민적 책임을 호소한다고 해서 여기에서 통일성이 생겨날 수는 없다.

이들 문제를 단일한 해법으로 다룰 수 없다면, 구역이나 부문별로 그에 맞는 시민적 책임을 장려하는 식으로 좀 더 겸손하게 접근할 수는 없을까? 무관심한 시민들이 공동체의 지원을 수령·유지할 때에는 이해관심을 갖는다는 데 초점을 맞출 수도 있다. 이런 이해관심은 필히 가시화되어야 할 것이다. 즉 이런 이해관심을 이미 자각하고 있지

만 [공동체에 대한―옮긴이] 기여의 형태로 비용을 지불하고 싶어 하지는 않는 이들로 하여금, 자신들의 소득이나 자유에 끼칠 부정적 효과들을 꼭 깨닫게 만들어야 할 것이다. 그들은 자신들의 처신이 더 이상 성공을 거두지 못한다는 점을 반드시 알아야 할 것이다. 따라서 법 집행과 돌봄서비스 제공, 고용 중개와 사회보장 행정은 규율적 제도가 되어야 할 것이다. 사람들로 하여금 일이 어떻게 돌아가는지 의무적으로 보고 듣게 만들어야 하고, 듣기 싫어하는 이들은 응당 느끼게 만들어야 한다.

그러나 실전에서는, 이런 식의 접근에서 좋은 결과가 나올 리 만무하다. 관심 없는 사람들은 정책입안기관을 계속 알지 못할 것이고, 개별 행정 공무원들이 실질적인 규율 권력을 갖는 경우는 통상 거의 없다. 공무원들은 민원인의 위협에 시달리기 일쑤고, 임시변통할 수 있는 재량권이 없기 때문에 할 수 있는 일이 별로 없다. 규율 권력은 (삶의 여러 측면을 아우르는 제도들이라는 의미에서) 총체적 제도들 내부에서 벌어지는 상황들에서나 작동한다. 심지어는 감옥이나 학교조차도 오늘날에는 더 이상 그런 식으로 작동하지 않는다.

우리의 다음 질문은, 이해관심의 부족을 시민적 책임의 대립물로 간주하고 그에 맞서 싸우는 것이 허용될 수 있느냐는 것이다. 공적-정치적 영역에 대한 입장은 다양하게 나뉠 수 있다. 가령 (의지가 없는 추종자인) 노예, (공적-정치적 영역을 형성하는 데 일부 기여하는) 시민, (기반을 약화시키는) 적, (편승하는) 계약자-소비자 식으로. 신공화주의의 관점에서 보자면 계약자-소비자를 배척하면서 전투를 벌일 수는 없는데, 시민들에게는 무관심할 권리가 있기 때문이다. (특정 상황의 특정 책무, 가령 배심원으로 봉사할 의무는 무관심할 권리보다 우선하는 것이 허용된다.) 이해관심이 부족한 시민들에게 그렇지 않은 시민들보다 더 많은 책무를 부과하는 것은 허용되지 않는다. 무관심하든 아니든, 시민들에게 내거는 조건들은 동일하다.

시민들 입장에서 볼 때 이해관심의 부족은 정말 나쁜 것인가? 무관심이 허용되는 것이었고 효과적일 수 있었다고 추정한다면, 이런 무관심과 싸운다는 것이 의미가 있을까? 답변은 복잡하다. 곧 관심을 두지 않는 것, 서로 못 본 체하는 것은, 흔히 다원성을 상대하는 성공적인 방식이다. 게다가 무관심을 허용하는 것은 자유사회의 작동에 필수적이다(Zinoviev, 1981; Elster, 1983; Hirschman, 1970). 딱 잘라 외면하는 사람들, 퇴장이라는 선택지를 고르는 사람들은, 자유사회의 평화로운 변화의 도정에서 중요한 신호를 준다. 자사 제품을 외면하는 고객들에게서 교훈을 얻는 것은 기업뿐만이 아니고, 정당, 돌봄체계, 법체계들 역시 무관심에서 교훈을 얻을 수 있다. 충성심 높은 시민들과 무관심한 시민들이 혼합되었을 때 효과가 극대화된다. 퇴장이라는 선택지를 고른 이들은 유형有形의 신호를 준 것이고, 이로 인해 충성심 높은 시민들이 떠받치는 변화 과정이 시작된다. 충성심 높은 시민들만 있으면 맹목적이 되고, 무관심한 시민들만 있으면 무기력해진다.

사람들의 무관심할 자유, 즉 찬성도 반대도 아니라, 무관심하거나 시민권 이외의 사안들에만 관심을 가질 자유를 인정하는 것은 '우리에게 찬성하지 않는 자들은 우리에게 반대하는 것이다'라는 숨막히는 논리를 돌파하는 것이다. 내적 모순(어떤 것은 a이거나 b다)은 외적 모순(어떤 것은 a이거나 a가 아니다non-a, 그러나 a가 아니라고 해서 그것이 b

라는 뜻은 아니다)과 다르게 작동한다. 동유럽 공산주의 체제들이 그렇게 어리석게 행동했고, 그렇게 앞뒤가 꽉 막힌 상태가 되었으며, 그토록 막대한 첩보 기관을 필요로 했던 것은, 여러 가지 이유가 있겠지만, 그들이 내적 모순의 논리, 친구가 아니면 적이라는 논리에 사로잡혀 있었기 때문이다. 자유공화정들에서도 비슷한 논리가 규칙적으로 수면 위로 떠오르긴 하지만, 이런 논리에 맞서 자유롭게 싸우는 일 역시 가능하다. 예컨대 '유럽[연합]에 대한 찬반'이라는 선택을, '시민적 책임인가 이해관심의 부족인가'라는 선택처럼, 거부할 수 있는 것이다.

이해관심의 부족과 시민적 책임의 부족을 등치시키는 것이 부적절한 까닭은, 시민에게 무관심할 권리가 있을 뿐만 아니라, 본질적으로 다른 너무나 많은 입장들이 '이해관심의 부족'이라는 문구에 가려지기 때문이다. 가령 무임승차자들도 있고, 편승하는 것처럼 보이는 사람들도 있으며, 공동의 대의에 관심은 있지만 나름의 몫을 해야 하는 상황에서는 기회될 때마다 몰래 발을 빼는 사람들도 있다. 그 다음으로는 냉소적인 사람들도 있는데, 이들은 아무 입장이나 채택할 수 있지만 어떤 입장도 믿지 않는다. 그리고 '의지가 박약한' 사람들도 있는데, 이들은 의도는 선하지만 몸이 따라주지 않는다. 시민권 이외의 사안들에 헌신하기 때문에, 처신 면에서는 시민적 책임이 그다지 드러나지 않는 무관심한 사람들도 있다. 마지막으로, 공화정의 진정한 적수이면서 공화정의 기반을 약화시키는 사람들이 있다. 시민적 책임이 부족하기는 모두 매한가지라는 평가를 받는 무관심한 사람들이라는 무차별적인 장막 뒤에 이 마지막 부류가 숨는 것을 허용하게 되면, 이들과 싸워 이길 수가 없다.

이 장에서 우리의 목적은, 시민권의 생명력이 고양될 수 있는 방법을 탐색하는 것이다. 정치인들의 도덕적 호소는, 하지 말아야 할 일을 예시하는 것 말고는 별 도움이 되지 않는다. 권위적 지위를 점한 정치인들의 관점을 취하지 않는다면, 그리고 개인들을 직접 호명하는(이로써 문제의 장본인인 개인주의를 강화하는) 것이 아니라 개인들을 아우르는 문화를 다룬다면, 시민권의 생명력에 관한 문제들과 더 잘 대결할 수 있을까? 다음 절에서 우리는 (시민권의 의미가 번창할 수 있게 해주는) 국민주의를 강화하려는 일부 지식인들의 노력을 살펴볼 것이다.

국민주의의 자연화

최근 들어 부활한 국민주의 정치 운동과 갈등들은, 국민주의 같은 철 지난 상상적 현상에 오랫동안 별 관심을 보이지 않던 지식인들의 성찰 대상이 되었다. 지식인들은 기술記述하고 연구하고 설명하며 용납한다. 이들 중 상당수가 입장을 바꾸었는데, 이 입장 변화의 성격을 국민주의의 자연화인 동시에 자유민주정의 역사화(탈자연화)라고 규정할 수 있을 것이다. 이에 대해서는 이하에서 더 자세히 분석할 것이다.

얼마 전까지만 해도 대다수의 지식인들에게 국민주의는 구성된 무엇, 인공물이었다. 국민주의는 정치 질서의 하위 장소에 엄격히 제한되어야 하는 위험한 것으로 간주되었다. 반면 오늘날 국민주의를 주제로 저술하는 많은 지식인들에게 있어 국민주의는 자연스러운natural 동시에 인간적인 현상으로, 악한 요소들뿐만 아니라 평화공존의 잠재력도 포함하며, 정치질서의 필수불가결하고 중심적인 원칙을 이룬다.

어떻게 해서 지식인들의 시각이 이렇게 바뀌게 된 것일까? 그들의 명예를 위해 밝혀 두자면, 그들이 스스로의 입장 변화를 공개적으로 인정한다는 점을 언급하지 않을 수 없다. 그들은 일종의 전향, 전에는 자신들이 볼 수 없었거나 보려 하지 않던 것을 보기 시작한 계기를 전한다. "돌이켜 보니, 지하실에서 보낸 그 시간이 계기가 되어, 내가 바뀌기 시작했고, 국민적 기획을 향한 존경심의 단초들이 나의 감정들 안으로 스며들기 시작했으며, 땅과 무덤이 왜 중요하고 양자를 보호하는 국민들이 왜 중요한지 이해하기 시작했음을 깨닫는다"(Ignatieff, 1993:93~94). 이들 지식인이 우리에게 말한 바에 따르면, 예전에 그들은 선한 자유주의자로서 국민주의를 경멸했다. "나는 주위를 에워싸고 있는 국민적 쇠퇴라는 수사를 싫어했고 또 불신했다. 그런 수사가 나에게는 주로 제국적 향수의 억압된 형태로 느껴졌다. … 그러나 내가 이곳에서 더 오래 살게 되면서, 영국^{Britain}에서 다문화적이고 다인종적이며 포스트국민적인 세계시민주의를 위한 공간은 내가 짐작했던 것보다 훨씬 협소하다는 것을 알게 되었다. … 실제로 영국인들은 세계의 모든 국민 가운데에서도 가장 지독한 국민주의자들이었다"(Ignatieff, 1993:168). 토니 주트^{Tony Judt}(Judt, 1994:45)는 왕년에 역사주의에 입각해 국민주의를 비판한 이들, 자유주의자들과 맑스주의자들에 관해 다음과 같이 썼다. "국민주의와 국민 정체성을 진지하게 취급하긴 하지만 국민주의 고유의 용어법에 근거한 것은 아니라서 제대로 된 이해가 이루어지지 않는다." 현재, 그러니까 1994년에 살고 있는 우리는 더 잘 알고 있다. "우리가 그런 시각을 반박하고자 한다면, 거기에 진리의 중핵이 담겨 있다는 점을 인정하는 데서 시작하지 않으면 안 된다. 약분불가능한 목표들과 해결불가능한 문제들이 **존재하며**, 세계가 다수의 국민과 국민으로 불평등하고 갈등적으로 분할되어 있다는 사실은 선의나 진보에 의해 머지않아 시들어 사멸하거나 극복되지 않을 것이다"(Judt, 1994:51). 보느냐, (아직) 보지 못하느냐, 그것이 문제인 것 같다. 파울 스헤퍼르Paul Scheffer(Scheffer, 1995)는 다음과 같이 썼다. "[국민주의의 새로운 수용을] 비판하는 이들이 보지 못하는 것은, 모든 사회가 스스로 '한 줌의 도덕'minima moralia 같은 것을 확보할 필요가 있고, 이 도덕은 보편적이기만 한 가치들을 넘어서는 곳에 존재한다는 점이다."

이들 전향지식인의 시각을 거칠게 말하자면, 국민주의는 (공존에 속하고 인간의 기본적 욕구를 충족시킨다는 의미에서) **존재하고**, (공존하기 위해) **필수적**이라는 것이다. 문제는 더 이상 국민주의냐 아니냐, 국민주의에 찬성하느냐 반대하느냐가 아니다. 이런 식의 여부與否가 아니라, 오직 어떻게 국민주의에 형태를 부여할 것인가, 또는 어떻게 국민주의를 변경할 것인가가 문제다. 불가피하고 필수불가결한 무언가를 무시하거나 그에 맞서 싸우는 것은 무의미하다는 것이다.

'개명된' 지식인들이 국민주의에 대해 취한 이 집단적이고 적극적인 움직임을 우리는 어떻게 이해해야 할까? 그리고 그들의 새로운 보기 방식ways of seeing에는 사회적 질서에 관한 어떤 관념이 함축되어 있는가? 그 대답의 단초는 자명성과 '자연스러운 것'에 대한 인류학자 메리 더글러스의 연구(Douglas, 1975)에서 발견할 수 있다.

모든 사회에서, 어떤 사물들과 관계들은 자명하고 범접할 수 없으며 자연스러운 것으로 여겨진다. 각각의 문화에는 자연과 자연스러운 것에 관한 나름의 관념이 있다. 이와 관련되는 사안과 관계들은 통상, 지배적인 사회적·도덕적 질서들에서 대단히 중심적이어서 추호의 의심도 용납되지 않는 것들이다. 언명과 반복의 대상이지만, 왈가왈부의 대상은 결코 아닌 것들. 그것들의 자명한 성격이 확정되는 것은 그 제시 방식에서다. 자연스러운 것은 논증조차 필요치 않다. 누가 자연을 논박하려 들겠는가?

자연스러운 것은 사회적·도덕적 질서를 확정하고 지지하는 방식으로 구성된다. 이 질서에서 중심이 되는 요소들은 비판과 논증 너머에 위치한다. 이들 요소는 자명하고 자연스럽다. 누구든 이를 의심하는 사람이 있다면 정신이 나간 사람이거나, 사정에 밝지 않은 외부자다. 부자연스러운 처신은 이와 같이 사회도덕적 질서를 방해하고, 그러므로 해롭다. 부자연스러운 것을 배제하거나 가두는 것은 당연하다. 괴물들은 '자연스러운' 분류를 뚫고 나온 피조물들이다. 일례로 반인반수半人半獸인 켄타우로스 또는 그 나라의 합법적 거주자가 아닌데도 사회적 지원을 이용하거나 (1994년 암스테르담에서 그랬던 것처럼) 선거에서 표를 던지는 사람들을 들 수 있다. 자연스러운 질서들은 자연스럽고 순수하게 유지되는 게 마땅하며, 여기에는 사물의 질서(생태계)와 국민의 질서가 공히 포함된다. 정부들도 사회의 자연스러운 여건들을 존중할 의무가 있다. 이렇게 하지 못할 때, 정부 정책들은 실효성이 없고 심지어 해로운 것으로 보일 것이다.

이런 인류학적 관점에서 볼 때, 자연스럽거나 불가피한 것에 관한 상이 바뀌는 것은 사회적 분류와 질서에서 일어나는 변화를 신호하는 것이다. 이에 비추어 국민주의의 자연스러움에 관한 관념들의 변화를 들여다보자. 거기에서도 자연스러운 것의 특징 세 가지, 즉 ① '자연스러운' 여건들을 논증 없이 반복해서 제시하는 모습, ② 사회도덕적 질서를 뒷받침하는 모습, ③ 부적격자의 배제를 정당화할 때 그 이유로 부자연스러움을 제시하는 모습이 나타나는가?

어떤 형태건 국민주의가 불가피하다는 것을 논증 없이 반복해서 역설하는 모습은, 앞서 언급한 지식인들의 최근 고백에서 공통적이다. 그들의 전향은 논증의 문제가 아니라 차라리 깨달음의 문제로, 이 깨달음이 외부에서 오는 것이든 내부에서 오는 것이든 간에 논증 너머에 있다는 점은 확실하다. 지식인들, 그러니까 어쨌든 논증의 전문가들이 어떻게 해서 논증 없는 확신을 용납하게 된 것일까? 질이 떨어지는 논증에 의해서, 논증처럼 보이지만 더 자세히 따져보면 일관성이 없는 제시에 의해서다. 그 전형적 방식은 네 가지다.

첫번째 방식은 '인간의 기본적 욕구', '정체성', '무언가 붙잡을 것', '소속', '집단', '전통', 그리고 '국민주의' 같은 용어들을 병렬하거나 서로 바꿔 가며 사용하는 것이다. 여기서 암시되는 바는, 독자이자 작가인 우리 모두가 이들 용어의 지시대상이 무엇인지, 이들 용어의 연관과 공통성이 무엇인지 안다는 것이다. 이 제시 속에서 암시와 상상의 대상이 되는 것은 모종의 공동체다.

논증을 회피하는 두번째 방식은 긴급한 문제들을 제시한 다음, 논증 없이, 이들 문제가 정체성 문제라고 성격 규정하는 것이다. 그러나 긴급한 정치적 문제가 모두 정체성 문제인 것은 아니다. 어떻게 해서, 어떤 상황에서, 갈등이 정체성의 갈등이 되는지를 조사할 필요가 있다. 프로방스에 있는 고르드 마을에서 네덜란드인인 필자의 아이들이 프랑스 아이들과 '리스크'^{Risk}라는 보드게임을 한 적이 있다. 아이들은 서로의 언어를 거의 알아듣지 못했다. 그들은 함께 잘 놀았다, 상대편이 자기들끼리 주고받은 모어를 '타인들'이 외국인을 압도하려는 음모로 '듣기' 전까지는. 그리고 나니 놀이는 중단되었고, 대신 프랑스인과 네덜란드인의 아귀다툼이 벌어졌다.

논증을 회피하는 세번째 방식은, 정치적 민주주의와 법이 작동하게 만들려면 법 그 자체 이상以上의 무언가가 필요하다고 역설한 다음, 이 '무언가'에 해당하는 것으로 국민주의 감정을 제시하는 것이다. 법이 작동하려면 법 이상의 무언가가 필요하다는 것은 분명한데, 법이 자동으로 집행되는 것은 아니기 때문이다. 그러나 이 '이상'에 포함되는 것이 무엇인지에 관해서는 논증이 필요하고 이론異論의 여지도 다분하다. 그 후보군에 포함되는 것은 (뒤르켐의) 분업, (푸코의) 규율적 실천/관행들, (몽테스키외의) 법의 정신, (루소의) 입법자의 지도력, 그리고 물론, 국민주의다. 이 경우에도, 어떤 질서의 원칙들이 감정과 처신에 뿌리를 둔 가운데 존재하고 활용가능한지, 그리고 어떤 환경에서 그런지 규명하려면 연구와 논증이 필요하다.

논증을 회피하고 국민주의를 자연화하는 네번째 방식은, 상황적 발언을 본질화하는 것이다. 전시 상황에서 거국내각이나 국민 자체가 위험을 겪고 있다고 말하는 것은 해당 맥락에서는 완벽하게 이해가 능하다. 그러나 그렇다고 해서, 국민주의를 태도와 느낌, 본질로(라일 Gilbert Ryle의 용어를 사용하자면, 기계 안의 유령으로) 연구해도 된다는 결론이 도출되는 것은 아니다. 어떤 상황에서는 "너는 천사야"라는 진술을 완벽하게 이해할 수 있지만, 이 진술을 발단 삼아 천사들의 속성에 대한 조사에 착수하는 일은 오늘날에는 더 이상 벌어지지 않는다. 국민주의라고 해서 무엇이 다르겠는가?

자연화에는 이점이 있다. 자연을 들먹일 수 있는 사람은 현실이 자기 편인 사람이다. 더 스하엡드레이버Sophie de Schaepdrijver(de Schaepdrijver, 1995)는 벨기에의 국민주의를 분석하면서 이 점을 분명하게 보여 준다.

> 언어 집단들은 당연히 국민들이라고 간주하는 본질주의적 시각, 그리고 한 구역에서 다언어주의를 시행하면 자동으로 갈등이 유발된다는 동질주의적 추정은, 연접된 공적 영역에서 꽤 오랜 기간 자명성의 힘을 누렸다. 이로써 판 덴 브란더Van den Brande 수상이 말하던 '자연스러운' 진화는 기실 그 '자연스러운' 한계를 상실하였고, 이로써 신트 미힐스Sint-Michiels의 정치적 타협은 원칙적이라기보다는 실용적인 근거에 입각하여 효력을 유지한다. 이 한낱 실용적인 정초에 힘입어 분리주의자들은 연방화된 벨기에의 단순 지지자들마저 향수병자들로 그릴 수 있고, 그들의 '감정적 호소들'과 분리의 필연성이라는 '냉정한 현실'을 대립시킬 수 있다.

국민주의가 자연화되는 동안, 자유주의는 탈자연화된다/변성을 겪는다denaturalized. 이는 어떤 식으로 작동하는가? 역사적으로 발전한 합의가 존립가능한 정치공동체의 불가결한 요소이자, 자유주의의 조건이나 심지어 핵심 요소라고 역설함으로써, 세계 안에서 자유주의가 점하는 자리는 근본적으로 달라진다. 이로 인해 자유주의는 보편적 호소력과 개방성을 상실하고 역사적 산물로 전환되는데, 그 결과 모든 국민이 자유주의에 접근하는 것은 이제 불가능한 일이 된다. 철학자 헤르만 필립서Herman Philipse(Philipse, 1994)는 신문에 기고한 글에서, 자유주의와 특수한 역사적 문화를 이런 식으로 결합하는 것이 함의하는 바를 명확하게 진술한다. "따라서 이주자들이 너무 많이 유입되어서는 안 되며(우리 같은 소국小國이 감당할 수 있는 인구를 넘어서게 된다는 것도 이유 중 하나다), 우리는 배려와 사랑의 마음을 갖고 이주자들에게 민주주의 게임 및 그에 수반되는 공적 도덕을 기초부터 가르쳐야만 할 것이다." 이 문장은 국민주의 자연화가 함의하는 바를 지체 없이 진술하는데, 새내기들의 양적 억제와 교육이 그것이다. 따라서 국민주의는 특정 자질을 우리들 내부자뿐만 아니라 그들 외부자에게도 귀속시킨다. 그들은 다르고, 그들에게는 우리가 공통적으로 지니고 있는 것이 없다는 것이다.

이런 식으로 외부자에게 특성들을 외적으로 귀속시키면, 내적인 도덕적·사회적 질서 가운데 어떤 요소가 보호와 표현의 대상이 되는가? 필자가 생각하기에는, 유용한 인간·물질과 잉여적 인간·물질을 나누는 내적 질서다. 동시대 사회들은 다량의 쓰레기를 혼신의 힘을 다해 생산하고 있는데, 그 쓰레기란 오물(즉 잉여물질)과 실업(즉 잉여인간)이다. 이들은 오염된 흙더미의 산과 차례를 기다리는 인간들의 대열로 축적된다. 효율성을 증진시킨다 함은 더 적은 것을 가지고 더 많은 일을 하는 것이고, 따라서 쓰레기를 없애는 것이다. 효율성 증진을 중심에 놓는 사회도덕적 질서 안에서, 정치는 쓰레기를 처리하고 잉여를 정돈하는 역할로 내몰린다.

국민주의에 관한 지식인들의 개입에는 통상 내용이 빠져 있다. 당연한 일이다. 각각의 국민주의가 유일무이한 것으로 상정되는데, 한 개인이 그에 관해 무슨 말을 할 수 있겠는가? 사실상 다원적인 사회들에서, 국민주의에 특정적 내용을 부여하려는 각각의 제안은 비판에 부닥칠 것이고, 따라서 발견해 냈다고 하는 합의를 예시하지 못할 것이다. 국민주의 같은 어떤 것이 필수적이고 불가피하며 자연스럽다고 일컬어지지만, 그 내용이 무엇이고 반대파들에게 어떻게 해야 하는지는 통상 불분명한 상태를 벗어나지 못한다. 지식인들 자신의 구성적 활동 역시 통상 숨겨진 상태로 남아 있다. 국민주의는 예나 지금이나 구성된 인공물이다. 국민주의가 인간의 욕구를 충족시킨다면, 그 방식은 문화적으로 특정적이고, 특수한 인간 욕구에 대한 문화적으로 특정적인 해석이나 구성을 포함한다. 새로운 국민주의자들은 이런 통찰을 때때로 망각한다. 이때 망각한다는 것은 그들의 구성적 활동들이 없어진다는 뜻은 아니고, 다만 이런 활동들이 법과 정치, 경험적 시험의 규제를 받지 않는 어둠 속에서 벌어진다는 뜻이다.

자유주의는 질서에 대한 욕구를 인정하지만, 법과 헌법, 정치 너머의 질서를 지향하는 수단 일체를 거부한다. 미 연방 대법원의 잭슨 판사는 이 입장을 유려하게 표현하였다(West Virginia State Board of Education v. Barnette, 319 U.S. 624[1943]).

그들의 시대와 나라에 본질적이라고 생각되는 어떤 목적을 뒷받침하는 획일적 감정을 강제하기 위해 투쟁한 수많은 선인과 악인이 있었다. 국민주의는 비교적 최근의 현상이지만, 다른 시대와 장소에서 그

목적은 인종적이거나 영토적인 안전이었고, 왕조나 체제에 대한 지지였으며, 영혼을 구원하는 특수한 계획들이었다. 통일성을 달성하는 최초의 온건한 방법들이 실패함에 따라, 통일성을 성취하는 데 여념이 없는 이들은 상승일로의 혹독함에 의존하지 않을 수 없다. 통일성을 향한 정부의 압력이 더욱 거대해지면서, 이 통일성이 누구의 통일성이어야 하는지를 둘러싼 반목은 더 매서워진다. 아마 어떤 도발도, 공교육에 종사하는 공직자들이 젊은이들로 하여금 하나같이 받아들이도록 강제해야 할 교리의 내용과 프로그램의 출처를 선택하는 것이 필수적이라고 보는 것만큼 우리 인민을 깊숙하게 갈라놓지는 못하리라. 일관성을 강제하려는 이런 노력들이 궁극적으로 무용하다는 것은, 로마의 이교적異敎的 통일성을 훼방놓는다는 이유로 기독교를 근절하려던 로마의 충동에서부터, 종교적·왕조적 통일성을 달성하려는 수단이던 종교재판, 러시아적 통일성으로 향하는 수단이던 시베리아 유형流刑을 거쳐, 오늘날 우리의 적인 전체주의의 노력과 빠른 실패에 이르기까지, 이런 식의 노력 일체가 남긴 교훈이다. 이의異議를 강압적으로 제거하기 시작한 이들은 머지않아 이의를 제기한 사람들을 절멸하고 있는 자신들의 모습을 발견하게 된다. 의견의 강박적 통일이 달성하는 것은 묘지의 만장일치일 뿐이다. 진부하게 들릴지 모르지만, 우리의 수정헌법 제1조는 이런 시작들을 피함으로써 이런 종말들을 피하겠다는 목적에 따라 설계되었음을 말할 필요가 있을 것 같다. … 우리가 여기서 상대하는 문제들[국기에 대한 경례 거부]처럼 타인들이나 국가에 끼치는 손해가 거의 없는 경우라면, 대가는 별로 크지 않다. 그러나 달라질 자유는 별로 중요하지 않은 사안들로 한정되지 않는다. 그런 식이라면 자유의 한낱 그림자에 그칠 것이다. 그 요체의 시금석은 기존 질서의 핵심을 건드리는 사안들과 관련하여 달라질 권리다.

국민주의를 자연화하는 지식인들은, 자신들이 통일성과 질서를 얻으려고 노력할 때 초래되는 위험을 충분히 가늠하지 못한다. 그들은 국민주의를 수용가능한 것으로 만드는 반면, 그 내용은 충분히 특정하지 않은 채로 내버려 둔다. 그들이 나름대로 만들어 낸 국민주의는 평화롭고 수용가능해 보일 수 있지만, 이론적으로 비어 있는 껍데기에 끔찍한 내용을 채워 넣는 행위에 대해서는 실천적으로 속수무책이다. 그들은 시민권이 국민적 통일성 속에 착근하는 것이 필수불가결하다고 생각한다. 그렇게 되면 이런 국민적 통일성을 믿는 것이 시민의 으뜸가는 의무가 된다. 신공화주의자들의 경우 차이들을 상대하는 것이 시민권의 요점인 데 반해, 새로운 국민주의자들의 경우에는 시민권의 요점이 차이들을 무시하는 통일성의 감정을 함양하는 것이라고 말하더라도 별로 과장은 아닐 것이다.

시민사회

우리는 지금까지 존립가능한 정치적 시민권의 원천들을 이해하고 복원하려는 두 가지 노력을 살펴보았는데, 하나는 정치인들이 호소하는 시민적 책임성, 다른 하나는 지식인들이 자연적 필연성이라고 역설하는 국민주의다. 이 같은 노력들에서 경험적으로나 규범적으로나 부족한 점이 발견되었다. 사회의 작동 방식에 관해 이들 사회공학자가 품고 있는 견해들을 이끄는 것은, 사회가 질서 있고 통치가능해야 한다는 당위적 소망이다. 통치가능하기 위해서 사회는 어때야 하는가는 그들의 유도형 질문이다. 이 상상된 사회에 부합하지 않으면 부적당한 것으로 일축하거나 무시한다. 사람들 사이를 방해하는 여러 차이와 갈등으로 이루어진 다원성을 조직하는 정치적 문제는 그 대립물 곧 통일성을 상정함으로써 '해결'된다. 가령 책임 있는 개인들의 도덕적 통일성이거나 국민의 역사적 통일성 같은 통일성. 시민은 서로의 거슬리는 차이들을 상대하는 것이 과업인데, 여기에서는 서로를 방해하는 차이들을 벗어던지고 난 연후에야 시민으로 인정받는다. 부인과 배제로써 문제를 해결하려는 이런 시도들은 소용이 없을 것이다. 또한 이런 시도들은 빈약한 사회 분석 및 사회 질서에 관한 원시적 관념을 초래하는데, 왜냐하면 바라는 결과인 믿음직한 질서의 통일성이 시작으로 상정되기 때문인데, 합의가 바로 그것이다. 4장에서 필자는 이런 식의 접근들을 떠받치는 관념, 곧 합의가 사회적·정치적 질서의 전제조건이라는 관념을 의문시한 바 있다.

생명력 있는 시민권의 원천을 찾다 보면 정치를 포기하고 시민들을 경시하는 결과로 이어질 수 있다. 가령 정치에서 시민들의 과업은 그 과업이 이미 실행된 다음에만, 즉 사회가 형성된 후 그 안에서만 실행가능한 것이라고 선언하는 경우가 그렇다. 그렇다면 정치적 시민권과 이를 육성한다고 가정된 사회도덕적 원천들 사이의 관계를 어떻게 파악해야 할까? 시민사회라는 관념은, 자기조직화의 역동성과 다원성의 회복탄력성을 강조한다는 점에서, 더 나은 시각을 제공한다.

시민사회의 특징은 다양성이고, 다양성을 제거하지 않으면서 여러 갈등을 상대하는 제도들이다. (시)민법이라는 제도는 사람들에게 같은 가치를 가지라고 요구하지 않으면서 그들의 갈등적 활동들을 규제한다. 시민사회는 산산이 흩어지지 않는 보통의 사회는 아니다. 시민사회는 동질적 공동체도 아니고 시장도 아니다. 시민사회는 이들 요소를 갖고 있지만, 이들과 일치하지 않는다. 국가와 언제건 완전히 일치할 가능성도 없다. 양자 사이에는 늘 거리가 있으며, 이 거리는 양자의 관계를 매개하는 여타 제도들과 독립적인 사법부의 감독을 받는다.

시민사회 안에서 사람들은 자신의 관념들을 형성하고 스스로를 조직한다. 관념들과 관심사들이 자라나 탄탄하게 조직되었을 때, 시민들은 이것들을 공적-정치적 영역 안에서 효과적으로 제시할 수 있을 것이다. 시민권의 생명력은 시민사회의 생명력에서 자양분을 얻는다. 이 연관을 감안하면, 시민권 촉진에 관심 있는 정치인들이 국가와 시민사회의 관계를 더 긴밀하게 만들고, 시민적 연계들을 강화하는 데 국가 권력을 사용하려고 노력하는 것이 납득이 간다. 그러나 이 과정에서 정치인들은 자신들이 촉진하고 싶어 한 것의 기반을 약화시키곤 한다. 이유인즉 시민사회가 통상 생명력을 유지하는 것은 오직 국가와 시민사회가 적절한 거리를 유지하는 한에서이기 때문이다. 국가와 시민사회가 너무 가까워지거나 동일해질 때, 양자 모두 생명력을 잃는다.

최근 연구에서 로버트 퍼트넘Robert Putnam은 이에 관해 설명했다. 그가 발견한 바에 따르면, 이탈리아의 경우 고도로 발달한 시민단체 즉 다양한 자율적 사회조직들이 있는 지역의 지방정부가, 정치적 후견

관계가 활발하고 지배적인 지역들보다 (시민들에게 더 인정받고 더 효율적이라는 의미에서) 더 강력했다. 또한 정치영역과 사회영역 간 관계의 두 유형 모두 시간이 경과해도 안정적이고 변화를 잘 견딘다는 점을 발견했다.

모든 사회에서는 … 집합행동의 딜레마가 정치나 경제에서 상호 편익을 위해 협력하려는 시도를 방해한다. 제3자의 강제는 이 문제에 대한 부적합한 해결책이다. (계契와 같은) 자원적 협력을 좌우하는 것은 사회자본이다. 포괄적 호혜성의 규범과 시민 참여의 연결망은 사회적 신뢰와 협력을 촉진시키는데, 왜냐하면 배신의 유인을 감소시키고, 불확실성을 감소시키며, 미래의 협력을 위한 모형을 제공하기 때문이다. 신뢰 자체는 개인적 속성이기도 하면서, 사회 체계의 출현적emergent 특성이기도 하다. 개인이 (단순히 잘 속아 넘어가는 것이 아니라) 신뢰를 할 수 있게 되는 것은 자신들의 행위가 착근해 있는 사회적 규범과 연결망 때문이다. (신뢰, 규범, 연결망 등과 같은) 사회자본의 저량貯量, Stock은 자기강화적이고 누적적인 경향이 있다. 선순환은 사회적 균형을 낳고, 높은 수준의 협력과 신뢰, 호혜성과 시민 참여, 집단적 복지를 동반한다. 이상의 특성이 시민 공동체를 정의한다. 역으로 **비**시민 공동체에 이런 특성이 부재하다는 것 역시 자기강화적이다. 배신, 불신, 회피, 착취, 고립, 무질서, 침체 등이 악순환의 숨막히는 독기 속에서 서로를 강화한다. 이 주장이 시사하는 바는, 집합행동의 문제에 직면한 모든 사회의 … 진화 경향이 향하는 일반적 균형이 적어도 **두 가지**가 있고, 이들 균형은 일단 성립하고 나면 자기강화적으로 작동하는 경향이 있다는 것이다(Putnam, 1993 : 177/296~297쪽. 번역은 옮긴이).

퍼트넘의 논점을 파악하기 위해 그의 과장된 흑백논리를 반복할 필요는 없다. 신뢰를 강조하는 퍼트넘의 접근은, 신뢰를 재확립하려는 노력을 통해 시민권의 생명력을 복원할 수 있다는 '유일론적'unitarian 관념을 다시 불러들일 수 있다. 그러나 이는 신뢰가 차이들을 상대하는 자원적 방식들의 출현적 특성이라는 퍼트넘의 관찰에 위배될 것이다. 신뢰는 적대적 협력에서, 또는 이 책의 용어를 사용하자면, 시민들에 의한 다원성의 조직화에서 발생한다.

시민사회의 회복탄력성은 시민사회의 자기조직화 역량에 있고, 다양한 실전 경험들에 있으며, 이 경험들에서 학습하고 이 경험들을 조직하는 역량에 있다. 자신과 타인의 실수들 **그리고** 성공들에서 학습하는 것. 다양성과 선택을 통해 학습하는 것. 배타적 권위와 막대한 지적 자원을 보유한 정부가 너무 가까워지거나 너무 압도하게 될 때, 이런 식의 학습은 (최선의) 분석과 지도를 통해 학습하려는 시도들에 의해 질식당하는데, 이는 독점적 조직과 일원화된 구조들의 특징이다. 따라서 국가가 이 원천에서 목을 축이고 싶다면, 시민사회와 거리를 유지함이 마땅하다. 그러나 거리가 너무 멀어도 잘못이다. 그렇게 되면 사람들은 더 이상 정치에 관심을 갖지 않을 것이고, 이기적이고 순전히 계산적인 방식으로 공적 지원을 사용할 것이다. 정부와 시민사회 사이의 알맞은 거리를 어떻게 하면 알 수 있을까? 이 대목에서는 정부 이론이나 시민사회 이론 모두 별 도움이 되지 않는다. 이들 이론은 우리를 출발점, 그러니까 시민들 스스로의 판단으로 돌려보낸다.

이렇듯 시민권의 원천을 찾으려는 우리는 출발점 곧 시민권 자체에 거듭 도달한다. 이는 능동적 시민권이 이런 원천들의 중요 성분이기 때문이다. "시민으로서의 역할과 의무에 관한 상은, 정치적 평등을 향한 헌신과 더불어, 시민 공동체의 문화적 접착제다"(Putnam, 1993 : 183/305쪽. 번역은 옮긴이).

그러니 이 장에서 우리는 돌고 돌아 원점으로 온 셈이다. 우리는 시민권의 생명력에 관해 묻고, 시민권의 생명력을 촉진하는 사회도덕적 조건들에 관해 물었다. 시민들에게 더 많은 시민적 책임을 보이라고 촉구하던 정치인들에서 새로운 국민주의에 찬성론을 펴는 지식인들을 거쳐 시민사회를 칭송하는 퍼트넘으로 이어지는 전철前轍을 따라, 우리는 몇 번에 걸쳐 출발점에 도달했다. 시민권의 생명력에 이바지하는 가장 중요한 요인은 정치과정 자체에서 이루어지는 시민들의 재생산이라는 게 판명된 셈이다. 그 방식은 정치적 올바름을 훈련·주입하는 것이 아니라, 신뢰를 (부산물로) 고취하고 사람들로 하여금 시민이 될 자질을 학습·경험할 수 있게 하는 방식으로 차이들을 조직하는 것이다. 그리고 그 장소는 법정과 정당 활동, 대중매체에서의 논쟁, 그리고 무엇보다 공직들의 수행이다.

필자의 결론은 다음과 같다. 첫째, 생명력 있는 시민권의 원천들은 알려진 바가 거의 없고 대부분 불확실한 상태에 머물러 있다. 둘째, 생명력 있는 시민권과 관련이 있다고 우리가 알고 있는 저 사회적 형세들을 촉진하고 보호하는 것은 가능하지만, 이 형세들을 사회공학과 도덕적 호소를 통해 만들어 내는 것은 불가능하다. 셋째, 이들 원천을 촉진하고 육성하는 최선의 길은 시민권을 행사하는 것이다.

오해를 피하기 위해서 강조해 두자면, 이 장에서 유일론적 설교를 비판하기는 했지만, 필자는 시민적 책임과 국민주의적 감정을 가벼이 여기고 싶은 마음은 전혀 없다. 사람들이 자기 국민에 자부심을 느끼는 건 자유이다. 하지만 그런 감정들이 만인의 의무는 아니다. 국민적 자부심이 부족하거나 이를 거부한다고 해서, 좋은 시민들이 아니게 되는 것은 아니다. 마찬가지로 도덕적 책임에 관한 자기 나름의 감각이 정당하다고 역설하는 것은 당연한 일일 수는 있어도, 그런 책임이 모든 시민의 책무인 것도 아니고 좋은 시민권의 요건인 것도 아니다.

11장 _ 정치 제도들과 시민권 이념

정치 제도들은 시민의 형성에서 대단히 중요하다. 정치 제도들은 행위들의 연행목록을 제시함으로써 시민이 해도 되는 일을 말해 주고, 다른 행위자 및 제도에 맞서 으뜸패로 사용할 수 있는 권리를 제공한다. 또 시민권의 본질과 이상적 가능성에 관한 이념을 공급한다. 우리가 자유민주주의 헌정이라고 부르는 공적 제도들의 집합은, 시민의 목소리를 인정받게 만든다는 관점에 따라 정돈된다. 복수의 목소리와 결정으로 이루어진 질서 안에서 개인의 목소리가 점할 자리를 부여하는 민주적 제도가 없다면, 시민권을 행위 속에서 행사하고 재생산하는 것은 불가능하다.

자유민주정을 이루는 제도들에 관해서는 알려진 것도 많고 분석도 많다(최근의 탁월한 논의는 Holmes, 1995를 보라). 이들 제도가 규제하는 쟁점에는 투표, 통치자의 책무성과 통치자 해임권, 주요한 공공정책의 수립과 입법, 언론의 자유와 집회·시위·결사의 권리, 정보 및 매체 접근권, 정치에서 돈과 폭력의 사용 제한 등이 포함된다. 제도적 형태는 체제마다 다르지만 다음과 같은 합의는 있다. 어떤 체제가 자유민주정이라 불리려면, 이상의 쟁점을 다룸에 있어 공적 계서제 안에서 시민들의 실효성 있는 목소리를 보장하는 방식을 취할 필요가 있다는 것이다. 자유민주정의 이 같은 제도적 배열에서 요점은 시민의 자유라고 말할 수 있다.

1989년 이전까지는, 자유주의 정의 이념들과 자유민주정의 제도적 실천/관행들이 시민권의 윤곽과 내용을 대부분 결정했다. 오늘날에는 이런 식의 단단한 연관성은 더 이상 유지되지 않는다. 공적 영역의 모든 상황에서 작동 가능한 단수의 정의 이론이 존재한다는 생각은 신빙성을 잃어버렸다. 이제 많은 이들은 정의 관념을 다원적이고 국지적인 것으로 간주한다. 그리고 자유민주정의 제도들은 이음매가 어긋나 있기 일쑤여서, 이제 과거에 그랬던 것처럼 조화롭게 작동하지 않는다. 나란히 작동하는 시민권과 민주정 대신, 지나치게 능동적이고 요구가 많은 시민들 때문에 민주정이 과부하를 겪는다는 정치 엘리트의 불평이 들려오는 요즈음이다. 정치와 평범한 시민들의 간극을 우려하는 목소리가 널리 퍼져 있지만, 가령 국민투표 방식으로 양자를 더 밀접하게 연결시키면 불신을 키울 뿐이라는 두려움도 널리 퍼져 있다. 현존하는 자유민주정 제도들이 현재 작동하는 방식에 대해서뿐만 아니라, 자유민주정이 헌정적 구축과 개혁의 프로그램으로 존립가능한지에 대해서도 의심하는 목소리가 널리 퍼져 있다.

기성의 자유민주정 제도들을 비판할 수야 있지만, 문화적 일상과 기대의 뒷받침 때문에 이들 제도는 심히 불완전하긴 해도 계속 작동한다. 동유럽 등지에서 새로 수립된 민주정들에서는, 그리고 유럽연합처럼 국민국가가 아닌 새로운 정치 체제들에서는 사태가 더 어렵다. 이런 곳에서 자유민주주의 이념들은 제도적 실천/관행들을 위한 헌정적 설계로 번역되어야만 하고, 다시 이들 제도적 실천/관행은 (민주주의 제도들이 계속 작동하기 위해 필요한) 지지대 역할을 하는 정치문화를 산출하리라고 희망할 수 있다. 우선 제도적 실천/관행들이 순조롭게 출발하지 못하면, 자유주의 정치문화의 일상과 기대는 발전할 수 없다.

유럽 시민권

유럽연합에서 민주주의와 시민권의 운명은 강력한 보기다. 오랫동안 유럽연합의 제도는 적절한 민주적 통제 없이 발전했다. 의회도 없었고, 통치자의 교체를 달성할 수 있는 권한을 시민들에게 부여하는 민주적 장치도 없었다. 유럽 의회를 구성하는 직접 선거가 마침내 실시되었을 때, 투표율은 낮았다. 유럽 차원의 정당들은 실질적으로 발전하지 않았다. 정당이라는 이름 이면에 있던 것은 생각이 비슷한 일국 정당들의 느슨한 연맹이었다. 유럽 의회에는 꽤 많은 성원들이 출석하지 않았는데, 이들은 의회가 시도하는 몇몇 대담한 조치를 중단시켜야 하는 상황에서만 모습을 나타냈다. 의회가 유럽의 통치 엘리트를 투표로 실각시킨 적은 단 한 번도 없었다. 권위 있는 주간지 『이코노미스트』 등 많은 관찰자들은 유럽 의회에 대한 기대를 일찌감치 접었다. 유럽 의회가 유럽의 민주적 결핍을 벌충하는 데 성공할 리는 만무하다는 게 관찰자들의 생각이다. 만일 민주주의가 유럽적 수준에서 실현된다면, 일국 의회의 정당민주주의 제도들을 모방하는 방식은 확실히 아닐 것이라는 게 그들의 생각이다.

시민권 문제는 1984년 퐁텐블로에서 개최된 유럽이사회에서 다루어졌다. 1년 후 나온 아도니노 보고서(Commission of the European Communities, 1985)는 단계적 접근을 제안했다. 우선 깃발과 (베토벤 9번 교향곡에서 주제를 따온) 유럽 찬가 같은 상징들을 만들고, 그 다음에는 교사 및 학생 교류와 정보를 통한 교육을 실시하며, 이런 식의 문화적 통합 조치들이 견고해지기 시작하면 (유럽연합 시민들 모두에게 지방 선거 투표권을 부여하는 식으로) 실효성 있는 유럽 시민권으로 나아가는 작은 단계들을 추가로 밟아갈 수 있다는 것이다. 그러나 대부분의 사람들에게 유럽 시민권은 상징적인 수준을 벗어나지 못하거나 간단히 말해 부적절한데, 왜냐하면 유럽 시민권이 어떤 식으로 존재하건 간에 현실의 정책 쟁점들에 대한 실효적 통제와는 무관한 상태를 벗어나지 못하고 있기 때문이다. 마스트리흐트 조약은 유럽 시민권을 설립했으나, 이 조약의 다른 부분과 마찬가지로, 시민권 조항은 새로운 유럽인들의 가슴에서 살아 숨쉬지 못했다. 그렇다고 이 조약이 유럽 수준에서 법적·사회경제적·정치적 시민권을 조금이나마 심화시키는 방향으로 나아간 것도 아니다. 그와는 반대로, 유럽연합의 (외교 정책과 사법 관련 사안들에 대응하는) 두번째 기둥과 세번째 기둥을 설립하면서 해당 사안들을, 전통적인 첫번째 기둥에 해당하는 사안들에서 정책결정자들을 억제하던 법적 통제 바깥에 머물게 만들었다. 대체로 유럽 시민권은 문화적 영역에서 헤어나지 못하고 있으며, 현실적인 법적·정치적 예리함을 결여하고 있다. 사정이 이렇기 때문에, 많은 사람들이 계속 무관심하다는 게 별로 놀랄 일이 못 되는 것이다.

재민주화

민주적 제도들이 어려움을 겪는 곳은 유럽연합 같은 새로운 정체들이나 루마니아처럼 새로 해방된 체제들에 국한되지 않는다. 기성 민주정들도 사정은 마찬가지인데, 이곳에서는 '재민주화'와 헌정 개혁, 시민 투표를 요구하는 목소리가 유행하고 있다. 이들 국가는 (가령 프랑스 국민전선 같은) 극우 정당, 지역주의, 세계화된 경제를 누비는 장소에 구애받지 않는 기업, 그리고 국민국가의 정당 수준에서 이루어지는 정치에 관심을 잃어버린 시민들에 대처하느라 애를 먹고 있다. 자유민주정 제도는 열의와 갱신을 불러일으키는 힘을 잃어버리고 만 것일까?

자유민주정이 헌정 구축과 개혁 프로그램이라는 차원에서 겪고 있는 이 같은 실패를 피하는 길이 있을지도 모른다. 정당-의회 민주정과는 다른 수단을 통해 시민들이 통치하는 공화정이라는 이념을 실현하는 길이 가능할 수도 있다. 시민권은 헌정 정치가 미지의 미래로 향하는 항로를 이탈하지 않게 하는 나침반 노릇을 할 수도 있다. 어떤 결과가 나올지 아직은 아무도 모른다. 하지만 분명한 것은, 그 결과를 공화정이라 부를 수 있으려면, 그 새로운 헌정/헌법에서 시민들이 행위자이자 지도적 가치로서 필히 결정적인 역할을 해야 할 것이라는 점이다. 이때 시민권은 새로운 선택과 제도적 배열들의 형성 및 군집을 가능케 하는 구심적 가치 노릇을 한다. 시민권은 기성의 제도적 현실 이상의 것으로, 현존하는 제도들을 비판하고 제도적 개혁들에 방향을 제시하는 이념이기도 하다. 이 장에서는 자유민주정 제도들의 재구축에서 시민권이 수행하는 이 같은 역할을 공적 영역, 재현/대표, 충성심,

자유라는 네 가지 시각에서 예증한다.

공적 영역과 사적 영역의 변증법

'공'과 '사'라는 용어는 활동의 영역을 가리킨다. 가령 집은 사적이고, 거리는 공적이다. 그러나 물리적 소재는 결정적 요인이 아니다. 문제는 사람들이 자신들의 활동들을 위치짓는 방식, 그리고 분리된 상태로 유지하는 방식이다. 한 영역에서 적절한 무언가가 다른 영역에서는 금지되곤 한다. 공적 영역들과 사적 영역들은 가입과 내적 상호작용, 사람들에 대한 책임부여와 탈퇴 면에서 규칙이 서로 다르다. 공적 영역은, 공중의 구성원으로 간주될 수 있는 아무나 접근가능하다. 이 일반적 접근성은 헌법과 기타 법률이 보증한다. 사적 영역들에 대한 접근역시 법률로 규제하지만, 이 제도에서 중심은 주관적 요소, 즉 이 영역의 '소유자'가 내리는 가입 관련 결정이다. 공적 영역들과 사적 영역들 사이의 여러 경계境界는 경계警戒 대상이다. 이들 경계를 허가 없이 변칙적으로 가로지르는 일은 짜증나고 부적절하며 불쾌하거나 부패한 것으로 경험된다. 경계를 양방향으로 가로지를 권한이 있는 사람은 일차적으로 시민이다. 다른 행위자들의 횡단이 허용되는 것은, 그들이 시민의 이 권한을 직간접적으로 존중하고 복무하는 한에서다.

공적 영역과 사적 영역이 공히 존재하는 것은 자유에 결정적으로 중요하다. 한 영역에 붙들려 그 영역의 논리와 권력관계에 휘둘리는 사람은 자유롭지 않다. 자유는 '아니오'라고 말할 가능성과 거절할 가능성, 거리를 둘 가능성을 요건으로 한다. 자신이 취한 비판적 태도를 빌미로 처벌할 수 없는 안전한 성역이 없다면, 이런 가능성은 쉽게 상상할 수 없다. 자유와 비판적 각성은 편심적偏心的 위치, 자기와 세계의 관계를 고찰할 수 있는 '나'의 시점을 상정한다. 공권력의 행사에 대한 편심적 위치는 현세적 정박점, 가령 무기, 집("나의 집은 나의 성")이나 법으로 보호받는 사적 영역을 요건으로 한다. 사적 권력의 행사(예컨대, 가정 폭력)에 대한 편심적 위치 역시 현세적 정박지, 가령 공적 공간과 경찰의 도움, 결사와 회합의 자유, 언론의 자유와 투표권을 요건으로 한다.

18~19세기 들어 (시민)사회라는 이념이 스코틀랜드 계몽주의를 정초한 철학자인 흄David Hume과 스미스, 그리고 '대'大 이론가 헤겔과 맑스의 작업을 통해 발전하였다. 이 이념이 설명한 실천 영역의 논리에 따르면 사람들은, 일정한 한도 내에서, 나름의 이해관심을 보살핀다. 이해관심을 절합하는 이 과정에 수반되지만 참여자 중 누구도 의식적으로 선택한 바 없는 집합적 결과들, 가치들과 태도들은 어떤 것인가? 신생학문인 사회학과 경제학이 이 쟁점을 다루었다. 이들 분야의 학자들이 서로의 모든 차이에도 불구하고 다음과 같은 의견일치에 도달하였다. 실효성 있는 정치 행위의 가능성들은 사회 내 과정들(에 대한 통찰)에 좌우된다는 것이다.

이는 시민권의 경우에도 참으로 간주되었다. 사회의 역동성이 허용하는 경계들 바깥에 자리잡는 한, 시민권은 미망에 머물고 만다는 것이다. 시민권과 자유는 사회의 역동성에 내재한 가장 유리한 흐름들에 올라탈 때에야 겨우 촉진가능하다는 것이다. (가령 애덤 스미스 같은) 어떤 사람들은 (가령 칼 맑스 같은) 다른 사람들보다 이런 가능성을 낙관하였다. 그러나 훗날 얼마간 유행하게 되는 다음과 같은 안이한 생각을 품은 사람은 아무도 없었는데, 그 내용인즉 사회는 올바른 시민적 태도들을 자동으로 만들어 낼 것이고, 가족과 교회, 학교가 양육을 담당하고 각자가 나름의 이해관심을 추구하면 좋은 시민들이 준자동으로 생겨난다는 것이다.

어쨌든 분명한 것은, 우리 시대에는 사회 세력들의 자유로운 상호작용이 자생적으로 선한 시민들을 산출하지 않는 경우가 빈번하다는 점이다. 우리가 목격하는 것은 '무임승차자'식 처신, 규범적 지향의 다원성, 그리고 국민국가의 틀을 우회하는 국제적 지향의 증가다. 경제와 가족, 교회 사이의 관계들과 이들이 공적 영역에 대해 갖는 중요성은 논란의 대상이며 더 이상 당연시되지 않는다. 또한 우리는 시민권을 유발하는 방식으로 개입할 목적하에, 공적 영역 내부로부터 사적 영역의 원동력과 대응하는 데 더 이상 성공하지 못한다. 따라서 이전보다 더, 오늘날의 시민권은 주로 공적 영역 자체에서 재생산되고 보증되어야만 한다.

지난 20년 동안 몇몇 서유럽 나라가 목격한 것은, 공적 영역의 경계를 좁히고 그 한계 안에서 정부를 강화하려는 충동이었다. 이때 핵심이 되는 요소는 국가 활동들을 사유화하고, 정부를 그 핵심 업무로 제한하며, 복지국가를 구조조정하는 것이었다. 사회경제적 평등의 추구는 정치 의제에서 더 이상 중심적 위치를 점하지 않는다. 하지만 그렇다고 해서, 공적 영역 내부의 시민적 평등이 중요하지 않게 되었다는 뜻은 아니다. 이는 보다 국한된 경계 내부에서 공적 영역을 강화하는 데 여전히 결정적으로 중요하다. 또한 이런 강화에 수반되는 것은,

공적 영역 내부의 시민 간 실제적 평등을 실현하는 데 필수적인 한에서 정부가 공적 영역 바깥에서 시정조치를 취할 수 있다는 것이다. 가령 (자유를 위한) 노예상태 종식과 (생존을 위한) 기아의 종식, (판단의 독립적 형성을 계속 가능케 하는) 열린 사회, 그리고 (안정과 만족을 주는 재산 및 여타 물질들을 새내기들이 계속 획득할 수 있게 하는) 아동과 이주자 같은 새내기들을 위한 적정한 기회 등을 예로 들 수 있다.

'공'과 '사'라는 용어가 늘 같은 영역을 의미하는 것은 아니다. 맥락을 보면 그 의미가 무엇인지 통상 분명하다. 대략 쟁점이 되는 영역은 세 곳인데, 공적-정치적 영역, 공적-사회적 영역, 개인적-사적 영역이 그것이다(Castoriadis, 1997:7). 첫번째는 사회 조직화(의 조정)에 관한 정치적이고 행정적인 의사결정의 영역이다. 두번째 영역은 거리 같은 (준)공적 장소들에서 이루어지는 (자연인과 법인을 아우르는) 인민의 상호작용과 관련된다. 세번째 영역은 가정과 친구, 결사체의 영역이다. 세 영역과 단어(공과 사)는 혼동을 일으킬 수 있다. 두번째 영역은 ('사유화'에서처럼) 사적인 것으로 간주될 때도 있고, ('사적 사안들을 공론화하기'에서처럼) 공적인 것으로 간주될 때도 있다. '시민'이라는 단어를 사용할 때에도 이런 애매성을 관찰할 수 있다. 때로는 정치적 의사결정에 참여하는 사람(citoyen)을 가리키고, 때로는 사회적 상호작용에 참여하는 사람(bourgeois, '평범한' 시민 대 정부)을 가리킨다. 이 용법은 실천에서보다 이론에서 더 많은 혼란을 야기한다.

하지만 이상의 고찰에서 확실히 분명해지는 것은, '사적 영역'이라는 용어 자체가 애매하고, 실천적 용법 속에서 한층 특정될 필요가 있다는 점이다. 그것은 쉘Shell과 같은 다국적 회사와 복지맘Welfare Mother을 가리킬 수도 있고, 가정과 도시공원을 가리킬 수도 있으며, 교회와 회사를 가리킬 수도 있다. 따라서 사적 영역과 시장을, 개인적 이해관심의 추구를, 형제적 보살핌을, 또는 사업을 등치시키는 것은 부정확한 것이거나 수사적인 속임수다. 약간만 수정하면, 더 불특정한 상태로 사용하는 '사유화'라는 용어도 마찬가지다.

공과 사의 경계는 따라서 역사적·상황적으로 가변적이라는 게 밝혀진다. 실천/관행에서 이는 그다지 큰 문제로 비화되지 않는다. 이들 경계는 사람이 만든 문화적 인공물이다. 하지만 자유로워지기 위해 인민이 적어도 두 가지 다른 영역에 반드시 접근할 수 있어야 한다는 요건은 다양한 문화적 인공물을 가로질러 유지된다. 공화정에서 사적인 것은 공적 요구와 고려들에 의해 압도당할 위험에 처할 때 응당 보호받아야 한다. 역으로 공적인 것이 사적인 것 속에 폐색閉塞되는 상황이라면 당연히 구조에 나서야 한다. 공적인 장소들과 사적인 장소들 모두 계속 손상되지 않아야만 하고, 시민들이 접근할 수 있어야만 한다. 어느 한 영역이 다른 영역을 향해 월권적 요구를 내세우는 것은 근본적으로 잘못이다.

재현/대표

재현/대표하는 것, 어떤 의미에서는 부재하는 것을 현존하게 만드는 것은 일상생활에서 흔히 일어나는 일이다. 지도, 벌의 춤, 보고서 모두 현 상태가 어떤지를 재현/대표한다. 우리는 흔히 특정한 재현/대표가 부정확했는지를 검증할 수 있거나 고통스럽게 경험할 수 있다. 세상이 재현/대표된 모습과 같지 않았다는 것, 재현/대표가 신뢰할 수 없는 것으로 판명되었다는 것이다.

인민을 재현/대표할 경우, 타인들을 대신해서 발언하고 행위하는 일이 수반된다. 이들 타인은 통상 부재/불참하지만^{absent}, 꼭 그럴 필요는 없다. 회의를 주재하는 의장은 현존하는/출석한^{present} 인민을 대신해서 발언하고, 변호사는 현존/출석할 수도 그러지 않을 수도 있는 의뢰인을 재현/대표한다. 인민을 재현/대표할 경우 그 정확성을 검증하는 일에는 고유한 양상들이 있다. 어쨌든 여기서 문제가 되는 재현/대표의 대상은 기성의 사실들이나 사물들이 아니다. 재현/대표의 대상은 재현/대표되는 사람의 발언과 행위, 즉 객체^{object}가 아닌 의지와 인격이다. 재현/대표가 부정확하다는 것을 어떻게 규명할 수 있단 말인가? 주관적이라는 점으로 악명이 높고 게다가 시간이 지나면 변하게 마련인 의지가 하필 여기에서는 결정적인 요인이다. 재현/대표가 각자 나름의 '의지'를 가진 수많은 인민을 포함할 때 사태는 훨씬 더 문제적이 된다. 하지만 이 경우에도, 검증가능성이 유지되는 한에서만 재현/대표를 계속 말할 수 있다. 어쨌거나 어떤 이나 어떤 것을 재현/대표한다는 주장의 검증가능성이 전무할 때, 재현/대표를 말하는 것은 부조리하다.

인민의 재현/대표는 다양한 방식으로 시험 가능하다. 재현/대표는 사전에 의지와 수권^{授權}의 대상이 될 수 있다. 대표자는 재현/대표된 사람이 하고 싶거나 말하고 싶던 것을 정확히 하거나 말했을 수 있다. 또는 재현/대표된 사람들은, 그들이 현존/출석했었다면 다른 식으로 의지하고 행위했을 것이라 하더라도, 대표자에 대한 신뢰를 확증할 수 있다.

루소가 정치적 재현/대표를 거부한 것은, 의지는 재현/대표될 수 없다는 게 그의 생각이었기 때문이다. 그러나 직접민주주의가 가능하지 않은 동시대의 공화정에서는 일정 형태의 재현/대표가 필수적이다. 대표제 민주주의에서, 직책을 보유한 시민들은 부재/불참한 시민들을 재현/대표한다. 이런 민주주의에는 이하의 질문에 대답하는 절차들이 있다. 부재자/불참자들이 참되게 재현/대표되는가(재현/대표는 정확한가)? 이를 결정하는 이는 누구인가? 실패한 재현/대표에 대한 교정은 언제 어떻게 일어나는가?

이들 질문에 대한 대답을 탐구할 때 신공화주의자들은 다양한 재현/대표 이론들을 활용하는데(Pitkin, 1972), 이론에 따라 재현/대표는 상징화로, (홉스에서처럼) 형식적 수권으로, 묘사로, 가능한 선에서 책임을 추궁하는 것으로, 그리고 이해관심을 실질적으로 옹호하는 것으로 규정된다. 우리는 각각의 이론이나 시각이 분명하게 통하는 상황들을 쉽게 발견할 수 있다. 그러나 일관성도 없이 이 다양한 이론들을 받아들이는 것은 아닐까? 선택해야 하는 것 아닐까? 많은 논의들은 그렇게 추정하는 것 같다. 즉 공적 영역에서 유일무이한 재현/대표 이론을 사용하는 것이 필요하고 가능하다고 추정한다. 그렇지만 왜 그래야 하는가? 판사는 시의회 의원과는 사뭇 다른 방식의 대표자다. 단일한 구상을 향한 충동에 자양분을 공급하는 것은 이상적이고 보증된 재현/대표 체계에 대한 갈망인 것 같다. 하지만 그런 보증된 체계는 존재할 수 없다. 그러나 이런 체계를 추구하는 것도 무리는 아니다. 어쨌거나 재현/대표는 재현/대표되는 이들과 대표자 사이의 간극과 거리를 전제한다. 동시에 이 간극을 메우고자 하는 의무와 포부를 추정한다. 그렇지만 간극을 메우려는 노력의 성공이 보증되어 있다면, 재현/대표를 할 이유가 없을 것이다. 재현/대표는 본성상 결코 성공이 보증될 수 없다. 우리는 투표자와 피선출자 사이의 간극을 서로 다른 방식으로 상대할 수 있으며, 어떤 방식은 나쁘고 어떤 방식은 더 낫겠지만, 결코 이 간극 자체를 제거할 수는 없다.

이상의 사실은 우리 시대에 훨씬 많이 적용되는데, 이전보다 사회는 훨씬 어수선하게 조직되어 있고 훨씬 통제하기 어렵기 때문이다. 동시대 사회에서는 기성의 재현/대표 체계들을 임시변통적인 방식으로 몇 번에 걸쳐 조정하고 보충해야 할 것이다. 이런 보충물을 영구히 고정시키는 것은 그리 유용하지 않은데, 다른 보충물이 필요하게 될 상황이 언제든 닥칠 수 있기 때문이다. 재현/대표는 각각의 사례에 맞추어 조정되고, 다양한 제도와 이론들의 연행목록이 이런 목적을 위해 사용된다. 성공을 보장하는 단수의 체계를 찾는 일은 폐기된다. 그 대신 우리는 재현/대표 제도와 이론들의 연행목록을 살찌우고, 재현/대표의 도구들을 연마하며, 이들을 호환가능하게 만들어 이들이 (직렬과 병렬로, 또는 정치적 '이야기'나 헌정에서) 연결될 수 있게 노력한다.

재현/대표는 교정의 여지를 함축한다. 그렇다면 재현/대표를 교정한다는 사실로부터 이 재현/대표가 옳지 않았고 정확하지 않았다는 결론을 이끌어내도 된다는 뜻일까? 아니, 반드시 그렇지는 않다. 재현/대표에 대한 지지를 유지하는 데 필요한 것은 각 경우마다의 정확성이 아니라 전반적인 신뢰도다. 이따금 이루어지는 교정은 재현/대표의 신뢰도를 높일 수 있다. 교정의 여지가 없으면 재현/대표에 두는 신뢰를 시험할 수 없다. 교정이 없다면, 우리가 대표자에게 계속 신뢰를 두고 싶어 하는지를 결정할 수 없다. 그리고 신뢰가 없으면, 재현/대표도 없다. 재현/대표는 엄밀한 묘사의 문제가 아니라, 신뢰를 주고 보류하는 문제다. 만일 신임투표를 정해진 시간에 요청할 수 없다면, 참된 재현/대표는 존재할 수 없다.

재현/대표의 문제에서 중심은 개별 시민들이다. 여기에는 '평범한' 시민들뿐만 아니라, 국회의원, 판사, 군인, 정책입안자 같은 특수한 공직을 보유하고 있는 시민들도 포함된다. 시민으로서 그들은 신임 투표를 요청해야 하는지 여부를 판단하고, 그런 투표를 정확하게 실시하기 위한 절차들을 개시한다. 시민으로서 그들은 일정 정도의 면책권, 이상의 행위에 필요한 여지를 주는 지위를 갖는다. 이와 같은 시민들의 시각이 없는 곳에서는, 민주적 재현/대표도 없다. 공화정은 직접민주주의가 아니지만, 직접적 시민권으로 가득하다.

충성심

충성심은 터전, 즉 친숙한 사람들과 대상들로 둘러싸인 나름의 장소를 갖는 것을 시사한다. 또 유대관계를 시사하는데, 이는 계산에 근거하는 것이 아니라, 더 심층적인 수준에서 계산의 일부를 이루는 가치들의 기반을 형성한다. 충성심은 장소들, 사람들, 행위방식들과의 연관 속에 존재하는데, 여기에는 왕, 귀족, 동료, 만국의 노동자, 마을, 도시, 국민, 종교(동료신자들), 그리고 최근에는, 동성同性의 사람들, 동물들,

자연이 속한다. 우리가 충성심이라고 부르는 연고의 질은 다를 수 있다. 충성심은 절대적일 수도 제한적일 수도 있고, 굴종적일 수도 독립적일 수도 있고, 개방적이고 상대성을 인정할 수도 과묵하고 불관용적일 수도 있으며, 둔감할 수도 총명할 수도 있다. 충성심에는 (솔로몬 왕과 뒤바뀐 아기의 이야기에 나오는 아이를 향한 엄마의 마음처럼[「열왕기 상」3장 16~28절]) 근본적 헌신과 충심, 순수함의 미美가 있지만, 배제와 자유 부족, 닫힌 사회의 추함도 있다. (다양한 르네상스와 계몽주의, 그리고 근대화 및 정치적 해방 운동들에서 쟁점이 되었던) 열린 사회로의 이행은 기성의 충성심들로부터의 해방/석방을 의미했다. (이 해방/석방에서 다른 충성심들이 생겨나곤 했는데, 구래의 충성심들과 다르긴 했어도 그것들 못지않게 구속력 있고 '확고'하기 일쑤였다.) 열린 사회에서 충성심들은 응당 고정된 여건이 아니라 다양한 선택지에서 자유롭게 선택한 것이어야 한다. 아울러 과거에 선택했(거나 획득했)던 여러 충성심들에서 적정한 기간 안에 스스로를 떼어 내는 선택지를 보전해야 마땅하다. 이는 열린 사회가 특정한 조직화 문제에 직면한다는 뜻이다. 다원적인 충성심이 존중받고 보존가능한 방식으로 이들의 상호작용을 배열하여, 한 충성심이 다른 충성심과의 마주침에서 파괴되지 않게 하고, 개인들이 다원적 충성심 사이에서 비교적 자유롭게 이동할 수 있게 하는 일은 어떻게 해야 가능한가?

공화정은 시민들이 지닌 충성심들의 상호작용을 배열한다. 이렇게 할 수 있으려면, 공화정 자신이 이 시민들의 충성심에 의지할 수 있어야만 한다. 시민적 충성심은 그러니까 다원성을 상대하는 공화주의적 방식들에 대한 충성심과 관련된 것이다. 예전에는, 여기서 중심은 법이었다. 공적 덕목은 주로 법을 만들고 집행하며 법에 복종하는 품행과 관련된 것이었다. 법을 중심으로 만드는 것, 즉 시민들이 자유롭게 창출한 법이나 선택에 의하지 아니하고서는 시민들을 구속하지 않는 것은 예나 지금이나 늘 문제적이다. 법의 권력을 보장하려면 법 자체를 넘어서는 것이 필요하다. 심지어 루소도 '일반의지'의 권위를 확립하기 위해서는 선견지명 있는 지도자와 시민종교에 의탁하는 것이 필수적이라고 생각했다. 오늘날 이런 시민종교를 부활시키려는 시도들이 있긴 하지만 거의 영향이 없다. 헤겔과 뒤르켐, 그리고 시민사회와 그 근대적 분업을 논한 여타 이론가들은, 이 사회가 나름의 도덕성과 문화를 발생시킬 것이고, 그러면 이들이 알맞은 입법의 근거 노릇을 할 것이라고 생각했다. 하지만 훗날 벨Daniel Bell(Bell, 1976)과 허시 Fred Hirsch(Hirsch, 1976) 등이 발견한바, 자본주의 사회는 나름의 도덕적인 존재조건들을 허물며, 새로운 조건들을 자동으로 생산하지 않는다. 푸코(Foucault, 1975)가 주장한 바에 따르면, 법과 권리, 의무의 현실은 법적 현실의 사정권 바깥에서 전개되는 규율적 실천/관행들에 의해서만 작동가능했다. 그러나 우리 시대에는 학교와 감옥, 가정에서 전개되는 이런 류의 규율은 더 이상 당연시되지 않고 그 실효성을 대부분 상실했다. 법의 권위를 확정하곤 했던 의례들은 이제, 설사 집전된다 할지라도 의심의 눈초리에서 자유롭지 않다. 네덜란드에서는, 병렬적이지만 필수적인 자원적 결사체들의 구조가 한때 다극공존형 민주정의 핵심 요소였다. 이 구조는 법의 확립과 집행에서 결정적 역할을 담당했다. 현재 이 다극공존형 구조의 유물들이 대부분 국가 덕으로 재정적·절차적으로 연명하고 있지만, 다수 시민들의 지지와 순종은 더 이상 받지 못한다. 그것들은 시민사회에서 '자라나지' 않고 국가에, 1970년대식 표현을 쓰자면, '이데올로기적 국가장치들'에 뿌리를 두고 있다.

19세기와 20세기 전반기에는 국민이 법적 권위의 가장 중요하고 공통된 보고寶庫이자 보증자였다. 국민, 공통의 과거와 미래 안에서 나타난 이 '거대한 자기'는 국가 및 시민사회와 일치하는 것으로 상정되었다. 사실 국가와 입법은 국민들의 창조(와 파괴)에서 중요한 역할을 수행했는데, 이는 대외적으로도 그랬을뿐더러 대내적으로도 그랬다. 병역, 의무교육, 단일언어 사용, 박물관 건설, 지도 제작과 인구 통계, 각종 조사는 모두 국민이라는 이 '상상된 공동체'(Anderson, 1991)를 창출하고 '농민들을 프랑스인으로'(Weber, 1976) 바꾸기 위해 도입되었다. 하지만 오늘날에는 이런 식으로 국민을 건설하는 국가적 접근은 좀체 존립가능하지 않다. 모든 종류의 국민과 장래의 국민들은 은밀하거나 공개적으로 나름의 (장래의) 국가 구조들을 창출하며, 국제적 지향을 갖는 사회들의 시민들은 국가에게 국민주의에 관한 가르침을 받고 싶어 하지 않는다. 국민주의는 사라지지 않았다. 정반대로 최근 더 강력하게 성장했다. 그러나 국민주의는 국가가 법의 권위에 유리한 방향으로 자신을 완화하고 빚어내며 통합하는 것을 더 이상 내버려 두지 않는다. 국민주의는 이제 법의 지지자라기보다는 파괴자다.

오늘날에는 공화정과 법의 작동을 보장하고 떠받칠 수 있는 단일한 충성심을 발견하거나 정초할 수 없음이 드러난다. 존재하는 것은 변하기 쉬운 다원적인 충성심들이다. 이들 가운데에서 시민들은 스스로 사회적 상호작용을 통해 충성심을 불러일으켜야만 하는데, 이때의 충성심은 시민들의 공동체를 향한 것이고 다원성을 상대하는 특정한 방식들을 향한 것이다. 시민들은 이런 종류의 충성심을 국민이나 조정자 역할을 하는 다른 믿음 체계들과 열광들에서 더 이상 발견할 수 없고, 공적 영역 자체로 몸을 돌려야만 한다. 거기에서 그들은 다원성을 상대하는 특정한 방식들에 대한 헌신을 불러일으키고자 노력하되, '기존의' 국민 같은 국가가 제조한 신화에 의한 온밀한 방식이 더 이상 아니라 공개적인 방식을 취한다. 시민권, 따라서 시민적 충성심의 재생산은 공화정의 과업이며 따라서 시민들 자신의 과업이다. 이 충성심은 지고至高한 것이 아니고, 일체의 상황에서 다른 충성심들에 대한 우선권을 주장하지 않는다. 하지만 다른 충성심들에 대해 메타기능, 특별한 위치를 점하는 것은 분명하다. 그러나 이는 특정 상황들에서 시민적 충성심이 다른 충성심들을 '능가한다'는 의미에 불과하다.

이상에서 도출되는 것은, 시민권 가입에 있어 혈통, 출생지, 거주지, 일터 같은 요인들이 공화정에 대한 연계와 충성심의 지표 역할을 하지만, 더 중요하고 결정적인 요인은 시민권과의 연계, 즉 나름의 언어와 의회 등을 갖는 역사적으로 전개된 이 공동체에서 시민이 되겠노라는 의향과 능력이라는 것이다.

시민적 충성심은 꼭 국지적이고 특정적이어야 하는가? 이론적으로 건전한 논증들로써 이 명제를 뒷받침할 수 있다. 어쨌거나 기존의 공화정들은 국지적이고 특정적인 특징들을 표시해 왔다. 진화를 통해 전개되었고 우리가 공화정이라고 부르는 제도들(실행의 방식들)의 집합들은 각각 역사적 '우연성들'로 이루어져 있고 경로의존적이다. 문제는 국제화하는 세계에서 이 특정적이고 유일무이한 역사적 특성들을 상대하는 방식이다. 이 특성들을 촉진해야 할까? 커 가는 국제적 합의나 (그다지 크진 않을 수 있는) 공통분모로 통합해야 하는가, 아니면 서로를 떼어 놓아야 하는가? 신공화주의자들은 개방성에 기대야 하는 세계 공동체 안에서 그들의 공화정이 지닌 이런 특별한 성격을 보전하기 위해 매진할 것이지만, 이 성격이 다른 공화정들의 성격과 가능한 한 호환될 수 있게 만드는 노력도 기울일 것이다. 또한 한 특수한 공화정에서 다른 공화정으로의 이행이 계속 존립할 수 있게 하는 시도도 할 것이다. 에스페란토어 같은 세계어는 쓸모가 없다. 시민 공화정들을 위한 획일적 체계도 역시 쓸모가 없다. 공화정들과 시민들의 연결망이 더 유망하다.

이런 연결망에서는, 국민국가의 배타성과 호환불가능한 것으로 생각되던 이중적(또는 다원적) 시민권을 구상하는 것이 완전히 가능하다. 이를 구체적으로 조직하는 일이 창조적 사고와 세심한 돌봄을 요구하기는 하지만 말이다. 마찬가지로 특수한 문화와 지구적 세계 문화의 대비는 이제 큰 문제가 될 필요가 없다. 우리가 세계 문화라고 부르는 연결망 안에서는 다양한 '혼성적'creole 변이들, 즉 세계를 망라하는 것들과 국지적인 것들의 다양한 혼합물이 발전한다. 신공화주의자들은 갖가지 충성심을 상대하고, 국민의 궁극적이거나 기본적인 이데올로기 하나 또는 지도자 한 명을 필요로 하지 않는다. 다원적인 충성심들과 함께 살아가는 것이 간단한 문제라는 말은 아니다. 이런 상황은 직책의 집행에서 비극적 선택들을 요구하기 일쑤이며, 이는 사생활에서도 마찬가지다. 그러나 신공화주의적 시민들은 이런 선택들을 모호하게 만드는 국민 같은 이데올로기를 더 이상 허용하지 않는다. 충성심은 터전, 즉 사람들과 대상들로 이루어진 친숙한 환경 안에 나름의 장소를 갖는 것을 시사한다. 충성심이 시사하는 연계는 자연스럽고 계산에 근거하지 않는다. 충성심은 예전처럼 필수불가결하지만, 그 내용과 재생산 과정들은 바뀌었다. 오늘날 시민들의 터전은 공화정 안의 공적 영역이며, 그들에게 친숙한 환경은 전체가 다 '혼성적이고' 다원적인 세계다. 시민들은 이 세계를 텔레비전에서 보고, 그 제품들을 보다 번영하는 나라들의 상점들에서 발견할 수 있으며, 그 효과들을 부유하고 가난한 나라들에서 보고 듣는다.

충성심에는 늘 주어진 요소들과 선택된 요소들이 함께 있다. 충성심에 대해 알고 싶을 때 우리는 즉시 "무엇 또는 누구를 향한 충성심인가?"라고 묻는다. 우리가 느끼기에 그 무엇과 누구는, 세계의 저 바깥에 **주어진** 것이면서 충성심 있는 사람이 선호하는 **선택된** 것이다. 비록 선택과 여건이 모든 충성심 관념에 현존하기는 하지만, 양자를 어디에 위치 지어야 하고 양자가 어떻게 연관되는지에 관해서는 뚜렷한 차이가 있다. 많은 관찰자는 시민들의 충성심의 주어진 근거를 국민, 민족성이나 문화에서 발견한다. 신공화주의의 시각에서 이는 잘못된 여건을 선택과 배제의 근거로 취하는 것이다. 여건은 다원성이고, 불가피하게 서로를 상대하지 않을 수 없는 사람들이다. 요점은 자유로운 시민들이 수용가능한 정도로 사람들의 관계들을 변형하는 것이다. 이렇게 하려면 어떤 사람들은 배제하고 관계 맺을 다른 사람들을 선택하는 식이어서는 안 되고, 차라리 시민들이 선택/수용할 만한 가치가 있도록 주어진 사람들 사이의 관계들을 변화시켜야 한다. 이는 관련된 사람들 각각을 가급적 시민들로 대한다는 것을 함축한다. 이는 시민권이 사람들의 안전하고 오랜 소유물이 될 것을 요구하지 않고, 차라리 사람들을 (그들의 시민권이 상호작용 자체에서 만들어지는 중인) '어중간한'halfway 시민들이자 자유로의 도정에 있는 시민들로 대한다는 것을 함축한다.

사실 주어진 다원성을 시민들이 선택한 관계들로 변형하기 위해서는 응당 다른 '여건'을 수용해야 하는데, 이 여건이란 시민권을 가능케 하고 시민권을 구성하는 법들과 민주적 절차들이다. 그러나 이들은 일차적 질서의 여건들을 변형하는 데 기여하는 일종의 이차적 질서의 여건이다. 게다가 이런 이차적 질서의 여건들은 절대화되어서는 안 되는데, 자기준거적으로 활용될 수 있기 때문에, 즉 그것들 스스로가 바뀔 수 있기 때문에 그렇다. 요컨대 신공화주의의 충성심은 주어진 다원성을 향한 충성심이고, 시민들이 주어진 다원성을 조직할 수 있는 방식을 향한 충성심이다. 그 요점은 운명 또는 운fortune을 시민들이 수용한 공화정으로 변형하는 것이다. 프로이트는 우연을 우리의 운명을 결정할 가치가 있는 것으로 대하는 시각에 관해 썼다. 시민들이 우연, 곧 서로 맞닥뜨리는 사람들의 주어진 다원성을 공화정에 투입하는 재료로 취급할 때, 시민들이 하는 일이 바로 이것이다.

자유

자유에 관해서는 몇 마디만 하겠다. 이 주제가 중요하지 않아서가 아니라, 이것이 문제의 핵심이기 때문이다. 자유에 관해 이야기하는 것이 힘든 까닭이다. 자유민주정의 모든 제도는 자유를 향하지만, 자유와 직접 씨름하려고 할 때 우리는 망설이고 쉽게 말문이 막힌다.

법철학자들은 정의의 본질을 파악하는 것보다는 불의가 무엇인지 보여 주는 게 더 쉽다는 것을 안다. 불의를 보여 주고 불의에 맞서 싸울 때 그들이 희망하는 것은, 정의라는 거대한 미지未知를 아우르고 그에 접근하는 것이다. 하지만 그들은 결코 정의를 파악할 수 없다. 자유를 탐구할 때 우리는 유사한 **부정의 길**_via negativa_, 부정을 경유한 접근을 좇는다.[1] 이 경우에도 자유의 현존에 이름을 붙이고 그 가치를 평가하는 것보다는 자유의 부재에 주목하는 것이 더 쉽다.

자유에 대한 평가에는 뭔가 이상한 것이 있다. 한편으로 자유는 자유주의 정치와 윤리의 핵심이며, 모든 정교한 논변의 근간이 되는 공리公理다. 다른 한편으로 우리가 알고 있듯 자유인들은 때로 자유와 맞지 않거나 자유를 추구하지 않는다. 자유의 향유는 청소년들의 발달을 중단시킬 수 있고, 성인들로 하여금 제 무덤을 파게 만들 수 있다. 그 외로도 다양한 사회-심리학적 실험들이 보여 주는바, 다른 점에서는 퍽 정상적이고 멀쩡한 사람들이 사실 실제 상황에 처하면 선택의 자유에 부정적 가치를 부여하는 일이 벌어지곤 한다. 자유는 핵심 가치이지만, 이 가치를 자유인들이 재생산할 수 있느냐가 문제가 된다. 이론적으로는 시민들이 행위 속에서 이 가치를 추구해야 하지만, 사람들이

---

1) '부정의 길'이란 어떤 대상의 본질을 논할 때, '그것은 무엇이다'라는 식으로 실정적인 내용을 추가하는 방식이 아니라, '그것은 무엇이 아니다'라는 식으로 부정되는 내용을 소거해 가는 방식을 말한다. 신학에서는 '신은 인간이 아니다', '신은 시간과 공간에 구속되어 있지 않다'라는 식으로 나아가는 부정신학이 대표적이다. '정의가 무엇인가' 대신 '무엇이 정의가 아닌가 (즉 불의인가)', '자유가 무엇인가' 대신 '무엇이 자유가 아닌가(부자유인가)'를 묻는 것도 기본적으로 같은 방식이라고 할 수 있다.

늘 자유를 사랑하는 시민으로서 자발적으로 행위하는 것은 아니다.

자유를 묘사하는 여러 방식이 있다. 유명한 묘사 중 하나는 (타인들로부터의 간섭이 없는) 부정적 자유와 (타인들의 자유를 고려하면서 당신이 원하는 것을 실현할 능력이 있는 상태인) 적극적 자유다. 양자를 개인적 자유personal freedom라는 표제로 요약할 수 있다. 아울러 두 가지 다른 의미를 구별할 수 있는데, (타인들의 바람에 반하더라도 당신이 원하는 것을 하는) 주권적 자유와 (당신이 구성원으로 속한 공동체의 삶과 행정에 참여하는) 시민적 자유가 그것이다(Patterson, 1991:3~4).

정태적 상태를 벗어나지 못하는 한, 이상의 정의와 분류는 헌정 교체의 시대에 별로 깨우치는 바가 없다. 역동적 접근이 더 도움이 될 수 있다. 역동적 관점에서 볼 때 자유는 여건이나 일종의 객체가 아니라, 행위 속에서 출현하고 운동의 지향점이 되는 무언가이다. 자유는 저 운동 속에서 출현하고 일어나며 해석의 대상이 되어야만 하는 무언가이다. 행위하는 시민들은 자유를 출현하게 만든다. 그들의 행위들을 관찰하면 이 운동을 처음부터 끝까지 재구성할 수 있다. 한편으로 그들은 자유라는 특정한 지위와 위치에서 행위하고, 다른 한편으로 그들이 수행한 시민 행위들의 [불확실한] 결과가 자유의 경험이다. 이 초기 지위가 아직 도달하지 못한 것이거나 불확실한 것일 때 우리는 해방의 실천들을 말한다. 이 지위가 여건으로 간주되고 기정사실로 활용될 때, 우리는 자유의 실천들을 말한다. 이 구별은 강조점을 달리할 뿐이다. 두 측면 모두 어느 정도는 늘 문제가 된다. 자유는 둘 사이의 운동에서 출현한다.

시민 행위에 시동을 걸 수 있을 정도의 최저한도의 자율성과 능력이 요구된다는 전제에서, 시민권이 온전하게 자유롭고 유능한 사람들의 전용물專用物이어야 한다는 결론이 도출되는 건 아니다. 그런 사람들은 전혀 존재하지 않는다. 자유로운 **상태를 계속 유지하는**[is] 사람은 없다. 시민권에는 복수의 차이와 의존상태, 부자유를 능숙하게 상대하는 일이 수반된다. 사람들이 이 일을 하는 데 성공하면 자유가 출현한다. 자유가 모습을 드러내지만 소유물은 아니다. 시민들이 이를 함께하는 데 성공하면, 권력이 발생한다. 권력 역시 소유물이 아니다. 자유와 능력, 권력은 시민 행위 안에서, 시민 행위의 부산물로 출현한다. 행위한다는 것은 무언가 새로운 것을 시작하는 것이다. 이렇게 할 능력과 용기를 갖추는 것이 시민권의 요건이다. 그러나 이는 의도한 결과가 달성될 것이라는 보증과는 다른 것이다. 개별 시민이 얼마나 박식하고 영리하며 교활한지와 상관없이, 개별 시민은 저런 보증을 줄 수 없다. 결과를 결정하는 것은 개인적 능력이라기보다, 다양한 시민들의 공동 행위, 자신들의 다원성을 조직하기 위해 시민들이 찾아낸 방식들이다.

자유의 역동적 성격은 처음부터, 곧 노예제의 경험에서 자유가 출현했을 때부터 거기에 있었다(Patterson, 1991). 자유가 정치사에서 출현한 것은 다름 아닌 운동과 불안의 시대이다. 가령 아테네의 '폴리스', 12세기 이탈리아의 도시국가들, 8년 전쟁 당시 네덜란드 공화정이 그랬다. 또한 자유는 시민들이 특별한 공직들을 수행하는 방식에서 출현한다. 앞선 장들에서 필자는, 다원성을 능숙하게 상대함으로써 시민들이 자유를 발생시키는 방식을 묘사했다. 자유의 역동적 성격은 필자가 공적 공간을 논할 때도 나타났는데, 거기에서 필자는 한 영역에서 다른 영역으로의 이동가능성이 자유의 본질적 조건임을 강조했다. 서로 다른 영역들은 서로 다른 규칙들로 통치되는바, 이는 사람들이 한 영역을 다른 영역에 대해 일종의 성역으로 사용하는 것을 허용한다.

시민권은 사람들이 자유와 평등을 누리는 그런 성역으로 파악될 수 있다. 그러나 이 정적인 그림은 중요한 요점을 놓치는데, 왜냐하면 문제가 되고 있는 자유는 시민권과 삶의 다른 구역들 사이를 오가는 운동 **안에서** 부상하기 때문이다. 이들 다른 구역 안에 존재하는 의존관계들은 시민권의 영역에 의해 변조된다. 이는 사회적이거나 개인적인 영역들에서 평등이 창출된다는 뜻은 아니지만, 시민권에 대한 접근이 만인에게 개방되는 방식으로 [이 영역들의—옮긴이] 관계들이 조정된다는 뜻임은 분명하다. 이런 식으로 의존관계들을 변용할 때 문제가 없는 것은 아니다.

노예제나 노예제의 재조합된 형태들을 금지하는 것은, 적어도 이론에서는, 비교적 논란의 여지가 없다. 노예는 그가 상당 기간 붙잡혀 있는 불명예스러운 관계 안에서 무력한 사람이다(Patterson, 1982와 1991). 시민권과 노예제는 양립할 수 없는데, 노예제는 통치자/피통치자라는 이중적 역할을 부정하는 것이기 때문이다.

(중독자와 정신이상자, 지배적 의견과 유행의 맹신자 등) 겉보기에는 노예가 아닌 사람들이 강요된 방식으로 행동할 때, 의존관계들을 변용하는 것은 위의 경우보다는 문제적이다. 여기에서 개입은, 의존상태가 영구적이고 명백한 경우를 제외하면, 문제가 된다.

그리고 선호구성체formation가 영구적으로는 아니고 이따금씩 '불발하는' 정상적 시민들은 어떻게 해야 하는가? 그들의 지각과 평가는,

제대로 인지했더라면 거부했을 방식으로 형성되어 있을 수 있다. 치미는 분노, 일면적이거나 부정확한 정보 등을 생각해 보면 된다. 그들의 선택은 자유롭지만, '순수'하고 전적으로 자유롭게 야기된 것은 아니다. 이런 문제들은 민주주의와 법, 교육의 영역에서 규칙적으로 생겨난다. 온정주의적 강요나 압박, '허위의식'이라는 비생산적 비난의 위험들은 현저하지만, '자유 우선'을 선포한 다음 만사형통하는 척한다고 해서 이런 위험들이 방지되는 것은 아니다.

신공화주의의 관점에서는 노예제나 재조합된 노예제 상황들에서 마땅히 고수해야 하는 접근법이 무엇인지 분명하다. 해방, 해방/석방의 실천들, 적극적 차별[시정조치―옮긴이], 그리고 적극적 행위가 그것이다. 그러나 이런 개입들의 정당성은 노예제가 멈출 때 끝난다. 불이익을 광범위하게 제거하고 사회적 평등을 달성하는 일은 신공화주의 시민권의 요건이 아니다.

두번째와 세번째 부류의 사례, 즉 영구적 중독자와 부수적 부자유에 대한 태도를 결정하는 일은 더 어렵다. 자유로움과 부자유스러움이 섞여 있는 사람들은 시민권의 범주 체계에 들어맞지 않는다. 그들은 주의 깊은 처치가 필요한 별종들이다. 우리는 범주들을 보전하면서도 시민들의 실질적 자유를 보장하고 싶어 하지만, 양자를 결합하는 일은 쉽지 않다. 그런 이유로 알콜이나 약물 중독에 관한 복잡하고 신중한 정책들이 마련되어 있는 것이다. 다른 점에서는 자유로운 시민들의 선호구성체에서 잘못이 발생할 때 우리가 신중을 기해야 할 이유이기도 하다. '자유로운' 판단의 확립 시 나타나는 잘못에 이처럼 조심스럽게 간섭하는 모습은 교육 실천/관행, 반민주적 정당에 공감하는 사람들과의 접촉, 그리고 특정한 일을 하거나 하지 말라는 '간절한' 충고로써 의뢰인 본인으로부터 의뢰인을 보호하려고 노력하는 변호사들에게서 발견할 수 있다. 신공화주의적 시민들은 이런 문제들이 자유 사회와 자유가 부상하는 운동에 생래적임을 인정한다. 그들은 표준적 해법들 같은 것은 없음을 깨달으며, 따라서 그런 해법들을 찾겠다는 노력을 계속하지 않는다. 그들은 자유의 딜레마들을 인정하며, 애매한 상황들에서 이들 딜레마에 대처할 책임을 받아들인다.

공적 맥락을 찾아서

공적 영역의 구성/헌정, 시민들의 출현과 행위를 규정하는 제도적 환경의 구성/헌정이 더 이상 자명한 여건이 아님은 분명하다. 일부 논자들이 불평하는 것은, 매체와 기술 전문가, 시장/가격 계산과 기성의 이익 집단들, 요컨대 서로 논쟁하고 결정하는 시민들 이외의 행위자들과 요인들이 이를 찬탈해 버렸다는 것이다. 이런 비관주의적 결론까지는 동의하지 않지만, 공적-정치적 공간의 윤곽이 바뀌고 있다는 관찰은 공유하는 사람들도 있다. 가장 눈에 띄는 것은 정당들의 문제적 역할인데, 이들은 구성원들을 끌어들이고 공적 논쟁을 조직하는 일에 갈수록 어려움을 겪는다. 공적-정치적 공간의 재구성은 의제로 부상해 있다. 이 같은 정치 행위의 새 맥락이 어떤 외양을 띨 것일지, 가령 다극적일지, 유럽적일지, 시장과 흡사할지, 일국의회주의적일지는 아직 불확실하다.

맥락의 희소성은 우리 시대 어디에나 있는 문제다. 정보가 풍부하고 이동이 빠를 때, 정보의 의미 획득과 방향 제시를 규정할 자명한 환경이 실종될 수 있다. 정치에서 현재 진행 중인 일은, 공적 행위의 맥락을 얻기 위한 투쟁, 장차 자명한 것으로 인정될 것을 주제로 벌어지는 투쟁이다. 어떤 나침반이 이 투쟁 전반에서 우리를 인도할 것인가? 국민일까, 인종일까, 종교일까, 그도 아니면 전통적 공동체일까? 또는 공화정을 향한 시민적 헌신, 차이를 조직하는 민주적이고 합법적인 방식들을 향한 시민적 헌신일까?

이상에서 우리는 자유민주정들의 시민권을 구성하는 공적 제도 몇 가지를 고찰하였다. 또한 이들 공적 제도를 개혁하는 정치가 항로를 벗어나지 않게 하는 데 신공화주의가 우리에게 어떤 도움을 줄 수 있는지에 관한 보기들을 분석하였다. 공적 제도들에 관한 이 분석은 빠진 곳 투성이지만, 한 가지는 분명하다. 헌정 개혁과 격동의 시대에, 시민들을 형성하는 것은 그들이 가담하는 개혁 투쟁 자체이고, 의제로 부상한 것들이며, 그들이 행하고 그르치는 것들이라는 점이다. 시민권은 진행형이다. 이 시대는 시민권에 나쁠 게 없다. 이행기는 위험하지만, 시민 행위에 참으로 좋은 이유들을 제공하기 때문에 활기차기도 하다. 제2차 세계대전 시기처럼, 무언가 중요한 것이 내기에 걸려 있다. 이런 시대에 시민들은 정말로 차이를 만들어 낼 수 있다.

시민권의 전망

당시에는 많은 이들이 깨닫지 못했지만, 1989년은 분수령이 되는 해였고, 그해 이후 정치는 더 이상 예전과 같지 않았다. 정치개혁은 기성의 여러 진리와 주제, 원칙에 따른 일련의 변주곡 이상인 것으로 드러났다. 즉 미지의 세계를 헤쳐 나가는 여행, 어둠 속을 머뭇머뭇 더듬어 가는 탐색이 되었고, 새로운 정치 형태들과 관계들을 창안하고 존립가능한 공존 형태들과 공적 공간을 재구성하기 위해 기울이는 유쾌하거나 몹시 실망스러운 공동의 노력이 되었다.

1989년이 압제로부터의 해방을 표지하기는 했지만, 이 해방이 자유민주주의 이념 및 실천의 승리와 같다거나, 시장개혁(사유화와 경쟁)과 민주정(다당제와 선거)의 검증된 혼합물을 신중하게 이행하는 일과 같지 않다는 것이 머지않아 뼈저리게 분명해졌다. 이런 '자유화'는 약속이나 소망과 달리 해방을 그르치기 일쑤였다.

그리고 자유 개혁의 축복이 실현되지 못한 곳은 새롭거나 복구된 민주정들만이 아니었다. 기성의 자유민주정들 역시 '1989'라는 꼬리표로 요약되는 변화들의 영향을 받았다. 정치를 펼치는 신뢰받던 방식들은 비판과 이반, 내적 분열과 외적 재편 때문에 토대가 약화되었다. 외적으로 그들이 대면한 것은 냉전의 종식과 국민들의 재결집, 새로운 체제들과 분열하는 국민들, 유럽연합이나 스트라스부르의 인권법원 같은 국제조직들의 늘어나는 중요성과 사정범위, 세계화와 전세계적 경제호황이었다. 이들 모두 주권적 국민국가의 위치 변경이 필요하게 만들었다. 주권적 국민국가는 여전히 세계의 주요 행위 단위였는가? 만일 그렇지 않다면 권한을 빼앗긴 국민국가에서 시민권은 무슨 쓸모가 있겠는가? 내적으로 기성의 자유민주정들은 더해 가는 다원화와 차이, 국민국가를 더 이상 자신의 것으로 여기지 않는 집단들, 국민주의적 분리주의, 그리고 여느 때와 다름없는 정치 따위에는 전혀 관심을 보이지 않는 시민들과 대면했다.

이상의 도전들은 결국 정치가 분산되어 버렸다는 관찰로 이어졌다. 정치의 자리바꿈이라는 주제는 동시대의 저술 다수에서 이런저런 형태로 공명한다. 여느 때와 다름없는 정치가 국민국가의 정당과 의회에서 점하던 중심을 상실하고 있는 것이 정말 사실이라면, 시민의 위치도 영향을 받지 않을 수 없는 노릇이다. 통치와 피통치라는 이중적 위치에 관심 있는 이들이 정치 활동의 다른 무대들로 눈을 돌린다면, 자유민주정 제도들에 참여한다는 전통적인 의미의 시민권은 흔적도 없이 사라질 수 있다. 최소한, 공적 영역에서의 평등이라는 예전의 안전한 위치는 변화하는 연결망들과 과정들 안의 불확실한 위치로 전환 중이다.

이런 전개에 저항할 이유들은 충분하다. 시민권이 만인을 위한 것으로 여겨졌던 데 반해, 연결망에는 패자들, 즉 그런 연결망에서 교점이 될 만한 매력이 없는 이들이 설 자리가 없거나 거의 없다. 시민권은 사람들에게 차이와 갈등, 비정규형 창의성들을 허용하던 공적 공간에서 행위할 것을 요청했지만, 연결망에서의 삶은 정상적이지 않고 '팔리지' 않는 것들에 대해 훨씬 호의적이지 않다.

따라서 만인을 위한 시민권과 자유의 가치들을 소중히 여기는 이들은 정치의 자리바꿈을 삶의 단면으로 받아들이지 않을 것이다. 가능한 경우 그들은 이에 맞서거나 그 속도를 늦추려 할 것이다. 그리고 불가피해 보이는 경우에는 새로운 연결망 내부에서, 과거에 정치로 간주되던 것이 이동한 장소들과 관계들 안에서 시민권과 자유의 가치들을 실현하려고 노력할 것이다.

혹자는 세계화를 사실로 받아들인 가운데, 인권과 인도주의적 국제 개입, 세계 여론의 강화와 민주정들의 동맹을 통해서 시민권의 가치들을 세계 수준에서 실현하려 노력하고 있다. 재계 지도자들과 다국적 회사들은 이 같은 떠오르는 세계 질서를 문명화된 질서로 만드는 책임을 받아들일 것을 촉구 받는다. 단수 또는 복수의 새로운 질서가 진행형이라는 것은 분명하다. 하지만 이 질서가 국민국가에서 시민권이 한때 제공했던 보호를 보장하기에 충분한 한 방을 발휘할 것인가? 대답이 무엇이건, 그런 세계 질서는 분명 국지적 동맹들이 필요하고 국지적인 주권 제도들에 단단히 뿌리내리는 것이 필요하다.

이상을 강조하는 이들은 국민국가가 과거에 그랬듯 진정한 시민권에 여전히 필수불가결하다고 역설한다. 시민권이 진정한 차이를 만들어 내고 실질적 보호를 제공하려고 한다면, 권위 있는 제도들과 문화로 이루어진 환경이 필요하다. 국민국가 너머에는 이를 제공할 수 있는 아무것도 포착되지 않는다. 따라서 국민국가가 곤란을 겪고 있다면 평범한 시민들의 더욱더 직접적인 정치 참여, 그리고/또는 더 활기찬 국민문화가 국민국가를 강화할 필요가 있다. 더 많은 민주주의를 통해 국민국가의 틀을 강화하는 첫번째 선택지는 벤저민 바버가 『지하드 VS 맥월드』(Barber, 1995)라는 강력한 제목의 연구에서 유려하게 옹호한 것이다. 국지적 국민문화와 소속감에 기대는 두번째 선택지는 점점 더 많은 지식인 논평자들 사이에서 인기를 얻고 있다. 10장에서 필자는 이 선택지를 기각하는 논증을 내놓은 바 있다.

시민권이 차이를 만들어 내려면 변화하는 국민국가의 틀 안에서 시민권이 점하는 자리를 재사고할 필요가 있다고 역설하는 이들도 있다. 그들은 국민국가 차원의 민주주의에서 오늘날 나타나는 당혹스러운 일들에 대한 시민들의 이해도를 높이는 경합적 정치 모델과 심의민주주의 관념을 발전시킨다(Benhabib, 1996:9). 이들 통찰은 오래된 것이면서 새로운 것으로서, 사람들이 서로 부딪치는 (국민국가 이외의 체제들 같은) 다른 맥락들에서 활용될 수 있다. 그리하여 마이클 왈저는 격조 있는 연구(Walzer, 1997)에서 그가 잘 아는 분야에서 획득한 관용에 관한 통찰을 (다국적 제국들, 국제사회, 다극공회들consociations, 이주자 사회들 같은) 다른 체제들에 적용, 또는 차라리, 섬세하게 '번역'한 바 있다.

이 책은 오래고 새로운 환경들에 놓인 시민권을 재사고하는 흐름에 합류하였다. 이는 정치이론에서 진행 중인 성찰의 일부이고, 다시 이 성찰은 헌정을 재구성하는 진행 중인 정치의 일부다. 이 책은 다른 연구들과 주제 및 관심사를 공유하는데, 가령 코널리William Connolly 저작(Connolly, 1995)의 다원화나 페팃의 공화주의 연구(Pettit, 1997)가 강조하는 비지배가 그것이다. 물론 그런 연구들과 차이도 있다. 하지만 이 주제를 논하는 사실상 모든 저자가 동의하는 점은, 1989년 이후에는 정치적인 것의 본성과 우리가 이해하는 시민의 이상적 역할을 당연시할 수 없다는 것이다. 이 논점 이상으로 필자가 그들을 대변할 수는 없다. 따라서 필자는 이 연구를 요약하면서 스스로를 대변하고, 필자 나름의 시민권 이론을 1989년 이전의 업적들과 대비하고자 한다.

예전 접근법들은 시민들이 통상 말하는 행위를 시작할 수 있기에 앞서 반드시 만족해야 하는 것으로 간주된 조건들을 주로 분석한 데 비해, 신공화주의는 시민권의 어렵고 불완전한 행사 자체에서 '시민들의 재생산'을 위한 주된 생성 조건을 발견한다. 이런 태도는 우리가 접근과 문화, 참여의 문제를 다루는 방식에 영향을 미친다.

시민권에 **접근**하지 못하면 시민권은 존재할 수 없다. 시민권은 사람들의 자연적 속성이 아니라, 교육과 이주, 수익창출능력이나 소유권을 통한 특정한 접근 조건이 붙는 공적 지위다. 이상적으로는 민주정에서 이 지위는 만인에게 접근가능해야 하지만, 실제로는 전혀 그렇지 않다. 민주적 이상을 벌충하기 위해 많은 이론가들은 이전에 자유의 실제적 행사보다는 자유로 향하는 해방과 접근의 문제에 초점을 맞췄다. 어떤 시민권 이론이건 이 지점이 결정적 시금석이 된다는 게 그들의 생각이었다. 하지만 이런 식의 요구들은 시민권 이론들이 감당할 수 있는 범위를 넘어서고, 이들 이론을 공허하게 만드는 경향이 있다. 예컨대 이주 시 시민의 권리에 관한 이론은 세계를 아우르는 정의 관념이나 세계시민권의 실현을 전제한다. 하지만 시민권의 현실적 보호와 행사는 불가피하게 국지적이다.

시민권 교육은 생래적으로 애매한 관념인데, 왜냐하면 완전히 성장한 시민들 사이에서는 허용할 수 없는 불평등을 교육이 요구하고 수용하기 때문이다. 교육개혁을 통해 시민권을 재활성화하려는 사람들의 희망에 부응하는 이론들은 따라서 실망을 안겨주게 되어 있다. 그들은 시민권의 조건들을 개선하는 방식, 그리고 시민권이 온전히 행사될 수 없는 불평등과 지배의 환경에 초점을 맞추는 방식으로써 시민권을 복원하고자 한다.

시민권의 사회경제적 조건들을 향상시키는 데 전적으로 집중하는 접근법들에서 비슷한 결함이 나타난다. 이 경우에도 해방, 곧 시민권에 접근하는 경로들을 자유롭게 하는 것을 강조하면 자유의 실천들에서 시민권의 실제적 행사를 무색케 하기 십상이다. 먹을거리가 없고 잘 곳이 없는 사람은 당연히 살아남을 수 없고 시민으로서 거리낌 없이 발언할 수 없다. 하지만 T. H. 마셜의 많은 추종자들처럼 사회경제적 보장과 사회권을 시민권의 요체로 만들면, 시민권에 관한 사고는 뒤죽박죽이 된다. 시민권의 핵심이 위치한 곳은 공적 영역이고 시민으로서의 행위이지, 일을 하는 사회경제적 영역이 아니다. 사람들이 일자리가 없다거나 일하기를 꺼리는 것은 불의하거나 도덕적 과오일 수 있지만, 시민권의 관점에서 보면 이런 사실들은 개인이 공적 영역에서 시민 자격으로 연행하는 것에 지장을 주는 한에서만 중요하다.

문화가 없다면 시민권은 존재할 수 없다. 하지만, 많은 이들이 묵시적으로 추정한바, 가치들과 덕목들, 또는 규범적 지향들의 통일성이 존립가능한 시민권의 요건이라는 결론이 이 전제에서 따라 나오는 것은 아니다. 본 연구가 보기에 회복탄력성과 존립가능한 공존은 차이들의 계속되는 조직화에서 생겨난다. 시민들의 사회가 존립가능하기 위해서는, 앨버트 허시먼(Hirschman 1995:243)의 말을 빌리자면, '갈등의 꾸준한 섭취'가 필요하다. 시민권의 문화적 조건은 합의가 아니라 갈등들을 인정하고 상대할 풍부한 연행목록이다. 합의는 조건이 아니라 차이들을 조직화할 때 선호하는 결과다. 사람들 사이에 일종의 합의나 평화가 전혀 없다면 시민들의 공존을 운위할 수 없을 것임은 사실이나, 통일성을 통한 합의와 응집력을 강조해 봤자 소망적 사고에 이를 뿐이다. 시민들이 상호작용할 때 선호하는 결과를 그 전제로 상정하는 것이다. 이 책에서는 합의를 존립가능한 시민 행위의 필요조건으로 간주하지 않는다. 따라서 필자의 관점은 롤스John Rawls(1993)의 중첩적 합의 관념과 다르고, 역사적 공동체 내 통합의 필요성을 강조하는 샌델Michael Sandel(1982) 같은 공동체주의자와도 다르며, 도덕성과 덕목, 사회적 응집의 강화에 시민권 부활의 희망을 거는 일체의 논자와도 다르다. 이들은 모두 감정이나 신념의 통일성이 시민공화정의 접착제를 이룬다고 상정한다. 반면 이 책에서 필자는, 서로를 상대하는 일을 피할 수 없는 사람들, 운명공동체 안에서 서로 연결되어 있음을 깨달은 사람들 사이에 존재하는 차이의 경험과 증오, 비합리적 감정들에 초점을 두었다. 이런 공동체는 주어진 것이지 선택한 것이 아니다. 만일 관련된 사람들이 시민으로서 행위한다면, 그들은 이 공동체를 관련된 모든 사람이 공적 선택자의 지위를 갖는 공화정으로 변형하는 것이다.

만일 아무도 실제로 **참여하지** 않으면 시민권도 없다. 하지만 이 연구는 다른 많은 이들처럼 참여의 확대를 강조하는 것에는 동조하지 않는다. 그보다는, 그 기능과 이유가 무엇이건, 공적 영역 어딘가에서 이미 능동적인 사람들에 초점을 맞춘다. 시민들의 관점에서 그들의 행위들은 어떻게 보이는가? 이런 행위들은 시민권의 재생산을 제고하는가 저해하는가? 그들은 자신들의 임무에 수반되는 권력에 종속된다는 것이 어떤 것인지를 기억하고 고려하는가? 그들은 통치하고 통치받는 방법을 아는가? 더 많은 참여와 해방을 향한 충동은 칭찬할 일이지만, 분석하는 연구 대신 훈계하는 연구를 낳기 십상이다. 극단적인 형태에서는 자기파괴적이기도 한다. 평범한 시민은 무력하다고 간주되고, 어떤 특정적 의미에서 시민을 힘 있게 만드는 데 성공하는 한에서 그는 정의상 평범한 시민이 아니게 되기 때문이다. 필자는 벤저민 바버(Barber 1984)처럼, 더 많은 시민들에 의한 참여와 더 나은 공적 심의의 기치를 내거는 이론가들과 전적으로 의견을 같이한다. 유일한 차이는 강조점이다. 신공화주의는 공적 영역에서 현재 진행 중인 참여의 시민적 자질들을 강조하는 것으로부터 최대치의 효과를 거두기를 기대하며, 따라서 심의민주주의 과정들을 배타적으로 강조하지 않고 (경찰, 세무조사관, 첩보기관 수장, 공보비서 같은) 다른 다양한 공적 임무에서 이루어지는 시민권의 행사를 고려 대상으로 삼는다. 이런 공직자들은 자신들과 다른 이들의 차이들뿐만 아니라 자신들 내부의 차이들에도 대처해야만 하고, 때로는 특별한 직책의 요구와 시민권/직의 요구 사이의 비극적 갈등을 마주친다. 신공화주의는 순 새내기들을 상대로 한 동원과 지시에 초점을 맞추기보다는, 아무리 서툴더라도 이미 참여하기 시작한 이들의 연행목록과 능력을 제고하고 확대하는 데 초점을 맞춘다. 시민권은 완전히 획득되고 영원히 보장될 수 있는 소유물이라기보다, 시민들에 의한 불완전한 행사 안에서, 그 도중에서 구성되는 것이다.

옮긴이 해제

들어가며

이 책의 저자 헤르만 로베르트 판 휜스테런(1940~)은 네덜란드의 정치이론가이다. 그는 첫 단독저서인 『정치적 책임에 대한 사고』 *Denken over politieke verantwoordelijkheid*를 1974년 공간한 이래 2020년 현재까지 단행본을 27권(단독저서 14권, 공저 및 편집 13권) 발표하고, 논문과 기고문, 인터뷰 등도 180편 가까이 출간하는 등 활발히 활동하였다. 다만 박사논문을 바탕으로 1976년 출판한 『통제의 추구. 공무公務에서 합리적-중앙집중적-규칙 접근 비판』 *The Quest for Control. A critique of the rational-central-rule approach in public affairs*과 이 책을 제외하면 단독저서 12권이 모두 네덜란드어이고 논문 등도 사정이 별반 다르지 않기 때문에, 네덜란드어를 모르는 이들이 휜스테런 작업의 전모에 접근하기는 아무래도 쉽지 않다.

시민권 이론에 국한하자면 휜스테런은 1970년대 후반부터 관련 논문을 발표하였고, 특히 1992년에 네덜란드정부정책학술위원회의 의뢰로 편집하고 집필한『실천/관행 속의 시민권』*Burgerschap in praktijken*과『동시대의 시민권』*Eigentijds burgerschap*을 각각 발간하였다. 1994년에는 네덜란드의 사회과학자 바르트 판 스테인베르헌*Bart van Steenbergen*의 편집으로『시민권의 조건』*The Condition of Citizenship*이 출간되었는데, 다렌도르프, 하버마스, 낸시 프레이저*Nancy Fraser*, 브라이언 터너*Bryan S. Turner* 등 이름 있는 학자들이 참여한 이 책에 휜스테런도 논문 「네 가지 시민권 구상」을 실었다(이 논문의 증보판이 이 책 2장이다). 그리고 4년 뒤 이 책이 공간되면서, 휜스테런의 시민권 이론은 세계적으로 큰 주목을 받게 된다. 일례로 이 책이 발간된 1998년, 프랑스의 소장철학자 파트리스 마니글리에*Patrice Maniglier*는 이 책(의 초안)에 관해 22쪽에 달하는 상세한 서평을 반년간지誌『악튀엘 맑스』*Actuel Marx*에 기고한다(Maniglier, 1998). 같은 해 발리바르도 학술대회에서 이 책에 관한 토론문을 발표하고, 이를 2001년 발간한 자신의 단행본『우리, 유럽의 시민들?』*Nous, citoyens d'Europe?*에 재수록한다(Balibar, 2001: 206~215/257~268쪽). 발리바르의 책은 총 12장으로 구성되어 있는데, 이 중 절반인 6편의 논문에서 이 책이 시민권 이론의 중요 자원으로 거론·활용된다.

이 책은 문체가 명료하고 현실적 쟁점을 다루기 때문에 수월하게 읽힌다. 하지만 이론적 깊이도 겸비하고 있는데, 그가 비중 있게 활용하는 이론들은 아리스토텔레스, 루소, T. H. 마셜, 벤저민 바버, 아렌트, 메리 더글러스, 하버마스, 푸코, 비트겐슈타인 등 다양하고 풍성하다. 이하에서 옮긴이는 아렌트를 준거점 삼아 휜스테런의 작업에 대한 하나의 독법을 제시하고자 한다. 아렌트가 휜스테런에게 미친 영향이 지대하거니와, 횐스테런보다는 아무래도 아렌트가 한국 독자들에게 더 친숙한 까닭에 길잡이로 제격이라 판단했기 때문이다.

횐스테런, 아렌트의 상속자

횐스테런은 아렌트에 관한 짧은 논문에서, 몇 가지 이견에도 불구하고 자신은 기본적으로 아렌트의 '추종자'volgeling라고 말한다(Van Gunsteren, 1996:164). 이때 횐스테런이 아렌트에게서 일차적으로 주목하는 것은 '정치에 대한 사고'Denken over politiek라는 기획이다. 물론 사고를 하는 이들도 있고, 정치를 실천하는 이들도 있다. 하지만 정치를 사고하는 이들은 드물다는 게 횐스테런의 판단이다. 한편으로 플라톤 이래 '정치철학자' 대다수는 정치를 이루는 현실적 차원들을 합리성의 표상으로 대체하거나 이 표상에서 추방한다는 점에서 반反정치적이다. 다른 한편으로 정치를 실천하는 이들은 자신들의 활동을 비판적으로 성찰할 능력을 결여한 경우가 많으며, 그 결과 기성의 정치 문법과 관행을 자연적이고 불가피한 것으로 수용하곤 한다. 그에 반해 아렌트는, 사고와 정치 중 어느 쪽을 일면적으로 희생시키지 않으면서 양자를 한데 묶으려 노력한다는 점에서 차별적이다. 횐스테런이 아렌트를 따른다는 것은 우선 이런 의미에서다.

하지만 횐스테런이 아렌트에게서 따르는 것은 일반적인 태도에 그치지 않는다. 그는 신공화주의 시민권 이론을 구축하기 위해 아렌트의 핵심 개념들을 적극 전유한다. 통치자인 동시에 피통치자인 시민, 공직으로서의 시민권, 공적 영역에서의 행위 속에서 출현하는 자유,

정치의 핵심 문제로서의 다원성 등이 대표적이다. 아울러 노동이나 작업/제작^{work}을 행위와 구별하는 접근법 역시 아렌트와 흡사하다(Van Gunsteren, 1996). 즉 휜스테런은 정치를 사고한다는 일반적인 노선뿐만 아니라, 정치를 사고하는 핵심 수단 곧 개념 면에서도 아렌트에게 큰 빚을 지고 있다.

그런데 이상에서 언급한 아렌트의 핵심 개념 상당수는 어떻게 보면 아렌트 본인도 어딘가에서, 그러니까 정치가 '탄생'한 시점의 현실과 사고로부터 전유한 것이다(물론 이 전유는 독창적인 재해석 및 변형과 양립가능하다). 이렇게 보면 휜스테런이 아렌트를 따른다는 것은, 아렌트를 매개로 정치의 '원천'으로 거슬러 올라간다는 뜻이다. 이는 물론 고대 그리스 민주정, 그리고 그리스 민주정을 이론에서 대표하는 아리스토텔레스이다.

원천으로의 회귀

아리스토텔레스를 정치 개념의 창시자로 만들어 준 문장들에서 시작해 보자.

> 주인의 지배$^{despotikē\ archē}$…를 생활필수품의 일들과 관련된 종류의 지배라고 말한다. 지배하는 자는 생활필수품들을 만드는 방법을 반드시 알 필요는 없고, 오히려 [이것들을 만들 줄 아는 자들을] 사용하는 방법을 알아야만 한다. 사실상 전자는 노예적이다. (내가 전자에 의해 의미하는 바는, 노예의 행위들을 실제로 수행하는 능력이다.) … 바로 이

런 이유로 옛날에 몇몇 곳에서는 극단적인 민주정이 생기기 전까지는 장인匠人, dēmiourgos들이 관직에 참여하지 못했다. 따라서 … 좋은 사람이나 정치가, 또 좋은 시민도 이와 같은 방식으로 지배를 받는 자들의 일들을 배워서는 안 된다. 왜냐하면 그것은 한 사람이 주인이 되고 다른 사람이 노예가 되는 경우를 더 이상 일어나지 않게 하기 때문이다.

그러나 태생과 자유라는 점에서 그들 자신과 비슷한 자들을 지배하는 어떤 종류의 지배가 있다. 우리는 이 지배를 '정치적인' 지배라고 말하는데, [노예에 대한 지배와 달리] 지배자는 지배를 받는 자가 됨으로써 이 지배를 배워야만 한다. 이는 마치 기병대 지휘관 밑에서 일함으로써 기병대 지휘관이 되는 것을, 장군 밑에서 일함으로써 장군이 되는 것을, [부족의] 부대장 밑에서 일함으로써 [부대장이 되는 것을], 백부장 밑에서 일함으로써 [백부장이 되는 것을 배우는 것과 같다]. 이런 까닭에 '지배받지 않고는 잘 지배할 수 없다'는 이것 또한 올바르게 말해진 말이다. 반면에men 이것들[지배하고 지배받는 자유인들]의 덕은 다르지만 좋은 시민은 지배를 받고 지배를 하는 앎과 능력을 가져야만 하며, 또 자유로운 자들의 지배를 양쪽에서 아는 것이 시민의 덕(탁월성)이다. 설령 지배자에게 적합한 절제 및 정의가 [자유로우나 지배받는 사람의 절제 및 정의와] 다른 종류라 하더라도, 사실상 좋은 사람은 양쪽 모두를 가진다. (아리스토텔레스, 2017:192~194쪽)

여기서 아리스토텔레스는 주인의/전제적 지배despotikē archē와 정치적 지배politikē archē, 줄여 말해 지배와 정치를 명확히 구별한다. 전자를 규정하는 것이 구성원들 간의 불평등과 비대칭성, 일방성이라면, 후자를 규정하는 것은 평등과 대칭성, 상호성이다. 즉 정치의 본질은 평등이고, 여기서 평등은 근대적인 형식적·법적 평등을 가리킨다기보다, 통치자와 ("태생과 자유라는 점에서 그들 자신과 비슷한") 피통치자의 위치가 주기적으로 교대되게끔 정치공동체의 권력관계를 대칭적·상호적으로 조직한다는 뜻이다. 통치자인 동시에 피통치자인 시민이라는 개념의 원천은 바로 이것이다.

시민권이 공직이라는 착상 역시 아리스토텔레스에게서 온 것이다. 다음 문장들을 보자.

폴리스는 복합체인데 전체로 있으면서도 많은 부분들로 구성된 다른 어떤 전체처럼 있기 때문에, 우리는 먼저 시민을 탐구해야만 한다는 것은 분명하다. 왜냐하면 폴리스는 시민들의 어떤 종류의 집합이기 때문이다. … 단적인 시민은 판결과 관직에 참여한다는 것 이외에 다른 어떤 것에 의해서 정의되지 않는다. 그런데 관직들 중에 어떤 것은 시간상으로 끊어지는 것이라서, 동일한 자가 어떤 관직을 두 차례 맡는 것이 전혀 허용되지 않거나 일정한 시간이 지나야만 다시 맡을 수 있다. 반면에 예를 들어 배심원이나 민회 구성원과 같은 관직은 정해진 임기가 없다. 그렇기 때문에 어떤 이는 아마도 이와 같은 자들은 관직에 있는 자들이 아니며, 이것 때문에 그들은 관직에 참여하고 있지 않다고 말할 수 있을 것이다. 그럼에도 최고의 권위를 지닌 자들이 관직에 있다는 것을 박탈하는 것은 우습다. 그러나 이것은 아무런 차이를 만들지 않는다. 그 논의는 단지 이름에 대한 것일 뿐이니까. 사실상 재판관과 민회 의원 모두에게 공통되는 이름, 즉 이 양자[의 기능]를 무엇이라 불러야만 하는지 [우리에게 말해 주는 단일한] 이름이 없기 때문이다. 그러니 그것을 구별하기 위해서 임기 제한이 없는 관직[aoristos archē —인용자]이라고 해두자. 이렇게 해서 우리는 이런 방식으로 [임기 제한이 없는 관직에] 참여하는 자들을 시민으로 받아들인다.

따라서 이와 같은 것이 거의 시민이라 불리는 모든 사람에게 가장 적합할 수 있는 [시민의] 정의이다. (아리스토텔레스, 2017:176~179쪽)

시민은 폴리스 또는 정치공동체의 기본 요소이자 "최고의 권위를 가진 자들"이라는 것, 시민은 관직/직책archē/office이며 그 핵심 역할은 배심원으로 판결에 참여하고 민회 구성원으로 공적 의사결정에 참여하는 데 있다는 것, 시민이라는 이 직책은 aoristos archē, 즉 임기 제한이 없을 뿐만 아니라, 주제와 분야에 상관없이 모든 공적 사안에 관해 발언하고 결정할 수 있는 '무제한적인'aoristos/indefinite 권한을 그 본질로 한다는 것(Balibar, 2015:13). 이 모든 착상이 여기에 있다. 시민과 정치, 민주주의가 상호참조적인 개념들이라는 점도 분명하다.

이상에서 알 수 있는 바, 휜스테런이 아렌트를 따라 실행하는 '원천으로의 회귀'는 의고주의나 보수주의와는 아무 관련이 없다. 그가 이 원천에서 취하는 것은 민주주의적인 정치 개념이다. 그 핵심 원리는 평등이고 으뜸가는 직책은 시민이다. 즉 평등이라는 원리에 따라 기존의 비대칭적이고 일방적인 지배관계를 재조직한 결과, 또는 같은 얘기지만, 시민이라는 직책에 무제한적인 권한을 부여하거나 최소한 권력관계가 지배관계로 변질되는 것에 대항할 수 있는 권한을 부여한 결과 탄생한 것이 정치이고, 따라서 정치의 뿌리에는 민주주의가 있다는 것이다.

그런 점에서 휜스테런의 기획은, 급진적이고 (뿌리를 건드린다는 뜻의) 발본적이라는 이중적 의미에서 '래디컬' 민주주의 사조에 속한다고 할 수 있다. 같은 사조에 속한 정치이론가들의 진술에서 휜스테런과의 친화성을 강하게 느낄 수 있는 것은 이 때문이다. 가령 미국의 정치이론가 셸던 월린Sheldon Wolin의 다음 언급을 보자. "이 책의 두번째 관심사는 근본적으로 중요하지만 위험에 빠진 어떤 제도institution에 관한 것이다. 즉, 과연 시민들은 민주주의가 최고의, 가장 어려운 직책office(흔히 생각하듯 대통령이라는 직책이 아니라 시민이라는 직책을)에 부과한 역할을 다시금 깨달을 수 있을까? 또 이 질문은 다음과 같은 실질적 추론을 만들어 낸다. 즉, 시민권[시민 직책]citizenship을 재활성화하기 위해서는 시민교육 이상의 것이 요구된다. 그것은 기본권 권력관계의 재질서화를 요구하며, 관찰로서의 그것과는 다른 종류의 시민 참여에 대한 새로운 이해를 요구한다"(Wolin, 2008 : 48/84쪽). 프랑스의 철학자 자크 랑시에르Jacques Rancière의 다음 진술은 또 어떤가? "정치는 권력 행사가 아니다. 정치는 그 자체로, 즉 고유한 주체 때문에 현실화되며, 고유한 합리성에서 유래하는 하나의 특정한 행위 양식으로 정의해야 한다. 정치적 주체를 사유할 수 있게 하는 것은 정치적 관계이지, 그 역이 아니다"(Rancière, 1998 : 164/207쪽). 여기서 우리가 발견하는 것은 일종의 가족유사성이다.

그렇다고 해서 휜스테런의 작업이 이상의 작업들과 동일하다는 뜻은 물론 아니다. 그들 사이에는 여러 차이와 쟁점이 있고, 어떤 대목에서는 양립불가능성마저 있다. 여기서 요점은 래디컬 민주주의 사조의 일부로 휜스테런을 읽어야 그의 작업을 더 수월하게 이해할 수 있다는 것, 역으로 휜스테런의 작업이 래디컬 민주주의 사조 전반을 더 역동적으로 파악할 수 있게 해주는 실마리가 될 수 있다는 것이다.

다원성 개념의 정교화

이 책의 또 다른 중심 개념은 다원성이다. 다원성은 앞 절에서 살펴본 개념들에 비해 아렌트의 독창적 기여가 훨씬 두드러지는 개념이면서, 휜스테런의 독창적 기여가 집약된 개념이기도 하다. 다원성 개념을 정교화하기 위해 휜스테런이 도입하는 개념은 크게 두 가지인데, 하나는 '운명공동체', 다른 하나는 다원성의 네 축이다.

휜스테런에 따르면 다원성이란 "운명공동체community of fate를 공유하는 사람들 사이의 차이들"(이 책 57쪽)인데, 여기서 운명공동체란 "개인들이 각자 일하고 살아가는 방식을 포기하지 않는 한 서로 맞닥뜨리지 않을 수 없"고, "개인들이 서로의 차이를 어떻든 상대해야만"(이 책 57쪽) 하는 처지에 놓여 있음을 가리킨다. 이때 운명을 '숙명'destiny과 혼동하면 안 되는데, 숙명이 불가항력적이고 초월적인 (종말) 목적이나 장구함을 함축한다면, 운명은 불확실성과 갈등성을 특징으로 한다는 점에서 차라리 마키아벨리적인 운Fortuna에 가깝기 때문이다(Balibar, 2001: 209/261쪽).

이 운명공동체는 여건인데, 이는 "사람들이 별다른 대비나 선택

없이 이 공동체에 관여하게 되었다는 뜻이고, 무거운 대가를 치르지 않고서는 이 공동체에서 빠져나올 수 없다는 뜻이다"(이 책 57쪽). 하지만 이 여건은 운명공동체를 이루는 성원들의 선택과 책임에 의해 다른 식으로 해석되고 변형될 수 있는 것이다. 더 정확히 말하면, 절대적이고 자명한 여건으로 표상되는 이 운명공동체가 실은 우리의 행위와 책임에서 비롯한 산물이라는 점을 드러내는 것이야말로 정치의 시작이자 과정이다.

이 개념으로써 휜스테런은 개인주의와 공동체주의 간의 고질적 대립을 단번에 상대화한다. 운명공동체는 사람들의 존재 여건이고, 따라서 운명공동체와 별개의 개인이란 개인주의의 신화일 뿐이다. 하지만 이 운명공동체를 지배하는 것은 초월적 규범이나 단일한 정체성, 합의가 아니라 차이와 갈등이며, 그런 점에서 이 공동체는 차라리 '공동체 없는 공동체'다(Balibar, 2001:93~126/117~161쪽). 즉 운명공동체 개념의 의의 중 하나는 개인주의와 달리 공동체라는 물질적·상징적 현실을 인정하면서도, 공동체주의와 다른(심지어 정반대의) 방식으로, 가령 '합의에 맞서'(4장) '갈등의 꾸준한 섭취'(10장)를 옹호하는 방식으로 공동체 문제에 접근한다는 점이다.

휜스테런은 이 운명공동체 또는 다원성이 네 축으로 구조화되어 있다고 말한다. 3장 특히 3절('다원성을 개념화하기')에 따르면, 다원성은 (상대적으로 주관적인) 개인적 정체성들과 감정들, (상대적으로 객관적인) 능력과 제도들로 이루어져 있다. 이런 접근에는 크게 두 가지 의미가 있다. 첫째, 정치의 대상이자 수단을 더 세밀하게 파악하고, 이로써 다소 추상적인 수준에 머물렀던 아렌트의 다원성 개념을 정교하게 발전시킨다. 물론 휜스테런의 다원성 개념화는 절대적인 것이 아니므로, 그가 제시한 축 이외의 차원을 다원성의 정의에 추가할 수도 있겠고, 다원성으로 환원되지 않는 정치의 질료를 제시할 수도 있을 것이다. 여기서 중요한 것은 그가 이런 논의의 장을 개방했다는 점이다. 둘째, 다원성의 구체화와 상관적으로 그를 다루는 정치도 구체화한다. 이제 정치, 그러니까 다원성의 조직화는 이 네 축에 개입하는 과정, 정체성들의 형세를 재편하고, 어떤 감정은 북돋고 어떤 감정은 중화하며, 특정한 사회적 능력을 요청·조장하고, 새로운 제도들을 구축하는 과정으로 재정의되는 것이다(Maniglier, 1998:156).

아렌트 비판 또는 수월성의 문제설정 비판

이렇듯 휜스테런은 아렌트의 주요 개념들을 체계적으로 발전시키지만, 그렇다고 아렌트를 무비판적으로 계승하지는 않는다. 다음 인용문은 휜스테런이 아렌트에게 제기하는 비판의 논점을 단적으로 보여 준다. "고전 공화주의의 시민권 구상에 대한 반대이유는 분명하다. 정치에서 군사적 덕목은 위험하기 때문에 거리를 두는 편이 낫다는 것이다. 이 구상은 경제와 무역에도, 사생활의 보다 부드러운 측면과 성취에도 충분히 주의를 기울이지 않는다. 공화주의의 덕목들은 남성적인 것 일변도다"(이 책 46쪽). 즉 아렌트가 속한 고전 공화주의 전통의 문제는 군사적이고 남성적인 덕목을 중시한다는 데 있다.

하지만 휜스테런이 비판하는 것은 바람직하지 않은 특정 덕목에 국한되지 않는다. 그는 덕목 개념 자체를 문제삼는 데까지 나아간다.

주지하듯 덕목^{virtue}의 어원은 고대 그리스의 '아레테'^{aretê}로, 이는 모든 종류의 '수월성'^{秀越性/excellence}를 뜻하는 용어였다. 이렇듯 덕목이 늘 수월성과 짝을 이루었기 때문에, 덕목을 강조하면 능력주의나 엘리트 주의로 흐를 위험이 극히 높다는 게 휜스테린의 문제의식이다.

그렇다면 덕목, 현대적인 용어를 쓰자면 '능력' 개념 자체를 멀리해야 하는가? 전혀 그렇지 않은데, 다원성을 조직하려면 능력이 필수적이기 때문이다. 다만 이때의 능력은 "최고한도"의 능력이 아니라 "최저한도의 능력"(이 책 88쪽), 그러니까 수월성이나 완벽성^{perfection}의 문제설정과 결별한 능력이다. "완벽에 가깝게 시민권을 행사하는 것이 능력의 요체가 아니라는 점을 잊지 말아야 한다. 능력이 의미하는 것은 학습을 가로막는 장벽을 돌파하는 솜씨일 뿐만 아니라, 환경이 부과하고 스스로의 한계가 부과하는 제한들을 상대하는 솜씨이기도 하다. 불완전한 인간세계에서, 스스로의 연약함을 인정하면서 이 연약함과 함께 살아가는 법을 배우는 것, 또는 이 연약함을 극복하기 위해 도움을 청할 수 있는 용기를 갖추는 것은, 계속해서 완고하게 완벽을 추구하는 것보다 아마도 훨씬 중요한 능력이 될 것이다"(이 책 90쪽). 발리바르가 휜스테린의 작업을 '미완의/불완전한 시민권'^{imperfect citizenship}으로 요약한 것은, 그의 작업이 수월성·완벽성의 문제설정과 대척점에 있음을 간파했기 때문이다.

요컨대 아렌트를 포함한 고전 공화주의에 대해 휜스테린이 제기하는 진정한 쟁점은, 이들이 수월성·완벽성의 문제설정에 사로잡혀 있다는 것, 이 문제설정은 엘리트주의나 귀족주의로, 결국 반反민주주의로 이어질 뿐만 아니라, 정치(적 삶)의 절대적 조건이지만 통상 수월하거나 완벽할 리 없는 다원성을 정치적 사고와 실천에서 배제하거나 주변화하는 반反정치주의를 초래한다는 것이다. 공/사, 행위/작업·노동, 권력/폭력, 정치/사회, 시민/노예, 남성/여성, 말/몸, 불멸성/필멸성, 수월성/평범성 등으로 무한히 이어지는 아렌트의 배타적 이분법은, 전자를 숭상하고 후자를 폄하하는 것이라는 점에서, 반정치주의와는 거리가 멀다고 항변할지 모른다. 하지만 현실의 정치는 경탄스러운 것과 끔찍한 것, 자유와 강제, 정의와 폭력의 긴장 속에서 벌어지고, 정치가 그 아름다운 얼굴을 내보일 때에도 폭력과 끔찍한 측면은 늘 현존하기 때문에, 저 이분법을 고수하면서 전자에 속하는 것만을 정치로 인정하려 든다면, 현실정치 대부분이 정치가 아니거나 정치에 반하는 것으로 전락할 수밖에 없다(Van Gunsteren, 1996:169). 페미니스트들이 갈파한 바 모든 여성숭배의 이면이 여성혐오인 것처럼, 정치숭배의 이면도 정치혐오일 수밖에 없다. 따라서 정치혐오와 반정치주의에서 벗어나는 유일한 길은, 수월성과 완벽성의 문제설정을 완전히 폐기하는 것이다. 그랬을 때 정치는 위인과 영웅이 자신의 수월성을 뽐내어 불멸의 전당에 입장하는 숭고한 행위가 아니라, 시민들이 불완전한 능력을 발휘하여 다원성을 공화정으로 조직하는 세속적 실천/관행으로 재정의된다. 즉 정치는 '탈영웅화'dés-héroïsation된다(Maniglier, 1998:163).

하지만 휜스테런이 정치를 탈영웅화한다고 해서, 공/사 구별을 비롯한 아렌트의 이분법을 전면 폐기하고 '모든 것이 다 정치적이다'라고 주장하는 것은 아니다. 휜스테런은 아렌트가 공적 영역과 사적 영역을 엄밀히 구별함으로써 정치의 고유성을 이론화할 수 있었다는 점을 인정하고, 공적 영역이 존재해야 정치가 안전하게 존속할 수 있다고 주장한다. 다만 아렌트의 경우 공과 사, 행위와 작업·노동, 권력과 폭력의 영역을 분리시키는 것이 정치라고 여긴 데 반해, 휜스테런은 이들 영역의 구별을 무화시키지 않으면서도 양자를 접목시키는 것이 정치의 본질이라고 본다. 비유컨대 공적 영역이 정치의 모항母港이라는 점을 통찰했다는 점에서 아렌트는 옳지만, 공적 영역에 국한되는 정치란 항구에 붙박혀 항해하지 않는 배처럼 용어모순이라는 것이다(Van Gunsteren, 1996:169~170쪽). 공적 영역은 사적 영역에, 행위는 작업과 노동에, 권력은 폭력에 개입해야 하되, 후자를 파괴하는 것이 아니라 조직해야 하고, 그 결과 공화정의 일부로 전환시켜야 한다. 말하자면 사적 영역이 질료로서, 공적 영역이 수단으로서 상호작용하는 바로 거기에 정치가 있다. 특히 이 책 3부('시민들은 어떻게 형성되는가')는 이런 착상을 구체적으로 전개하고 있다.

공/사 구별과 사회권이라는 쟁점

이상에서 살펴본 것처럼 휜스테런은 여러 가지 점에서 아렌트와 쟁점을 형성하고, 그로써 아렌트보다 한 걸음 진전한 모습을 보인다. 하지만 결정적인 대목에서는 아렌트의 약점을 공유한다. 공/사의 위계적 구별이 그것이다. 물론 휜스테런은 공적 영역과 사적 영역을 철저히 분리하거나 정치를 전자에 국한시키는 것에는 반대하지만, 양자가 관계를 맺을 때 그 우위는 늘 전자에게 있어야 한다고 본다. 그에게 있어 정치는 공적 영역이 사적 영역에 개입하여 그곳을 변형시키는 것이지,

그 반대는 아니다.

이런 논리의 필연적 귀결은, 공적 영역이 여러 가지 이유로 제대로 작동하지 않고 따라서 사적 영역에 개입할 수 없는 경우에는 정치가 출현할 수 없다는 것이다. 하지만 이는 다음과 같은 휜스테런의 주장과 모순된다. "알맞은 조건들이 현존한다고 해서 시민권의 성공적 행사가 보증되는 것도 아니고, 조건들이 부재한다고 해서 시민들이 본보기가 되는 방식으로 행위하지 못하는 것도 아닌데, 특히 후자와 관련해서는 제2차 세계대전 중 독일 점령이라는 두말할 나위 없이 불완전한 조건하에서 네덜란드 시민 일부가 그렇게 행위한 바 있다. … 중요한 것은 시민들이 처한 실제 상황, 그 조건들이 이상적일 리 만무한 상황 속에서 불완전한 시민들이, 서로의 현실적 차이들을 상대하면서, 공화정의 만인을 위한 시민권을 향해 여정에 나선다는 점이다"(이 책 59쪽). 이렇듯 불완전한 조건 속에서도 본보기가 되는 정치적 행위가 출현할 수 있는 것이라면, 동일한 논리로, 공적 개입이 미비한 상황에서 사적 영역을 무대로 새로운 정치적 행위와 주체, 연행목록이 출현하고, 이에 힘입어 공적 영역이 새로운 활력을 얻는 일도 가능한 것 아닌가?

하지만 사회권의 문제를 다루는 9장에서 휜스테런의 답변은 단호한 부정이다. 그는 사회경제적 권리를 시민권의 일부로 포함시킨 마셜의 '사회적 시민권' 기획이, "사회경제적 권리들로써 보호하려던 시민권의 기반"(이 책 193~194쪽)을 약화시키는 결과를 초래했다고 비판하면서, "일과 소득, 시민권을 사고할 때 발생하는 혼동을 피하려면 정치적 평등으로서의 시민권이라는 제한된 구상을 견지하면 된다. 이 같은 신공화주의의 관점에 따르면, 사회적·경제적 권리와 의무는 시민적 권리와 의무로 간주되지 않는다"(이 책 194쪽)고 단언한다. 그렇다고 해서 휜스테런이 사회권을 하찮게 보는 것은 아니다. 정반대로 "일과 소득의 영역에서 권리를 갖는 것은 시민권과 관련하여 **결정적으로 중요하**"(이 책 195쪽, 강조는 인용자)고, "취업과 시민권의 경계구분을 여기서 옹호한다고 하여, 시민권의 관점에서 고용과 사회보장의 쟁점들을 고려하는 것 일체가 금지되는 것은 아니다. 오히려 정반대로 신공화주의의 관점에서는 이런 고려가 **정당하고 바람직하다**"(이 책 196쪽, 강조는 인용자)고까지 말한다. 즉 여기서 진정한 논점은 노동과 사회보장 등 사회적 쟁점이 시민권에 대해 중요한지 여부가 아니라(이에 대한 휜스테런의 답은 긍정이다), 공적 영역 바깥에 있는 영역이 시민권의 '원천'과 '동력', 휜스테런 본인의 비유를 빌리자면 '모항'이 될 수 있는지 여부다(이에 대한 휜스테런의 답은 부정이다). 여기서 휜스테런은 아렌트와 완전히 의견을 같이한다.

따라서 프랑스의 철학자 클로드 르포르Claude Lefort가 아렌트에게 제기한 비판은 휜스테런에게도 그대로 적용될 수 있다. 르포르는 아렌트가 그리스 민주정을 준거점으로 삼아 정치 영역과 사적 영역, 그와 상관적으로 정치적 평등과 사회적 불평등을 선명하게 구별하였지만, 고대 그리스와 같은 고도로 분화되고 위계적인 사회가 이른바 '데모스'에게 시민권을 부여하는 민주정으로 이행하고 따라서 정치(적 평등)를 설립하게끔 추동한 환경과 갈등, 목적은 무엇인가 하는 진정으로 결정적 질문을 제기하지 않았다고 비판하고, 특히 이 갈등은 사회적 갈등일 수밖에 없다고 주장했다. 아렌트의 프랑스혁명 해석에 대해서도, 아렌트가 한편으로 정치적 평등, 다른 한편으로 구체제의 위계에 맞선 투쟁을 구별한 것은 근거가 불충분하다고 지적하면서, 실제로는 '조건의 평등' 곧 사회적 불평등에 맞선 투쟁의 성격을 띤 후자가 사회적 효과뿐만 아니라 정치적 효과 역시 발생시켰다고 말한다(Lefort, 1991: 53~54). 여기서 르포르 비판의 요점은, 고대 그리스 민주정의 창설 이래, 사회적 불평등에 맞선 갈등과 투쟁, 맑스적인 용어를 쓰자면 '계급투쟁'이 정치적 평등을 확장하는 결과를 낳곤 했다는 것, 또는 정치적 평등을 위한 투쟁을 추동하고 뒷받침하는 동력으로 작용하곤 했다는 것이다. 즉 아렌트의 생각과 달리 양자는 훨씬 밀접한 관계를 맺고 있으며, 휜스테런의 생각과 달리 이 관계는 일방적이기보다 훨씬 상호적이라는 것이다. 지금 논점이 되는 사회권과 관련해서도, 과거 일과 노동을 사적 문제로 간주하여 공적 개입의 대상으로 삼지 않은 결과, 사회적 불평등이 심화되었을 뿐만 아니라 공적 영역과 정치의 위기가 이어졌고, 이에 맞선 사회적 투쟁이 계기가 되어 새로운 정치적 권리('사회권')와 주체, 연행목록이 출현했으며, 이에 따라 공적 영역과 정치가 새로운 자원과 활력을 얻은 것이 역사적 사실에 더 가깝지 않은가? 또 '개인적인 것이 정치적인 것이다'라는 기치하에 가족과 젠더 관계, 성욕sexuality 등 전형적인 사적 영역에서의 억압과 불평등, 배제에 맞서 여성들과 성소수자들이 투쟁한 결과, 새로운 정치적 권리와 주체, 연행목록이 창안됐으며, 결국 공적 영역과 정치의 새로운 지평이 열리지 않았는가? 물론 휜스테런이 주장하는 것처럼 공적 영역에서 연원한 개입이 사회적 불평등을 완화하고 그에 따라 시민권이 강화되는 식의 사례를 원천적으로 배제할 수는 없을 것이다. 하지만 같은 이유로 휜스테런이 생각한 것과 반대 방향으로 움직이는 사례를 배제하는 것 역시 정당화될 수 없다.

누가 제시한 사실관계가 더 옳은가 하는 인식론적 접근을 일단 차치하면, 사회권 비판에서 휜스테런의 진정한 노림수는 시민권에 부정적 영향을 미치는 이른바 '근로연계복지'workfare 비판에 있을 것 같다. 이때 그가 전제하는 것은 사회권 또는 복지welfare와 근로연계복지의 연속성이다. 하지만 과연 그런 것일까? 지면관계상 여기에서는 이 논점에 대한 근거 있는 토론이 생산적 논쟁의 전제라는 점을 확인하는 정도로 그치자.

아울러 휜스테런의 사회권 비판 이면에는, 사회영역을 배경으로 출현한 계급투쟁은 언제든 '내전'으로 전락할 수 있다는 정치적 우려, 따라서 공적 영역을 모항으로 갖는 행위에 의해 (가공)처리되지 않으면 안 된다는 정치적 판단도 있는 것 같다. 샹탈 무페Chantal Mouffe 식으로 말하자면 (사회적) '적대'antagonism를 (정치적) '경합'agon으로 전환해야 한다는 것이다. 발리바르에 따르면 여기에서 문제가 되는 것은 유럽 정치문화의 두 전통, 즉 프랑스나 이탈리아 식의 '투쟁의 문화'와 네덜란드 및 이웃한 북유럽의 '중재의 문화' 사이의 갈등이다(Balibar, 2001:214~215/267~268쪽). 역시 지면관계상 여기서 어느 한쪽의 편을 섣불리 들긴 어렵고 바람직하지도 않다. 여기에서는 이런 정치문화의 차이가 있다는 것, 휜스테런은 후자에 속한다는 것, 후자가 절대선은 아니지만 그렇다고 해서 폄하적인 의미의 '타협주의'로 환원될 수도 없다는 점 정도를 말할 수 있을 뿐이다. 아울러 '투쟁의 문화'든 '중재의 문화'든 각자의 조건에서 만들어진 '미완의/불완전한' 정치적 연행목록일 뿐이며, 구체적 적용 시점과 상황을 전제하지 않은 상태에서 어느 쪽이 유효한지를 논하는 것은 별무소용이라는 점을 덧붙일 수 있을 것이다. 진정으로 필요한 것은 각자의 구체적 조건에 대한 분석과 판단, 그에 기초한 '땜질'일 것이다.

citizenship 번역에 관하여

이 책의 핵심 개념인 citizenship의 번역 문제를 간략히 논해 보자. 한국에서 이 개념은 통상 '시민권'市民權(일본에서도 市民權, 중국에서는 公民权)으로 번역하고, '시민성'市民性으로 번역하는 경우도 일부 있는데, 최근 들어 이들 번역어에 대한 문제제기가 심심치 않게 나타나고 있다.

가령 『시티즌십: 시민정치론 강의』를 공역한 이병천은, citizenship이란 시민사회 또는 시민공동체의 모든 구성원이 갖는 소속belonging과 지위status이며, 이 지위에는 권리뿐만 아니라 이에 상응하는 의무와 책임이 포함되므로, citizenship을 '시민권'으로 번역하는 것은 '오역'이라고까지 주장한다(이병천, 2003:374). 또 '시민성'으로 번역할 경우 그 의미가 지나치게 모호해지거나 확장되므로, 차라리 '시티즌십'으로 음역音譯하는 편이 낫다고 주장한다(포크, 2009: 4쪽).

사회학자 최현은 한국 citizenship에 관한 논문에서 윌 킴리카Will Kymlicka와 웨인 노먼Wayne Norman을 원용하면서, citizenship에는 법적 지위라는 의미와 바람직한 시민 활동이라는 의미가 공히 포함되어 있는 바, '시민권'이라는 용어는 후자는 말할 것도 없고 전자의 의미 상당

부분, 곧 시민의 '의무'와 '소속'(대표적으로 국적) 등을 담아내지 못한다고 비판한다. 또 '시민성'의 경우 법적 지위라는 의미를 완전히 배제하므로 역시 적절하지 않다면서, 역시 '시티즌십'이라는 음역을 제안한다(최현, 2006:173~174).

citizenship의 번역어로 '시민권'과 '시민성' 모두 충분치 않다는 지적은 일리가 있다. 그렇지만 '시티즌십'이라고 음역하는 것은, 사실상 번역의 노동을 회피하는 것이라는 점에서 바람직하지 않다는 게 옮긴이의 생각이다. 우리는 비단 citizenship을 번역할 때만이 아니라 -ship이 접미사로 붙은 개념을 번역할 때마다 비슷한 어려움과 불만을 맞닥뜨린다. 이는 일차적으로 접미사 -ship이 매우 다양한 의미를 포괄하기 때문이다. 표준적인 영한사전에서 -ship의 뜻을 찾으면, ① '어떤 상태·특질'(예: ownership), ② '지위·신분'(예: citizenship), ③ '~로서의 기술·능력'(예: leadership), ④ '~의 구성원'(예: membership)이라는 최소한 네 가지 뜻이 나온다. 옮긴이가 보기에 여기서 중심이 되는 것은 지위라는 의미이고 나머지 의미는 지위에서 파생되는 것 같은데, 가령 지위의 특성, 지위와 결부된 권리와 의무, 지위를 얻기 위해 필요한 자격과 요건, 지위에서 수행하는 활동과 역할, 지위와 결부된 능력과 급부給付 식이다.

그랬을 때 한 가지 대안은 -ship을 '지위'로 일괄해 옮기는 것이다. 가령 ownership은 '소유자지위', citizenship은 '시민지위', membership은 '성원지위' 식으로 말이다. 하지만 이들 번역어도 다소 어색할 뿐만 아니라, leadership과 scholarship, friendship을 각각 '지도자지위'와 '학자지위', '친구지위'로 옮기면 사실상 뜻이 통하지 않는다. 이 경우는 지위에서 파생된 능력과 급부, 상태의 의미를 각각 부각시켜 '지도력力'과 '장학금金', '우정情'으로 옮기는 것이 훨씬 자연스럽다. 요컨대 원칙적으로 지위가 -ship의 중심적 의미라 하더라도, 앞서 살펴본바 파생적 의미 중 일부가 주된 의미로 굳어진 용법도 적지 않으므로, -ship을 '지위'로 일괄해 옮기는 것은 좋은 대안이 아니다. 결국 문맥과 용법에 맞게 적절히 번역하는 수밖에 없다.

그렇다면 citizenship을 '시민권'이라고 옮기는 것도 그 자체로는 문제가 아니다. 진정한 논점은, citizenship에서 가장 중요한 의미가 권리이고 citizenship 개념의 요체가 권리의 본질 및 조건을 논하는 데 있다는 판단의 적절성 여부다. 관련하여 citizenship을 '시민권'으로 옮기면 뜻이 제대로 통하지 않는 경우가 있는 게 사실이다. 가령 The fostering of feelings of European citizenship(이 책 26쪽)에서 citizenship은, '시민권'이라기보다 '시민소속'이나 '시민지위'라고 옮길 때 뜻이 더 잘 통한다. 게다가 본문에서 휜스테런도 언급하는 것처럼, 1980년대 이후 citizenship 논의에서는, citizenship에서 '권리'를 중시하는 마셜식 해석을 비판하고 '의무'나 '능력'을 강조하는 흐름이 뚜렷한 세를 이루고 있다. 이런 이들이 사용하는 citizenship 개념을 '시민권'으로 옮기면 오역에 가까울 수 있다.

이 책의 중심은 휜스테런의 citizenship 개념이므로 거기에 초점을 맞춰 보자. 휜스테런에 따르면 citizenship이란 "개인들의 자연적 속성이 아니라 우리가 공화정이라 부르는 제도들의 집합 안에 있는 직책office의 하나"(이 책 62쪽)이다. 즉 그가 citizenship에서 가장 무게를 두는 의미는 '공적 직책'이다. 이를 감안하면 '시민직職'이라는 신조어를 검토해 볼 수도 있다. 드물긴 하지만 실제로도 시민직이라는 번역어를 쓰는 경우가 있는데, 일례로 개신교 배경의 교육학 문헌에서는 discipleship을 '제자직'弟子職으로 옮기면서 그와 대구를 맞추어 citizenship을 '시민직'으로 옮긴 바 있다(Boys, 1988).

하지만 citizenship의 번역어가 '시민권'으로 굳어 있고, citizenship의 핵심 중 하나가 권리라는 점은 틀림없는 사실이므로, '시민직'이라는 번역어로 전면대체해야 한다고 주장할 생각은 없다. 사실 휜스테런은 citizenship에서 직책의 차원을 강조하지만, 어떤 이는 권리를 강조하고, 다른 이는 의무를 강조하며, 또 다른 이는 능력을 강조하는바, 하나의 해석인 휜스테런의 이론을 따라 모든 번역어를 일괄 교체하는 것은 무리이다. 게다가 휜스테런의 또 다른 중요한 문제의식은 citizenship을 '과정'으로 보자는 것이다. 이는 citizenship 연구의 권위자인 터너의 문제의식과 흡사한데, 터너는 citizenship을 "사람을 사회의 유능한 구성원으로 정의하는 실천/관행들의 집합이자, 그 결과 사람들과 사회적 집단들로의 자원의 흐름을 빚어내는 (법적, 정치적, 경제적, 문화적) 실천/관행들의 집합"(Turner, 1993:2)이라고 정의한다. 번역어를 '시민직'이라고 바꾼다고 해서 이런 새로운 의미가 직관적으로 포착되는 것은 아니다.

따라서 이 책에서는 citizenship에 관한 새로운 번역어를 전면적으로 제안하기보다 기존의 관행을 따라 '시민권'으로 번역하는 것을 기본으로 삼을 것인데, 이때 '권'이라는 말에서 형식적이고 법적인 '권리'라기보다는 차라리 (시민이라는 직책과 결부된) '권한'을 연상한다면 이해에 도움이 될 것이다. 다만 휜스테런이 office의 차원을 명시적으로 부각하는 경우, 그리고 문맥상 권리나 권한 이외의 차원, 대표적으로 '의무'나 '책임'을 주되게 강조하는 용법에 한해서 '시민권/직'의 방식으로 번역어를 병기하였다. 하지만 (예컨대 musicianship, showmanship, workmanship에서처럼) citizenship에서 능력을 강조하는 경우에는 시민권/직이라는 번역어로도 그 의미를 제대로 포착하기 어렵다(이 경우에는 기존처럼 '시민권'으로 옮겼다). 현재로서는 시민권이 됐든 시민권/직이 됐든, (특히 문맥상 뜻이 잘 통하지 않을 경우에는 더욱) citizenship의 여러 의미를 함께 떠올리는 수밖에 없는 것 같다. 다만 이 책에서 citizenship의 중심적 의미가 시민직이라는 점은 분명하다.

사과와 감사의 말씀

2004년에 출간된 발리바르의 『우리, 유럽의 시민들?』 영역본을 통해 휜스테런을 처음 알게 된 후 이 책 3장을 월간 『사회운동』 72호(2007. 3.)에 소개한 지 13년이 흘렀고, 이 책 전체를 초역한 것도 8년 전 일이다. 개인사가 예기치 않게 몇 차례 요동친 탓도 있었고, 단행본 전체를 번역하는 게 처음인 탓도 있었으며, 시민권 및 정치철학 공부가 부족한 탓도 있었지만, 사실 모두 변명일 뿐이다. 그때는 알지 못했던 것을 지금은 알게 되어 너무 늦어 버린 이 번역이 조금이라도 나아졌기를 바랄 따름이다. 부족한 옮긴이에게 이 책의 번역을 처음 제안해 주신 진태원 선생님, 2012년 번역 초고를 함께 읽고 많은 논평을 주신 현대정치철학연구회 선생님들, 2018년 교정 원고를 읽고 오역과 문체상의 문제를 바로잡아 주신 서울대 사회학과 대학원 동학들, 2019년 옮긴이를 초청하여 이 책의 내용에 관해 토론해 주시고 귀한 의견을 주신 서교인문사회연구실과 인권연구소 창 선생님들께 진심으로 감사드린다. 초고 이후 이 번역이 조금이라도 좋아졌다면 이는 모두 그분들 덕분이다. 마지막으로 수차례 마감을 어겨 잠시 자포자기하기도 했던 옮긴이를 격려로 다시 일으켜 주신 박태하 선생님, 그리고 꼼꼼한 교정과 최종작업으로 마침내 이 책이 세상에 나오게 해주신 박순기 선생님께 깊은 사과와 감사의 말씀을 전하고 싶다.

2020년 2월

장진범

옮긴이 해제 참고문헌

Balibar, Etienne. 2001. *Nous, citoyens d'Europe? Les frontières, l'État, le peuple*. Paris: La Découverte. [에티엔 발리바르, 『우리, 유럽의 시민들? 세계화와 민주주의의 재발명』, 진태원 옮김, 후마니타스, 2010.]

_____. 2015. *Citizenship*. Polity.

Boys, Mary C. 1988. *Education for Citizenship and Discipleship*. New York: Pilgrim Press. [메리 C. 보이스, 『제자직과 시민직을 위한 교육』, 김도일 옮김, 한국장로교출판사, 1999.]

Faulks, Keith. 2000. *Citizenship(Key Ideas)*. London: Routledge. [키이스 포크, 『시민정치론 강의: 시티즌십』, 이병천·이종두·이세형 옮김, 아르케, 2009.]

Lefort, Claude. 1991. *Democracy and Political Theory*. trans. Macey, David. Cambridge: Polity Press.

Maniglier, Patrice. 1998. "La politique sans l'Etat. Sur la définition néorépublicaine de la citoyenneté de Herman van Gunsteren", *Actuel Marx* n° 23.

Rancière, Jacques. 1998. *Aux bords du politique*. La Fabrique Editions, Paris: Gallimard. [자크 랑시에르, 『정치적인 것의 가장자리에서』, 양창렬 옮김, 길, 2013.]

Turner, Brian S. 1993. "Contemporary problems in the theory of citizenship." *Citizenship and Social Theory*. ed. Brian S. Turner. London: Sage Publications.

Van Gunsteren, Herman. 1996. "De plaats van de politiek: problemen bij het gebruik van Arendts werk." *Beleid en Maatschappij* Vol 23 Nr 4.

Wolin, Sheldon. 2008. *Democracy Incorporated: Managed Democracy and the Specter of Inverted Totalitarianism*. Princeton, N.J.: Princeton University Press. [셀던 월린, 『이것을 민주주의라고 말할 수 있을까? 관리되는 민주주의와 전도된 전체주의의 유령』, 우석영 옮김, 후마니타스, 2013.]

아리스토텔레스. 2017. 『정치학』, 김재홍 옮김, 길.

이병천. 2003. 「해제: 샹탈 무페, 시티즌십이란 무엇인가」. 『시민과 세계』 3. 참여연대 참여사회연구소.

최현. 2006. 「한국 시티즌쉽(citizenship)―1987년 이후 시민권 제도의 변화와 시민의식」, 『민주주의와 인권』 제6권 1호.

참고문헌

Ackerman, Bruce. 1991. *We the People: Foundations*. Cambridge, Mass.: Harvard University Press.

_____. 1992. *The Future of Liberal Revolution*. New Haven, Conn.: Yale University Press.

Anderson, Benedict. 1991. *Imagined Communities*. London: Verso. [베네딕트 앤더슨, 『상상된 공동체―민족주의의 기원과 보급에 대한 고찰』, 서지원 옮김, 길, 2018.]

Andrews, Geoff, ed. 1991. *Citizenship*. London: Lawrence & Wishart.

Arendt, Hannah. 1959. *The Human Condition*. Garden City, N.Y.: Doubleday Anchor. [한나 아렌트, 『인간의 조건』, 이진우 옮김, 한길사, 2017.]

_____. 1965. *On Revolution*. New York: Viking Press. [한나 아렌트, 『혁명론』, 홍원표 옮김, 한길사, 2004.]

_____. 1968. *Between Past and Future*. New York: Viking Press. [한나 아렌트, 『과거와 미래 사이 : 정치사상에 관한 여덟 가지 철학연습』, 서유경 옮김, 푸른숲, 2005.]

Balibar, Étienne. 1997. *La crainte des masses: Politique et philosophie avant et après Marx*. Paris: Galilée.

_____. 2001. *Nous, citoyens d'Europe? Les frontières, l'État, le peuple*, Paris: La Découverte. [에티엔 발리바르, 『우리, 유럽의 시민들?―세계화와 민주주의의 재발명』, 진태원 옮김, 후마니타스, 2010.]

_____. 2002. *Droit de cité : culture et politique en démocratie*, Paris: PUF Quadrige. [에티엔 발리바르, 『정치체에 대한 권리』, 진태원 옮김, 후마니타스, 2011.]

_____. 2010. *La proposition de l'égaliberté. Essais politiques 1989-2009*. Paris: PUF.

Barber, Benjamin. 1984. *Strong Democracy: Participatory Politics for a New Age*.

Berkeley: University of California Press. [벤자민 R. 바버, 『강한 시민사회 강한 민주
주의』, 이선향 옮김, 일신사, 2006.]

_____. 1988. *The Conquest of Politics: Liberal Philosophy in Democratic Times.*
Princeton, N.J.: Princeton University Press.

_____. 1995. *Jihad vs. Mcworld.* New York: Random House. [벤자민 R. 바버, 『지
하드 대 맥월드』, 박의경·이진우 옮김, 문화디자인, 2003.]

Bauböck, Rainer. 1994. *Transnational Citizenship: Membership and Rights in
International Migration.* Aldershot, England: Edward Elgar.

Bell, Daniel. 1976. *The Cultural Contradictions of Capitalism.* New York: Basic
Books. [다니엘 벨, 『자본주의의 문화적 모순』, 김진욱 옮김, 문학세계사, 1990.]

Benhabib, Seyla, ed. 1996. *Democracy and Difference: Contesting the Boundaries
of the Political.* Princeton, N.J.: Princeton University Press.

Brubaker, Rogers. 1992. *Citizenship and Nationhood in France and Germany.*
Cambridge, Mass.: Harvard University Press.

Bruner, Jerome. 1990. *Acts of Meaning.* Cambridge, Mass.: Harvard University
Press. [제롬 브루너, 『인간 과학의 혁명 : 마음, 문화, 그리고 교육』, 강현석 외 옮김, 아
카데미프레스, 2011.]

Burke, John. 1986. *Bureaucratic Responsibility.* Baltimore, Md.: Johns Hopkins
University Press.

Castoriadis, Cornelius. 1997. "Democracy as Procedure and Democracy as
Regime." *Constellations: An International Journal of Critical and Democratic
Theory.* Vol. 4, no. 1(April), pp. 1-18.

Commission of the European Communities. 1985. "A People's Europe." *Bulletin of
the European Communities*, Supplement 7-85. Luxembourg: Office for Official
Publications of the European Communities.

Connolly, William. 1995. *The Ethos of Pluralization.* Minneapolis: University of
Minnesota Press.

Dahl, Robert. 1956. *A Preface to Democratic Theory.* Chicago: University of
Chicago Press.

_____. 1989. *Democracy and Its Critics.* New Haven, Conn.: Yale University
Press.

Dahrendorf, Ralf. 1988. *The Modern Social Conflict.* London: Weidenfeld and
Nicolson.

De Haan, Ido. 1993. *Zelfbestuur en Staatsbeheer: Het Politieke Debat over
Burgerschap en Rechtsstaat in de Twintigste Eeuw.* Amsterdam: Amsterdam
University Press.

Den Hoed, Paul. 1992. "Ambtenaren als Burgers." pp. 227-256 in *Burgerschap in Praktijken*, vol. 1, eds. Herman van Gunsteren and Paul den Hoed. The Hague: Sdu uitgeverij.

De Schaepdrijver, Sophie. 1995. "België ais Kunstwerk, of de Versplintering van een Natiebegrip." *Beleid & Maatschappij*. No. 2, pp. 109-116.

De Winter, Micha. 1995. *Kinderen als Medeburgers: Kinder en Jeugdparticipatie als Maatschappelijk Opvoedingsperspectief.* Utrecht, The Netherlands: De Tijdstroom.

Docters van Leeuwen, Arthur. 1992. "Burgerschap in extremis." pp. 245-259 in *Burgerschap in Praktijken*, vol. 2, eds. Herman van Gunsteren and Paul den Hoed. The Hague: Sdu uitgeverij.

Douglas, Mary. 1975. *Implicit Mennings*. London: Routledge.

_____. 1987. *How Institutions Think*. Syracuse, N.Y.: Syracuse University Press.

_____. 1992. *Risk and Blame*. London: Routledge.

_____. 1996. *Thought Styles*. London: Sage.

Elster, Jon. 1983. *Sour Grapes: Studies in the Subversion of Rationality*. Cambridge: Cambridge University Press.

Etzioni, Amitai. 1988. *The Moral Dimension: Toward a New Economies*. New York: Free Press.

_____. 1995. *The Spirit of Community: Rights, Responsibilities, and the Communitarian Agenda*. London: Fontana Press.

_____. 1996. *The New Golden Rule: Community and Morality in a Democratic Society*. New York: Basic Books.

Foucault, Michel. 1975. *Surveillir et punir*. Paris: Gallimard. [미셸 푸코, 『감시와 처벌 : 감옥의 탄생』, 오생근 옮김, 나남, 2016.]

_____. 1988. "The Ethic of Care for the Self as a Practice of Freedom: An Interview with Michel Foucault on January 20, 1984."("L'éthique du souci de soi comme pratique de la liberté"[1984], *Dits et érits 1954-1988, tome 4 1980-1988*. Paris: Gallimard, 1994, pp. 708~729) In *The Final Foucault*, eds. James Bernauer and David Rasmussen. Cambridge, Mass.: MIT Press. [미셸 푸코, 『미셸 푸코의 권력이론』, 정일준 옮김, 새물결, 1994. 99~125쪽]

Geertz, Clifford. 1973. *The Interpretation of Cultures*. New York: Basic Books.

_____. 1983. *Local Knowledge*. New York: Basic Books.

Gellner, Ernest. 1987. *Culture, Identity, and Politics*. Cambridge: Cambridge University Press.

Giddens, Anthony. 1994. *Beyond Left and Right: The Future of Radical Politics.*

Cambridge, England: Polity Press.

Gould, Stephen. 1993. *Eight Little Piggies*. London: Jonathan Cape. [스티븐 제이 굴드, 『여덟 마리 새끼 돼지』, 김명남 옮김, 현암사, 2012.]

Gray, John. 1997. *Endgames: Questions in Late Modern Political Thought*. Cambridge, England: Polity Press.

Greider, William. 1992. *Who Will Tell the People: The Betrayal of American Democracy*. New York: Simon & Schuster.

Gutman, Amy. 1987. *Democratic Education*. Princeton, N.J.: Princeton University Press.

Gutman, Amy, and Dennis Thompson. 1996. *Democracy and Disagreement*. Cambridge, Mass.: Harvard University Press.

Habermas, Jürgen. 1962. *Strukturwandel der Öffentlichkeit. Untersuchungen zu einer Kategorie der bürgerlichen Gesellschaft*, Frankfurt am Main: Suhrkamp. [위르겐 하버마스, 『공론장의 구조변동 — 부르주아 사회의 한 범주에 관한 연구』, 한승완 옮김, 나남출판, 2004.]

_____. 1981. *Theorie des kommunikativen Handelns*. Frankfurt am Main: Suhrkamp. [위르겐 하버마스, 『의사소통행위이론 2 — 기능주의적 이성 비판을 위하여』, 장춘익 옮김, 나남출판, 2006.]

_____. 1985. *Die neue Unübersichtlichkeit*. Frankfurt am Main: Suhrkamp. [위르겐 하버마스, 『새로운 불투명성』, 이진우·박미애 옮김, 문예출판사, 1995.]

_____. 1992. *Faktizität und Geltung*. Frankfurt am Main: Suhrkamp.

_____. 1996. *Die Einbeziehung des Anderen*. Frankfurt am Main: Suhrkamp.

Havel, Václav. 1987. *Living in Truth*. London: Faber & Faber.

_____. 1992. "Paradise Lost." *The New York Review of Books*. April 9, pp. 6-8.

Heater, Derek. 1990. *Citizenship: The Civic Ideal in World History, Politics, and Education*. London: Longman.

Hirsch , Fred. 1976. *Social Limits to Growth*. London: Harvard University Press.

Hirsch Ballin, Ernst. 1992. *NRC Handelsblad*. February 27, p. 9.

Hirschman, Albert. 1970. *Exit, Voice, and Loyalty: Responses to Decline in Firms, Organizations, and States*. London: Harvard University Press.

_____. 1982. *Shifting Involvements: Private Interest and Public Action*. Oxford: Martin Robertson.

_____. 1995. *A Propensity to Self-Subversion*. Cambridge, Mass.: Harvard University Press.

Holmes, Stephen. 1993. *The Anatomy of Antiliberalism*. Chicago: University of Chicago Press.

_____. 1995. *Passions and Constraints: On the Theory of Liberal Democracy*. Chicago: University of Chicago Press.

Honneth, Axel. 1994. *Kampf um Anerkennung*. Frankfurt am Main: Suhrkamp.

Ignatieff, Michael. 1993. *Blood and Belonging*. London: Chatto & Windus.

Iyengar, Shanto. 1991. *Is Anyone Responsible? How Television Frames Political Issues*. Chicago: University of Chicago Press.

Jordan, Bill. 1989. *The Common Good: Citizenship, Morality, and Self-Interest*. Oxford: Basil Blackwell.

Judt, Tony. 1994. "The New Old Nationalism." *New York Review of Books*. May 26.

Kaase, Max, and Kenneth Newton. 1995. *Beliefs in Government*. Oxford: Oxford University Press.

Karst, Kenneth. 1989. *Belonging to America: Equal Citizenship and the Constitution*. New Haven, Conn.: Yale University Press.

Kemmis, Daniel. 1990. *Community and the Politics of Place*. Norman: University of Oklahoma Press.

Kymlicka, Will. 1995. *Multicultural Citizenship*. Oxford, England: Clarendon Press. [윌 킴리카, 『다문화주의 시민권』, 장동진 옮김, 동명사, 2010.]

Kymlicka, Will, and Wayne Norman. 1994. "Return of the Citizen: A Survey of Recent Work on Citizenship Theory." *Ethics*. No. 104 (January 1994), pp. 352-381.

Langman, M. A. 1992. "Arbeidsparticipatie is Vijgeblad voor Politiek." *Het Financieel Dagblad*. August 26.

Laslett, Peter. 1989. *A Fresh Map of Life: The Emergence of the Third Age*. London: Weidenfeld and Nicolson.

Lind, Michael. 1995. *The Next American Nation: The New Nationalism and the Fourth American Revolution*. New York: Free Press.

Linz, Juan, and Alfred Stepan. 1996. *Problems of Democratic Transition and Consolidation*. Baltimore, Md.: Johns Hopkins University Press.

Mandelstam, Nadezhda. 1974. *Hope Abandoned*. Tr. Max Hayward. New York: Athenaeum.

March, James, and Johan Olsen. 1989. *Rediscovering Institutions: The Organizational Basis of Politics*. New York: Free Press.

_____. 1995. *Democratic Governance*. New York: Free Press.

Margalit, Avishai. 1996. *The Decent Society*. Cambridge, Mass.: Harvard University Press.

Marshall, Thurgood. 1950. *Citizenship and Social Class and Other Essays*.

Cambridge: Cambridge University Press. [T. H. 마셜·T. 보토모어, 『시민권』, 조성은 옮김, 나눔의집, 2014.]

Mead, Lawrence. 1986. *Beyond Entitlement: The Social Obligations of Citizenship.* New York: Basic Books.

Meehan, Elizabeth. 1993. *Citizenship and the European Community.* London: Sage.

Milgram, Stanley. 1974. *Obedience to Authority: An Experimental View.* New York: Harper & Row.

Miller, Toby. 1993. *The Well-Tempered Self: Citizenship, Culture, and the Postmodern Subject.* Baltimore, Md.: Johns Hopkins University Press.

Moon, Donald. 1993. *Constructing Community: Moral Pluralism and Tragic Conflicts.* Princeton, N.J.: Princeton University Press.

Nicolet, Claude. 1976. *Le métier de citoyen dans la Rome républicaine.* Paris: Gallimard.

_____. 1982. *L'idée républicaine en France: Essai d'histoire critique.* Paris: Gallimard.

Norton, David. 1991. *Democracy and Moral Development: A Politics of Virtue.* Berkeley: University of California Press.

Nussbaum, Martha. 1986. *The Fragility of Goodness: Luck and Ethics in Greek Tragedy and Philosophy.* Cambridge: Cambridge University Press.

Oldfield, Adrian. 1990. *Citizenship and Community: Civic Republicanism and the Modern World.* London: Routledge.

Pangle, Thomas. 1992. *The Ennobling of Democracy: The Challenge of the Postmodern Age.* Baltimore, Md.: Johns Hopkins University Press.

Parker, Julia. 1975. *Social Policy and Citizenship.* London: Macmillan.

Patterson, Orlando. 1982. *Slavery and Social Death: A Comparative Study.* Cambridge, Mass.: Harvard University Press.

_____. 1991. *Freedom.* London: I. B. Tauris.

Peters, Tom. 1988. *Thriving on Chaos.* London: Macmillan. [톰 피터스, 『톰 피터스의 경영혁명』, 노부호 옮김, 한국경제신문사, 1991.]

Pettit, Philip. 1997. *Republicanism: A Theory of Freedom and Government.* Oxford, England: Clarendon Press. [필립 페팃, 『신공화주의 : 비지배 자유와 공화주의 정부』, 곽준혁 옮김, 나남, 2012.]

Philipse, Herman. 1994. *NRC Handelsblad.* September 8.

Pitkin, Hanna. 1972. *The Concept of Representation.* Berkeley: University of California Press.

Polanyi, Michael. 1967. *The Tacit Dimension*. Garden City, N.Y.: Doubleday Anchor.

Przeworski, Adam. 1995. *Sustainable Democracy*. Cambridge: Cambridge University Press.

Putnam, Robert. 1993. *Making Democracy Work: Civic Traditions in Modern Italy*. Princeton, N.J.: Princeton University Press. [로버트 D. 푸트남, 『사회적 자본과 민주주의 : 이탈리아의 지방자치와 시민적 전통』, 안청시 외 옮김, 박영사, 2000.]

Rawls, John. 1993. *Political Liberalism*. New York: Columbia University Press. [존 롤스, 『정치적 자유주의』(증보판), 장동진 옮김, 동명사, 2016.]

Reich, Robert. 1991. *The Work of Nations: Preparing Ourselves for 21st-Century Capitalism*. London: Simon & Schuster. [로버트 라이시, 『국가의 일』, 남경우 외 옮김, 까치, 1994.]

Rescher, Nicholas. 1993. *Pluralism: Against the Demand for Consensus*. Oxford, England: Clarendon Press.

Roche, Maurice. 1992. *Rethinking Citizenship: Welfare, Ideology, and Change in Modern Society*. Cambridge, England: Polity Press.

Rorty, Richard. 1989. *Contingency, Irony, and Solidarity*. Cambridge: Cambridge University Press. [리처드 로티, 『우연성·아이러니·연대성』, 김동식·이유선 옮김, 민음사, 1996.]

Rosas, Allan, and Esko Antola, eds. 1995. *A Citizens' Europe: In Search of a New Order*. London: Sage.

Ryle, Gilbert. 1963. *The Concept of Mind*. Harmondsworth, England: Penguin.

Sagan, Eli. 1991. *The Honey and the Hemlock: Democracy and Paranoia in Ancient Athens and Modern America*. New York: Basic Books.

Sandel, Michael. 1982. *Liberalism and the Limits of Justice*. Cambridge: Cambridge University Press. [마이클 샌델, 『정의의 한계』, 이양수 옮김, 멜론, 2014.]

_____. 1996. *Democracy's Discontent: America in Search of a Public Philosophy*. Cambridge, Mass.: Harvard University Press.

Scheffer, Paul. 1995. "Nederland als een Open Deur." *NRC Handelsblad*. January 1.

Schnapper, Dominique. 1994. *La communauté des citoyens: Sur l'idée moderne de nation*. Paris: Gallimard.

Schön, Donald. 1987. *Educating the Reflective Practitioner*. New York: Basic Books.

Schuck, Peter, and Rogers Smith. 1985. *Citizenship Without Consent: Illegal Aliens in the American Polity*. New Haven, Conn.: Yale University Press.

Schwartz, Nancy. 1988. *The Blue Guitar: Political Representation and Community*.

Chicago: University of Chicago Press.

Searle, John. 1996. *The Social Construction of Reality*. Harmondsworth, England: Penguin.

Shils, Edward. 1981. *Tradition*. London: Faber & Faber.

Sijes, Benjamin. 1974. *Studies over Jodenvervolging*. Assen, The Netherlands: Van Gorcum.

Somers, Margaret R. 2008. *Genealogies of Citizenship: Markets, Statelessness and the Right to Have Rights*. Cambridge: Cambridge University Press.

Soysal, Yasemin Nuhoglu. 1994. *Limits of Citizenship: Migrants and Postnational Membership in Europe*. Chicago: University of Chicago Press.

Sperber, Dan, and Deirdre Wilson. 1986. *Relevance: Communication and Cognition*. Oxford: Blackwell.

Spinner, Jeff. 1994. *The Boundaries of Citizenship: Race, Ethnicity, and Nationality in the Liberal State*. Baltimore, Md.: Johns Hopkins University Press.

Steiner, David. 1994. *Rethinking Democratic Education: The Politics of Reform*. Baltimore, Md.: Johns Hopkins University Press.

Sullivan, William. 1982. *Reconstructing Public Philosophy*. Berkeley: University of California Press.

Sunstein, Cass. 1996. *Legal Reasoning and Political Conflict*. Oxford: Oxford University Press.

't Hart, A. C. 1994. *Openbaar Ministerie en Rechtshandhaving*. Arnhem, The Netherlands: Gouda Quint.

Thompson, Dennis. 1987. *Political Ethics and Public Office*. Cambridge, Mass.: Harvard University Press.

Thompson, Michael, Richard Ellis, and Aaron Wildavsky. 1990. *Cultural Theory*. Boulder: Westview Press .

Toulmin, Stephen. 1992. *Cosmopolis: The Hidden Agenda of Modernity*. Chicago: University of Chicago Press.

Turner, Bryan. 1986. *Citizenship and Capitalism: The Debate over Reformism*. London: Allen & Unwin.

Turner, Brian S. 1993. "Contemporary problems in the theory of citizenship." In *Citizenship and Social Theory*, ed. Brian Turner, 1-19. London: Sage.

Turner, Bryan, ed. 1993. *Citizenship and Social Theory*. London: Sage.

Van der Ouderaa, ed. 1992. "Burgerschap en Belastingen." pp. 41-98 in *Burgerschap in Praktijken*, vol. 2, eds. Herman van Gunsteren and Paul den Hoed. The Hague: Sdu uitgeverij.

Van Doorn, Jacques. 1992. "Burgers in Uniform: over de Relaties tussen Krijgsmacht en Staatsburgerschap." pp. 195-212 in *Burgerschap in Praktijken*, vol. 1, eds. Herman van Gunsteren and Paul den Hoed. The Hague: Sdu uitgeverij.

Van Gunsteren, Herman. 1976. *The Quest for Control: A Critique of the Rational-Central-Rule Approach in Public Affairs*. London: Wiley.

_____. 1991. "The Ethical Context of Bureaucracy and Performance Analysis." pp. 309-325 in *The Public Sector: Challenge for Coordination and Learning*, ed. Franz-Xaver Kaufmann. Berlin: Walter de Gruyter.

_____. 1994. *Culturen van Besturen*. Amsterdam: Boom.

Van Gunsteren, Herman, and Rudy Andeweg. 1994. *Het Grote Ongenoegen: over de Kloof tussen Burgers en Politiek*. Bloemendaal, The Netherlands: Ara mith.

Van Gunsteren, Herman, and Paul den Hoed, eds. 1992. *Burgerschap in Praktijken*. 2 vols. The Hague: Sdu uitgeverij.

Van Gunsteren, Herman, and Edith van Ruyven, eds. 1995. *Bestuur in de Ongekende Samenleving*. The Hague: Sdu uitgeverij.

Van Steenbergen, Bart, ed. 1994. *The Condition of Citizenship*. London: Sage.

Vernon, Richard. 1986. *Citizenship and Order: Studies in French Political Thought*. Toronto: University of Toronto Press.

Viard, Jean, ed. 1996. *Aux sources du populisme nationaliste*. Paris: Éditions de l'Aube.

Vincent, Andrew, and Raymond Plant. 1984. *Philosophy, Politics, and Citizenship: The Life and Thought of the British Idealists*. Oxford: Basil Blackwell.

Walzer, Michael. 1994. *Thick and Thin: Moral Argument at Home and Abroad*. Notre Dame, Ind.: University of Notre Dame Press.

_____. 1997. *On Toleration*. New Haven, Conn.: Yale University Press.

Ware, Alan. 1987. *Citizens, Parties, and the State*. Oxford, England: Polity Press.

Weber, Eugen. 1976. *Peasants into Frenchmen*. Stanford: Stanford University Press.

Weissberg, Robert. 1974. *Political Learning, Political Choice, and Democratic Citizenship*. Englewood Cliffs, N.J.: Prentice-Hall.

Wells, Charlotte. 1995. *Law and Citizenship in Early Modern France*. Baltimore, Md.: Johns Hopkins University Press.

Wiebe, Robert. 1995. *Self-Rule: A Cultural History of American Democracy*. Chicago: University of Chicago Press.

Wildavsky, Aaron. 1984. *The Nursing Father: Moses as a Political Leader*. Tuscaloosa: University of Alabama Press.

_____. 1995. *But Is It True? A Citizen's Guide to Environmental Health and Safety Issues.* Cambridge, Mass.: Harvard University Press.

Wills, Gary. 1995. "The New Revolutionaries." *The New York Review of Books.* August 10, pp. 50-55.

Wittgenstein, Ludwig. 1958. *Philosophical Investigations.* New York: Macmillan. [루트비히 비트겐슈타인, 『철학적 탐구』, 이승종 옮김, 아카넷, 2016.]

Wolin, Sheldon. 2010. *Democracy Incorporated: Managed Democracy and the Specter of Inverted Totalitarianism.* Princeton, N.J.: Princeton University Press.

Young, Iris Marion. 1990. *Justice and the Politics of Difference.* Princeton, N.J.: Princeton University Press.

Zinoviev, Alexander. 1981. *The Yawning Heights.* Harmondsworth, England: Penguin.

프로이트, 지그문트. 2004. 『예술, 문학, 정신분석―프로이트 전집 14』, 정장진 옮김, 열린책들.

플라톤. 1997. 『국가·정체(政體)』, 박종현 옮김, 서광사.

플라톤. 2011. 『고르기아스―정암학당 플라톤 전집 11』, 김인곤 옮김, 이제이북스.